☐ 일천 만 크리스챤들의 필독서

예수의 영성과 정신세계

Spirituality and mental world of Jesus

유 학 식 목사 지음

- 인간의 영성과 정신에 대한 완벽한 길잡이
- 예수의 영성과 성품에 대한 성서적 고찰
- 예수와 히브리 정신의 위대한 독특성

도서출판 예지원

주님에 대한 신앙의 순결과,

나라를 지키기 위하여

항일 운동을 하시다가 日警에 연행되어,

1943년 6월 18일 ~ 1944년 11월 11일까지

일제 獄苦의 모진 고통 속에서도

성경을 너무나 배우고 싶어 하셨던

아버님(유한곤 집사)과,

기도의 모범을 보여 주신 어머님(김무연 집사)께……

머 리 말

역사적인 모든 사건들과 그리고 지금 현재의 모든 역사들은 영적이고 정신적인 것들의 산물들이라는 것은 성서적 교훈일 뿐만 아니라 우리 모두가 삶 속에서 계속하여 경험하는 일들이며, 정신적 삶의 가치에 대한 소중함은 모든 삶의 영역에서 항상 외쳐지고 있다. 그럼에도 불구하고 인간의 역사는 항상 영성과 정신 중심의 삶이 아닌 물질 중심의 삶을 선호하고, 그 틀에서 벗어나지 못하고 있음은 인간이 지닌 가장 큰 모순 가운데 하나이며 불행이라고 할 수 있을 것이다.

예수 그리스도는 우리에게 잘 알려진 대로 참 하나님이면서 동시에 참 사람이시다. 그러나 한국교회는 그동안 예수의 신적인 것을 강조하고 선호하고 거기에 너무 치중해 왔다. 신적인 것에 대한 집중과 선호는 역사와 현실보다 신비적인 것을 선호하고 거기에 집중한다는 것을 의미하기도 하며, 도덕과 윤리적 가치를 경시하고 성령의 역사를 더 큰 가치로 여기고 있다는 것을 의미하기도 한다. 이러한 편중된 신앙적 사고는 결국 성령의 역사와 윤리적 가치가 조화를 이루지 못하는 결과를 초래하게 된다.

예수가 참 하나님이요 참 사람이라는 성서적 증언을 바탕으로 하는 기독교 신학의 교리는 동시에 인간적 예수가 없는 하나님은 없으며, 하나님이 없는 인간으로서의 예수 또한 존재하지 않는다는 것을 말해주고 있다. 이 교리에 대한 더 연속적인 것은 인간적 예수의 영성과 성품이 없는 성령의 역사 또한 존재하지 않는다는 사실을 단호하게 말씀하는 것이다.

　　예수의 영성과 성품은 성령의 역사와 직결되어 있다. 따라서 성령의 역사를 선호하고 거기에 집중할 수 있으려면 동시에 인간으로서의 예수 정신과 그 성품에 관심을 가지고 탐구하며 닮아가려고 힘을 쏟아야 하는 것은 당연한 것이라 할 수 있다.

　　본서는 기독교 정신의 뿌리인 구약성서의 헤브라이즘과, 그리고 한국교회와 신학계에서 너무나 경시되어 온 인간적 예수의 영성과 성품은 어떤 것인지 세상과 한국교회에 널리 알리고 싶은 마음으로 쓰여지게 되었다. 그러기 위하여 인간적 예수의 영성과 성품의 바탕을 이루고 있는 헤브라이즘과 이스라엘의 신앙정신을 살펴보는 것은 필수적인 것이 되었고, 또한 성경의 원문에 대한 분석과 히브리적 사고와 그들의 정신사적 의미를 세밀하게 살펴보아야 했다. 그리고 그 관찰의 결과는 놀라울 정도로 예수의 정신과 헤브라이즘, 그리고 이스라엘의 신앙정신은 전 세계 그 어디에서도 찾아볼 수 없는 위대하고 독특한 신앙정신을 지니고 있으며, 동시에 이 둘은 같은 영성과 정신을 공유하고 있다는 사실이다.

　　따라서 우리 한국교회가 풀어야 할 큰 과제 중에 하나는 한국적 예수와 성경적 예수는 너무나 다르기 때문에 우리 모두가 가지고 있는 유불교적이고 샤머니즘적 사고의 탈을 벗어던지고 예수의 정신이 공유하고 있고 또한 크리스챤들의 신앙정신의 고향이라 할 수 있는 믿음의 조상 아브라함과 이삭과 야곱이 가지고 살았던 히브리적 사고와 그 정신세계에 익숙해 질 수 있도록 해야 할 것이다.

　　독자들은 본서를 통하여 그 공통성을 확인할 수 있으리라 믿으며, 좀 더 성숙한 믿음의 체계가 설 줄 믿는 바이다. 또한 그 체계를 통하여 동시에 모든 종교는 그게 그거다, 라고 생각하는 종교다원주의는 무지와 착각의 발로일 뿐이며 결코 그렇지 않다는 사실을 충분히 확인할 수 있으리라 믿는다.

그리고 책의 내용 가운데 극히 부분적인 것이지만 허혁씨가 번역한 토를라이프 보만의 히브리적 사유와 그리스적 사유의 비교가 인용되었음을 밝혀두는 바이다.

끝으로 참으로 미천하고 부족한 자에게 이 놀라운 말씀을 탈고할 수 있도록 인도하시고 가르치시고 역사하여 주신 우리 하나님의 크고 놀라우신 은혜와 성령의 도우심 앞에 진심으로 감사를 드리오며, 큰 소리로 찬양과 영광을 돌리면서 서언에 갈음하는 바이다.

2015년 7월 31일
저자 유 학 식

차　례

제2부　예수의 영성과 정신세계

1

이스라엘의 독특한 정신세계

세계적으로 유명한 사람들 가운데 유대인들이 많다는 것은 우리가 다 잘 아는 사실이다. 유대인들의 인구는 전 세계 흩어진 자들을 다 포함해서 약 1450만 명 정도이며, 현재 이스라엘에 살고 있는 자들은 약 300만 명 정도밖에 되지 않는다. 그럼에도 불구하고 1986년까지 노벨상 수상자 300명 가운데 유대인이 93명, 약 3분의 1을 차지하고 있다. 유대인이 세계 전체 노벨상을 차지하는 비율은 경제학 분야 65%, 의학 분야 23%, 물리학 분야 22%, 화학 분야 11%, 문학 분야 7%등 각 분야에 골고루 퍼져 있다. 미국의 70만 명의 변호사 중에서 20%인 14만 명이 유대인이다. 미국에 있는 44명의 재벌 중 23%가 유대인이다. 뉴욕 중·고등학교 교사 중 거의50%가 유대인들이며, 국민의 투표로 당선된 미 의회 의원들 535명 중 42명(약 10%, 1993년)이 유대인들이다. 미국의 대학 교수 중에 25-35%가 유대인들이며, 특히 프린스톤 대학의 경우 총장 및 주요 행정 책임자들 90% 이상이 유대인들이다. 이 외에도 하버드 대학이나 UCLA의 의대 및 법대 교수들 중 거의 50% 이상이 유대인들이다.

심리학자 프로이드, 화가 샤갈, 상대성 이론가 아인슈타인, 세계적 지휘자 번스타인(Leonard Bernstein), 영화배우 커크 더글라스, 국제 외교가 키신저 등 수많은 유명한 인물들이 모두 유대인들이다. 영화 쥬라기 공원, 쉰들러 리스트의 유명한 감독 스필버그도 유대인이다. 그들은 작은 숫자임에도 불구하고 전 세계에서 이런 경이로운 역사를 창출할 수 있는 힘과 에너지는 어디서 오는 것일까? 라는 물음을 던졌을 때, 우리는 그 대답을 구약성서의 헤브라이즘과 예수 정신을 통해서 명쾌하게 들을 수 있는데, 그것은 바로 그들의 사고와 정신은 세계의 그 어디에서도 유례를 찾아볼 수 없는 독특한 신앙 정신적 사고방식을 가지고 있다는 것이다.

예수와 이스라엘 정신은 지구상의 그 어디에서도 찾아볼 수 없는 아주 독특한 신앙정신과 사고방식을 가지고 있다. 예수는 그저 불교의 석가와 같이 한 성인이며 기독교는 세계의 여러 종교 가운데 하나라고 생각하는 자유주의 신학자들과 종교다원주의자들의 생각은 무지의 발로일 뿐이며 큰 착각일 뿐이다. 예수와 이스라엘의 신앙정신은 세계의 그 어떤 종교적 사상이나 정신과도 혼합될 수 없으며, 같은 개념으로 파악될 수 없는 독특하고 위대한 정신을 지니고 있다.

우리는 일반적으로 이스라엘에 대해서 하나님에 대한 불순종이라는 부정적인 측면만 생각을 해서 그렇지 그들의 본래적인 신앙정신은 그렇지 않다. 그들의 본래적 신앙 정신은 참으로 놀라울 정도로 귀하고 독특하다. 성경적인 표현으로 말하자면 그들은 야훼 하나님으로부터 주어지는 神적인 정신을 소유하고 있는 자들이다. 그들은 낮을 밤이라 생각하고, 아름다움의 기준을 시각적 아름다움이나 진선미 또는 각선미에서 찾지 않으며, 보는 관점과 이해의 기준도 우리와는 너무나 다르고 아주 독특하다. 우리에게 있어서 크고 많다는 것은 그들에게 있어서는 작고 보잘 것 없는 것들이며, 우리가 생각하는 강하고 힘이 세다는 것도 그들에게는 연약하고 초라한 것에 지나지 않으며, 우리가 생각하는 부자와 재벌도 그들의 정신과 사고방식에서는 가난한 사람에 지나지 않는다. 특히 물질 위주의 정신과 유물론적 사고방식은 그들의 정신과 생각의 그 어디에서도 찾아볼 수 없다. 물론 그들 역시 물질의 소중한 가치를 너무나 잘 알고 있다. 물질만능주의에 사로잡혀 있는 한국교회와 사회는 이 부분을 눈여겨보아야 할 것이다.

공과 사의 관계에 대한 생각 역시 우리와는 반대로 생각한다. 우리는 개인이라고 하는 사(私)가 모여 전체라고 하는 공(公)을 이룬다, 라고 생각하지만 이스라엘은 전체 또는 공동체가 먼저 있고, 각 개인은 그 공동체의 한 부분이라고 생각을 한다. 그래서 우리는 항상 국가와 사회라고 하는 공동체보다 나의 사적인 것이 먼저인 반면 그들은 나 자신의 사적인 것보다 국가와 사회라고 하는 공동체가 항상 우선이다. 이러한 사고방식의 결과는 말을 하지 않아도 잘 알 수 있을 것이다.

그들의 독특한 이 정신과 사고방식은 그들의 정치 경제 사회 문화 군사 교육 전쟁 등 삶의 전 영역에 짙게 배여 있다. 그리고 이렇게 깊이 배여 있는 독특한 정신과 사고방식은 새로운 역사와 문화를 창출하고, 신기술과 과학의 밑거름이 되고 있으며, 정신적 풍요로움을 누리는 데 있어서도 소중한 밑거름이 되고 있다. 그리고 이러한 이스라엘의 신앙정신의 물줄기는 신기하게도 인간적 예수의 정신세계까지 이어져 있으며, 또한 예수의 정신과 사고방식은 성서적 증언대로 이스라엘의 신앙정신을 인간의 역사적 무대 위에서 완벽하게 실현하고 있음을 보여주고 있다. 따라서 우리가 예수의 정신세계를 명확하게 이해 할 수 있으려면 먼저 역사적 이스라엘의 정신을 먼저 파악하고 알 수 있어야 한다.

한국교회는 이러한 믿음의 조상인 아브라함과 이삭과 야곱으로 이어지는 그들의 신앙정신을 알지 못하고 계승하지 못한다면, "성경으로 돌아가자"라는 구호는 아무런 소용이 없으며, 성경이 말씀하는 예수를 믿는 것이 아니라 유, 불교적 또는 샤마니즘적인 것에 뿌리를 두고 있는 한국적 예수를 믿는 것에 지나지 않는다는 뼈아픈 사실을 명심해야 할 것이다.

특히 이스라엘이 세계 모든 역사학자들의 눈에 신기하게 보이고, 또한 앞에서 말한 대로 세계의 무대 위에서 눈부신 활약을 할 수 있는 힘과 에너지는 당연히 그들이 지니고 있는 영성과 신앙정신의 힘에서 시작되고 있는데, 그들이 지니고 있는 신앙정신의 힘이란 곧 그들의 정신은 모든 것을 영적인 것에 초점을 맞추고 있다는 사실이다. 영적인 것에 대한 관심과 탐구, 새로운 것에 대한 발견과 창의성 등은 우리가 놀랄 정도로 가히 경이적이다. 이제 필자는 그 경이적인 신앙정신의 세계로 독자들을 안내해 보려고 한다.

2

영적인 세계에 대한 갈망

인간에게 있어서 그가 어떤 정신을 가졌느냐? 라고 하는 정신에 대한 종류를 구별해 보면 크게 두 가지로 나누어진다. 하나는 모든 것은 물질에서부터 시작한다, 라고 하는 유물론적 정신이고, 또 하나는 그와 반대 개념인 모든 것은 영적인 것으로부터 시작한다, 라고 하는 예수와 성서적 정신이 그것이다. 전자는 공산주의 사상의 중심을 이루고 있고 후자는 기독교적 자본주의 사상의 바탕을 이루고 있다. 그리고 눈에 보이는 모든 것들은 보이지 않는 영적인 것으로부터 시작한다, 라고 하는 기독교 정신의 뿌리는 헤브라이즘 즉 구약성서의 이스라엘 정신이라 할 수 있다. **"보이는 것은 나타난 것으로 말미암아 된 것이 아니다"**(히11:3) 라고 하는 히브리서의 기록은 지극히 이스라엘적인 표현이다.

이스라엘 정신은 우리가 살아가는 현실을 아주 많이 강조한다. **"사망 중에는 주를 기억함이 없사오니 음부에서 주께 감사할 자 누구입니까?"**(시 6:5) 라는 말씀은 현실을 중시하는 이스라엘 정신의 한 예라 할 수 있다.

그러나 이스라엘은 우리 인간의 현실과 물질적인 것이 모든 것의 근원이라거나, 또는 물질적인 것이 영적인 것을 앞선다거나 우월하다는 생각을 가져본 적은 단 한 번도 없으며, 성경의 그 어디에서도 그러한 사고방식은 찾아볼 수 없다.

이스라엘은 영적인 세계를 얼마나 애타게 갈망하고 또한 그 세계를 탐구하려고 노력에 노력을 거듭한다. 그렇다고 하여 그들이 현실을 경시하거나 물질적인 것을 가볍게 생각하지도 않는다. 현실과 물질적인 것에 대해서도 더 밝고 명확하게 이해하고 파악을 한다. 그 이유는 그들이 영적인 영역에 대하여 관심을 집중하고 또한 영적 투명성에 목숨을 걸고 있기 때문이다. 구약성서에서 우리는 이스라엘이 계속 반복하여 "깨끗함"을 강조하고 있는 모습을 찾아볼 수 있다.

이처럼 이스라엘이 영적인 세계를 애타게 갈망하고 거기에 관심을 집중하는 것은 인간에게 있어서 영적인 것에 대한 중요성과 그 가치, 그리고 거기서 발생하는 힘과 능력을 이스라엘은 자신들의 역사적인 삶의 현장에서 수없이 경험을 하였고 그 경험적 지식이 몸에 배인 것이라 할 수 있다.

그래서 그들은 인간의 삶이 시작되는 태초의 인간부터 그 인간됨의 조건과 의미와 가치를 영적인 것에 기준을 두고 있다. 태초의 인간에 대한 정의와 규정도 영이 없으면 그는 하나의 흙덩어리 나무토막에 지나지 않는다. 영이 있을 때 비로소 그는 인간다운 인간이라고 할 수 있다.(창1:26;2:7) 더 나아가 그들이 지상 최고의 아름다움으로 알고 있는 야훼 하나님을 조각이나 건축, 또는 그림이라고 하는 유형 물질적인 방식으로 표현하는 것을 일체 금하고 있는 제 2계명에 속하는 하나님에 대한 신상 제작 금지(神像 製作 禁止)조항에도 영적인 것에 대한 갈망이 잘 드러나고 있다. 그러면 이하에 이스라엘이 인간과 세상의 그 모든 것들에 대하여 얼마나 영적으로 파악하고 이해를 하려고 정성을 기울이는지 한 번 살펴보도록 한다.

1) 인간의 생명에 대한 영적인 이해

우선 이스라엘은 인간을 이해하는 데 있어서 인간 생명의 모든 것들을 영적으로 파악하고 이해하는데 아주 익숙해져 있다. 이스라엘 정신에 있어서 인간은 그 자체가 영적인 존재이다. 물론 흙이라고 하는 물질이 포함되지만 인간의 조건과 의미와 가치라는 점에서는 철저하게 영적인 것에 기준을 두고 있다. 이스라엘 정신이 인간의 생명을 생물학적으로 이해하지 않고 하나님과의 관계성이라고 하는 신학적 관점에서 이해하고 있다는 것은 인간의 존재를 영성 우선으로 이해하고 있음을 의미한다.

영성 위주의 삶이 그들에게 얼마나 잘 배여 있는가를 알 수 있으려면 그들이 인간의 생명을 어떻게 이해하고 있는지 그 언어적 의미를 살펴볼 필요가 있다.

히브리적 사고에서 인간의 영적 생명을 나타내는 말은 네 가지가 있다.

① 네페쉬(נֶפֶשׁ)이다. 이 말은 감정이나 어떤 행동의 방식, 의지나 의도, 이해와 사고의 기능을 의미한다.

"내가 무슨 기력(네페쉬)이 있관데 기다리겠느냐,(행동방식) 마음(네페쉬)이 탐하는 자는 다툼을 일으키나(감정)"(욥6:11;잠28:25) "나를 지으심이 신묘막측하심이라 주의 행사가 기이함을 내 영혼(네페쉬)이 잘 아나이다.(이해) 하나님을 알고 온전한 마음과 기쁜 뜻(네페쉬)으로 섬기라(의지 의도)."(시 139:14;대상28:9)

또한 네페쉬는 굶주리고,(신12:15) 역겨워 하며,(민21:5; 겔23:18) 미워하기도 하고,(삼하5:8) 화를 내기도 하며,(삿18:25) 사랑하고,(창44:30) 슬퍼하기도 하며,(렘13:17) 살해될 수도 있고,(민23:10;삿16:30) 네페쉬는 육체 안에 거하며,(신12:3) 육체를 떠나기도 하고 돌아오기도 한다.(창35:18;왕상17:21) 그러나 네페쉬는 육체와는 구분된다.(사10:18)

② 느샤마(נשמה)이다. 이 말은 "마음, 정신"을 뜻함과 동시에 "거칠게 숨을 쉬며 헐떡거리다"라는 의미를 함축하고 있다. 이러한 의미 속에는 인생이란 먹고 살기 위하여 헐떡거리는 존재라는 풍자적 의미가 담겨져 있다. 물론 그 헐떡거림 속에는 삶의 긍정성과 부정성 그리고 온갖 종류의 삶의 형태들을 다 포함하고 있다.

"오직 이 민족들의 성읍에서는 호흡(느샤마) 있는 자를 하나도 살리지 말라. 무릇 호흡(느샤마)이 있는 자를 진멸하였으니. 아들의 병이 심히 위중하다가 숨(느샤마)이 끊어진지라. 사람의 영혼(느샤마)은 야훼의 등불이라. 너희는 인생을 의지하지 말라 그의 호흡(느샤마)은 코에 있나니, 야훼의 호흡(느샤마)이 유황 개천 같아서 이를 사르리라."(신20:16;수10:40;왕상17:17;잠20:27;사2:22;30:33)

욥은 산자와 죽은 자를 느샤마로 구별하고 있다.

"나의 숨(니쉬마티)이 아직 내 속에 있고 하나님의 입김(루아흐)이 내 코에 있도다"(욥27:3)

③ 하야(חיה)이다. 이 말은 "안전하게 번창하며 살다, 건강을 회복하여 생기 있게 살다, 원기를 되찾다, 활력 넘치게 살다"라는 뜻을 함축하고 있다.

먼저 "안전하게 살다, 번창하게 사는 모습에 대하여," "그대로 인하여 안전하고 내 목숨이 그대로 인하여 보존(하야) 하겠노라,(창12:13) 여호수아와 갈렙은 생존(하야)하니라,(민14:38) 명령을 너희는 지켜 행하라 그리하면 너희가 살고(하야) 번성하고,(신8:1) 모든 백성이 왕의 만세(하야)를 불러 외치니라,(삼상10:24) 내게 나아와 들으라 그리하면 너희 영혼이 살리라(하야),(사55:3)

건강을 회복하여 원기를 되찾아 생기 넘치게 사는 모습에 대하여, "그가 너를 위하여 기도하리니 네가 살려니와(하야),(창20:7) 삼손이 그것을 마시고 정신(루아흐)이 회복되어 소생하다(하야),(삿15:19) 야훼는 죽이기도 하시며 살리기도(하야) 하시고,(한나의 회복-삼상2:6) 우리에게 많은 고난을 보이신 주께서 우리를 다시 살리시며(하야),(시71:20)

활력 넘치게 사는 모습에 대하여, "우리 아버지로 말미암아 인종을 전하자 퍼뜨리자,(하야)(창19:32) 전능자의 기운이 나를 살리시느니라(하야욥의 원기 회복).(욥33:4)

④ 루아흐(רוח)이다. 이 말은 다음과 같은 의미를 지니고 있다.

숨, 호흡, 혼, 바람의 의미, "하나님이 노아와 육축을 권념하사 바람(루아흐)으로 땅위에 불게 하시매,(창8:1) 내 생명이 한 호흡(루아흐)생각 하옵소서,(욥7:7) 그 만상이 그 입 기운(루아흐)으로 이루었도다."(시33:6)

생명의 원천이라는 의미, "야곱이 요셉이 보낸 수레를 보고야 기운(루아흐)이 소생한지라,(창45:7) 인생의 혼(루아흐)은 위로 올라가고,(전3:21)

살아있는 영, 생령이라는 의미, "무릇 생명의 기식(루아흐) 있는 육체

를 멸절하리니,(창6:17) 나의 기운(루아흐)이 쇠하였으며 나의 날이 다하였고,(욥17:1)

그런가 하면 (창2:7)에서는 하야 네페쉬 느샤마 이 세 가지 용어가 함께 사용되고 있다. "**흙으로 사람을 지으시고 생기(하야 느샤마)를 그 코에 불어넣으시니 사람이 생령(하야 네페쉬)이 된지라**"

주의 영, 하나님의 신(神)으로 사용된 경우, "**네게 임한 신(루아흐)을 그들에게도 임하게 하리니,**(민11:17) **여호수아는 신(루아흐)에 감동된 자니,**(민27:18) **주의 영을 보내어 저희를 창조하사,**(시104:30) **힘으로 되지 아니하며 능으로 되지 아니하고 오직 나의 신(루아흐)으로 되느니라.**(슥4:6)"

다음은 뼈와 살 오장육부로 구성된 인간의 육체에 대한 파악이다. 이 말은 바싸르(בשר)인데 구약성서는 이를 육체 또는 육신으로 번역하고 있다. 그런가 하면 가족 또는 친족관계 혈연관계가 있는 육체를 말할 때는 쉐에르(שאר)라는 말로 표현된다.

"**상전이 달리 장가들지라도 그의 의복과 음식(쉐에르)과 동침하는 것은 끊지 못할 것이요,**(출21:10) **너희는 골육(바싸르) 지친(쉐에르)을 가까이 하여 그 하체를 범치 말라,**(레18:6,17)"

위의 말씀에서 결혼잔치에 차려진 '음식'은 결혼 당사자들이 그 음식을 먹을 때, 그 음식은 그들의 자양분이 되어 서로를 맺어주는 에너지가 된다는 점에서 이는 곧 결혼관계에서 성립되는 남녀의 혈연관계를 의미한다.

이러한 구약적 육체의 의미와 상응하는 신약의 용어는 사르크스($\sigma \acute{\alpha} \rho \xi$)인데 이 말은 "몸 육체"(눅24:39;요3:6;고후7:5)를 가리킴과 동시에 "물질적 상황"(빌3:3;골2:18;갈3:3) 그리고 때로는 "인간의 본성"(요1:13,14;벧전4:1;요일4:2)이라는 넓은 의미를 지니고 있다.

그런데 놀라운 것은 구약성서의 이스라엘 신앙정신은 자기가 속해 있는 공동체와의 관계, 그리고 더 나아가 창조주 하나님과의 관계까지도 가족 또는 친척이라고 하는 혈연관계로 이해하고 있다는 점이다.

"나와 내 육체(쉬에르)에 대한 잔학이 바벨론에 돌아가기를 원한다고 시온 거민이 말할 것이요,(렘51:35— 공동체와의 혈연적 관계) **내 육체(쉬에르)와 마음은 쇠잔하나 하나님은 내 마음의 반석이시요"**(시73:26— 하나님과의 혈연적 관계)

한편 이러한 영성과 하나님과의 연관성 속에서의 가족 또는 혈연의 개념은 예수의 정신과도 맥을 같이한다. 예수의 가족과 친족의 개념 역시 영적인 의미 즉 하나님에 대한 믿음과 그 믿음에 근거하여 살아가는 삶 속에 진정한 혈연적 관계가 성립된다는 것을 교훈하고 있다. **"누구든지 하나님의 뜻대로 하는 자는 내 형제요 자매요 모친이니라"**(막3:35) 이러한 예수 정신의 혈연의 개념은 결국 물질적인 피로 맺어진 혈연이 중요한 것이 아니라 영적이며 정신적인 결속이 더욱 중요하다는 것을 가리켜 주고 있다.

이러한 구약의 히브리적 사고와 이스라엘의 신앙정신은 신약의 예수 정신으로 그 맥이 잘 이어지고 있는데 그 맥을 가장 잘 나타내주는 것은 바로 신약성서의 헬라어가 성령으로 번역하고 있는 프뉴마($\pi \nu \epsilon \upsilon \mu \alpha$)

와 숨, 호흡, 생명으로 번역하고 있는 프쉬케(ψυχ)라는 말이다. 프뉴마 (성령)는 원래 '바람'이라는 뜻이지만 이것은 히브리적 용어인 루아흐에 상응하고, 프쉬케(숨 호흡 생명)는 네페쉬 느샤마와 상응한다. 기가 막 히게도 구약성서의 루아흐가(신(神),영)하나님과 인간 모두에게 사용되 었던 것처럼 신약의 성령으로 번역하고 있는 프뉴마 역시 하나님과 인 간 모두에게 사용되고 있다.

"하나님은 영(프뉴마)이시니 예배하는 자가 신령과 진정으로,(요4:24) **말세 에 내가 내 영(프뉴마)으로 모든 육체에게,**(행2:17) **주의 영(프뉴마)이 빌립을 이끌어 간지라,**(행8:39) **너희 속에 하나님의 영(프뉴마)이 거하시면,**(롬8:9) **그 영(프뉴마)이 돌아와 아이가 곧 일어나거늘 예수께서 먹을 것을 주라 명하 신대,**(눅8:55)

그런가 하면 "숨, 호흡, 생령, 영혼"을 뜻하는 프쉬케는 구약의 네페 쉬 느샤마와 가장 잘 어울린다. 프쉬케는 다음과 같이 나타나고 있다.

생령(고전15:45) 영혼 마음(마11:29;12:18;26:38;행14:2;엡6:6) 목숨, 호흡, 숨, 생명의 원천,(마2:20;막3:4;눅21:19;요10:11)

이상 위의 히브리적 용어 네 가지를 다시 정리를 하면 다음과 같은 각각의 의미들이 나타나는데, 네페쉬는 생각하는 이성적 기능 그리고 감정과 의지를 불러일으키는 것과 관련이 있고, 느샤마는 어떤 열정적 인 상태, 긴박한 상황에서의 삶을 나타내며, 하야는 역사와 시간 현실 적 삶의 현장에서의 생동력이 넘쳐나게 살아가는 것, 그 어떤 상황 속 에서라도 활력이 넘치게 살아가는 것이고, 루아흐는 생명과 삶의 원천 이라는 의미를 지니고 있다. 특이한 것은 하나님의 영과 사람의 영에

루아흐는 함께 사용되고 있다는 점이다. 루아흐 만이 그렇게 함께 사용되고 있다.

그런데 중요한 것은 이 네 가지 용어가 모두 "숨 호흡 바람 영혼"이라는 공통적인 의미를 가지고 있다는 것이다. 즉 히브리적 사고와 이스라엘의 신앙정신은 인간의 생명을 비롯한 모든 생명체를 '숨을 쉬는 호흡체'로 파악하고 이해를 한다.(창7:22 참조) 숨과 호흡은 눈에 보이지도 않고 코로 냄새를 맡을 수도 없으며 손에 잡히지도 않는 무형적 존재이다. 이러한 의미들 속에서도 그들은 얼마나 인간을 비롯한 모든 생명체를 이해하는 데 있어서도 영적으로 파악하고 이해하려 했는가 하는 것을 잘 알 수 있다. 즉 인간의 생명과 삶의 의미를 유형 물질적인 것이 아닌 보이지 않는 영적인 것에서 찾고 있으며, 유형 물질적인 인간의 육체까지도 하나님과의 혈연관계, 즉 가족관계에 예속시킴으로써 인간인 우리 자신들의 역사와 삶의 현장이 물질이 아닌 영적인 삶이어야 한다는 것을 간절하게 소망하고 있다는 것이다.

예수와 이스라엘 신앙정신은 다같이 인간과 신앙정신의 물질화 현상을 가장 크게 경계하고 조심하라고 반복하여 강조하고 있다.

또한 앞에서 말한바 태초의 인간적 조건부터 영이 있어야 인간이며, 더 나아가 그 정신은 인간의 살과 피는 물론 뼈 심장 내장 그리고 신장과 같은 몸의 다양한 부분들이나 심지어 분비액들까지도 인간의 정신적 속성들을 들어내고 나타내기 위한 것으로 파악을 한다. 그 가운데 가장 많이 사용되는 것은 피에 관한 것인데, 우리 몸속에 흐르는 피 역시 단순한 액체로써 물질적인 성분을 분석하기보다 이스라엘은 영적인 의미를 찾으려고 노력을 기울였고, 그 결과 피는 법적으로 야훼 하나님께 속해 있는 것이지 물질적으로 속해있는 것이 아니라는 사실이다. 피라는 용어 다밈(םימד)이라는 말은 사회윤리적인 그리고 법적인 용어이다. 그리고 피는 생명의 상징이다. 고로 어떤 경우에든지 고기를 먹을 때 피는 먹지 말라고 금지되어 있다.(창9:4-6;레3:17;신12:16) 이스라엘에 있어서 피는 생명의 존엄성을 의미한다. 따라서 피를 먹는 사람들은 즉각적으로 야훼 하나님에 대한 범죄자가 되고 하나님의 형상을 파괴하는 자가 된다.(창9:6;삼상14:32-34) 이사야가 규탄하고 있는 내용, **"너희의 손에는 피가 가득하다"**(사1:15)에서 피는 피 흘린 죄가 가득하다는 뜻이다.

더 나아가 피는 생명의 존엄성과 죄악의 의미로 끝나는 것이 아니라 억울함을 하나님께 호소하는 호소력과 속죄의 의미를 가지는 속량의 의미도 포함되어 있다.

아벨의 피살 현장은 '피의 함성, 피의 소리'가 하나님께 호소한다. 여기서 눈길을 끄는 것은 하나님께서 그 피의 소리를 다 듣고 계신다는 것이다.(창4:10) 그리고 피가 죄를 씻어주는 속죄의 의미를 가지는 것은 오직 야훼 하나님의 지시에 의한 것이며 그 지시에 따라서 사용되는 피는 하나님과 이스라엘이 맺는 '계약의 피'가 된다. 이 (계약)언약의 피는 예수의 최후의 만찬에까지 이어지고 있으며 거기서 다시 재생되고 있음을 기억해야 한다.

특히 우리가 주목해야 할 것은 현대의학이 이제야 밝혀내고 있는 우리의 몸과 정신과의 관계성인데, 우리의 몸과 (영 정신 마음 감정의 세계)는 서로 긴밀한 대화를 주고받는 유기적인 관계라는 것이다.

"마음의 즐거움은 양약이라도 심령의 근심은 뼈를 마르게 한다"(잠17:22)

이 내용에서 지혜자는 "마음의 즐거움"은 우리의 몸에 "양약"이라고 가르쳐주고 있다. 여기서 '양약'이라는 말 게하(חההנ)는 우리의 몸을 좋게 해 주는 보약의 성분을 말할 뿐만 아니라 아픈 질병을 고치고 치료하는 치유적인 성분도 포함하고 있음을 의미한다. 한 마디로 마음의 즐거움은 우리의 몸에서 약리작용을 한다는 것이다. 현대의학은 이러한 성서적인 교훈을 잘 뒷받침해주고 있다. 그리고 "마르게 한다"의 구체적인 의미는 뼈의 기름을 마르게 한다는 것이다. 시편의 대표적인 탄식시의 한 구절에서 다윗은 이렇게 자신의 고통을 호소하고 있다.

"내 모든 뼈는 어그러졌으며 내 마음은 촛밀 같아서 내 속에서 녹았으며 …내 혀가 잇틀에 붙었나이다"(시22:14-15)

여기서도 어그러진 뼈와 잇틀에 붙은 혀는 수난자의 영적인 마음 상태의 심각성을 말해주고 있다. **"밤마다 내 심장이 나를 교훈한다"**(시16:7)에서도 몸속의 심장은 인간의 신앙적 양심과 윤리적 정신을 깨우치는 역할을 하고 있다. 이처럼 우리 자신들의 영적인 상태와 신체적인 몸의 상태에 대한 상호 관계성은 구약성서에서 반복하여 말씀하고 있다. 그리고 우리 몸의 각 부위들 팔과 손 손가락 눈 코 역시도 그것들을 통하여 이스라엘은 영적인 의미를 파악하고 이해하기 위해 노력한다.

"주의 콧김에 물이 쌓이고… 야훼의 꾸지람과 콧김을 인하여 물밑이 드러나고…"(출15:8;시18:15)

여기서 '콧김'이라는 말 아프 루아흐(אף חחור)가 의미하는 것은 하나님의 '진노와 분노'이다. 이스라엘은 하나님의 코를 생각할 때 동시에 하나님의 분노의 감정을 생각한다. 이러한 영적 이미지는 노할 때 열이 오르고 거칠게 숨을 쉬는 격한 감정에 대한 육체적인 현상에서 채용하고 있다. 그리고 팔과 오른 손은 강하고 신뢰할 수 있는 힘, 즉 돕는 힘을 의미한다.(출15:6;렘17:5) **"야훼는 그의 거룩한 팔을 걷어 올렸도다"**(사52:10)에서 손은 쉬지 않고 열심히 일하고 노동하는 수고의 의미를, 손가락은 일하는 자의 더 섬세한 기술과 구체성을 의미하며,(시8:3,6) 눈에 대한 이미지, **"우리 눈에 기이한 바로다"**(시118:23)가 의미하는 것은 "우리의 파악 또는 이해에 의하면…"을 뜻하고, **"야훼께서 그 사환의 눈을 여시매… 하갈의 눈을 밝히시매"**(왕하6:17; 창21:19) 여기서 "눈이 열렸다"는 전에 몰랐던 것을 보고 알게 되었다, 새로운 것을 알았다, 라는 뜻이며, **"눈들이 왕을 향해 있다"**(왕상1:20)는 것은 백성들이 긴장하여 왕의 결정을 기다리고 있다는 것을 뜻하며, **"너는 대장부처럼 허리를 묶으라"**(욥38:3;40:7)는 말씀은 정신을 차리고 마음의 준비를 하라는 의미를 담고 있다. 하여간 성서적 정신의 원조인 히브리 이스라엘의 신앙정신에 있어서 외적이고 물체적인 표현들은 거의 전부 영적이고 정신적인 의미들을 나타내는 수단이다. 인간적 외모의 아름다움도 빼어난 육체적 모양보다도 그 외모를 다양하게 드러낼 줄 아는 탁월한 성품과 정신에 있다.

2) 자연과 짐승들에 대한 영적 이미지들

자연과 짐승들도 이스라엘 정신에 있어서는 모두 영적인 의미 부여의 대상들이다. 이스라엘 정신이 자연과학이나 사회현상들을 가볍게 여기거나 모르는 것은 결코 아니다. 오히려 반대로 더 잘 알고 있다. 그러나 자연적 현상에 대한 과학적인 이해는 영적인 의미 부여와 이해 그 다음에 파악해야 한다. 왜냐하면 이스라엘의 신앙정신은 언제나 모든 것에 대하여 근원적이고 궁극적인 의미를 파악하고 이해하는 것이 우선이기 때문이다. 자연과학적 사고나 이해를 경시하는 것이 아니라 그 배후에서 역사하시는 하나님과 영적인 파악이 우선이라는 이야기다.

그러한 이해에 의하면 나귀는 발람의 길을 가로막아 하나님의 뜻을 전달하는 소통의 매개체와 자기 주인 발람을 위기에서 살려내는 역할을 담당하며,(민22:21-35) 아가서에 등장하는 짐승들은 모두 "생산과 풍요"의 이미지들을 나타내 주고 있다.

"네 머리털은 염소에게 비길까! 모두 쌍둥이를 낳은 양들이여, 새끼 없는 양은 하나도 없도다, 네 몸은 밀짚단이요, 백합화로 둘렀도다, 네 두 유방은 두 마리의 어린양, 쌍둥이 산양 같도다."(아4:1-2; 6:5-6; 7:3-4)

산 염소의 출산의 고통은 인간들이 현실 속에서 겪게 되는 보편적인 고난과 아픔의 이미지로, 타조는 냉정함과 무정함 그리고 인간의 이성적 판단으로서는 도저히 다 알 수 없는 하나님께서 하시는 일의 신비로움의 이미지로 부각되고 있으며,(욥39:3; 13-17) 매와 독수리의 실태는 각각 야훼 하나님의 절대적 주권의 이미지를 나타내주고 있다.(욥39:26-27)

그런가 하면 비와 우박, 천둥과 번개, 바람과 폭풍과 안개, 산과 바다, 그기에 솟아올라 있는 바위들도 모두 영적인 의미들이 부여되어 있다. 특히 여기서 우리가 주목해야 할 것은 바람과 안개, 폭풍과 폭우, 천둥과 번개, 지진과 해일 등 무시무시한 자연의 위력들이 하나님의 손에서부터 만들어지며, 이스라엘 정신은 그러한 하나님의 역사 앞에 떨며 두려워했다는 사실이다.

자연과학이 눈부시게 발달해 있으면서도 동시에 무시무시한 자연적 재앙에 직면하고 있는 현실 속에 살고 있는 오늘의 우리들에게, 이스라엘의 신앙정신은 그 모든 자연적 재앙을 자연현상 그 배후에서 역사하시는 하나님의 섭리와, 또한 그 배후에 감추어져 있는 영적인 현상들을 파악하고 이해할 수 있도록 우리가 그러한 자연현상들을 신앙정신으로 바라볼 수 있기를 촉구하고 있다.

"그가 목소리를 발하신즉 하늘에 많은 물이 생기나니… 그 곳간에서 바람을 내시거늘, 안개를 땅끝에서 일으키시며 비를 위하여 번개를 만드시며"(렘10:13;시135:7)

여기서 "만들다"에 해당하는 말 아싸(עשׂה)는 "일하다, 수고하여 조립하다, 제작하다"는 뜻으로 이는 하나님께서 바람과 안개, 천둥과 번개, 폭풍과 해일 등을 하나님께서 주관하시며 운전하고 계신다는 것을 의미한다. 그리고 이러한 자연 현상들을 이스라엘 정신은 모두 하나님의 나타나심, 만남, 응답, 진노의 회초리, 잘못된 길에 대한 가로막음, 멸망, 흥망성쇠의 도구들로 사용하고 계신다는 의미로 이해하고 있다는 것이다. 그것이 바로 이스라엘의 믿음이고 신앙정신이다.

인간의 역사적 삶의 현장에 이러한 자연들이 하나님의 흥망성쇠의 도구로 사용되고 있음에 대하여 가장 잘 표현해 놓은 곳은 시편 기자의 내용이다.

"구름으로 자기 수레를 삼으시고, 바람 날개로 다니시며, 바람으로 자기 사자를 삼으시며, 화염으로 자기 사역자를 삼의며…"(시104:3-4)

위의 내용에서 우리가 겸손한 자세로 배워야 할 것은 "사자"와 "사역자"라는 용어이다. 여기서 "사자"라는 말 말아크(מַלְאָךְ)는 "하나님의 특사로 파견되어 그 뜻을 전달하는 자"라는 의미를 지니고 있으며, "사역자"라는 말 쇠라트(שָׁרַת)는 "섬기고 봉사하는 자"라는 뜻이다. 이 두 용어를 정리하면 천둥과 번개, 지진과 해일 등 모든 자연들은 우리 인류를 향하여 하나님의 뜻을 강력하게 전달하는 메시지 전달의 기능을 가지고 있다는 것이다.

우박은 이집트의 파라오를 심판하며,(출9:22-26) 광풍과 거센 파도는 잘못된 길을 가고 있는 요나의 길을 가로막기도 하고,(욘1:4) 번개로 원수를 파하기도 하며,(삼하22:14-15) 물과 우박이 사기꾼들의 피난처를 소탕하기도 하며,(사28:17) 하나님의 진노의 도구로 화염과 폭풍, 우박과 폭우가 동원되고 있다. (사30:30) 특히 선지자 학개가 심판의 도구로 폭풍과 더불어 곰팡이 균을 사용하고 있다는 것은 에이즈라는 무서운 질병에 직면하고 있는 오늘의 우리가 눈여겨보아야 할 내용이다.(학2:17)

그런가 하면 때로는 폭풍이 하나님과 우리 인간의 만남의 통로 역할을 하기도 한다.

욥은 극한의 고난 속에서 꿈에도 그리던 하나님을 폭풍 가운데서 만나는 경험을 하고 있다.

"때에 야훼께서 폭풍가운데로서 욥에게 말씀하여 가라사대…"(욥38:1;40:6)

그런가 하면 산 위에 솟아올라 있는 바위들은 대부분 약한 자와 위급한 자가 피하고 숨을 수 있는 피난처로서 안성맞춤이며, 동시에 적과의 싸움에서 방패막이가 되어줄 수 있다는 사실을 알아냈다. 여기서 우리가 알아야 할 것은 이스라엘의 산과 바위는 우리가 생각하는 그런 종류의 산과 바위가 아니라 뾰족한 촛대바위를 이루고 있는 아주 거칠고 험악한 모양을 가지고 있어서 그곳에는 감히 어느 누구의 접근도 허락되지 않는 곳이다. 물론 좀 더 낮고 오르기 쉬운 산과 바위도 있다. 그래서 이스라엘 정신은 바위들에 대한 기능과 이미지를 다양하게 포착하고 있다. 그 중 가장 많이 눈에 띠는 것은 앞에서 말한 위급할 때 숨고 피하는 "피난처"의 개념이다.(삼상13:6; 20:19; 시61:2) 위급한 자가 숨고 피할 수 있는 피난처의 의미는 그대로 이스라엘이 영적으로 정신적으로 그들의 마음이 피곤하고 힘들 때 고난 중에 숨고 쉬고 피할 수 있는 영원한 피난처, 마음의 안식처, 영혼의 피난처가 되시는 하나님을 같은 이미지로 결부시키고 있다.

"나의 피할 바위시오 방패시오, 구원의 바위시오, 언제든지 피할 수 있는 바위…"(삼하22:3;시71:3; 사2:10,21)

그래서 이스라엘의 하나님은 동시에 "이스라엘의 바위"시며,(삼하23:3) 이스라엘의 바위이신 하나님은 찬양으로 표현되기도 한다.(삼하22:47)

동시에 이스라엘은 바위가 지니고 있는 기능에 대해서도 몇 가지 파악을 하고 있다. 큰 바위는 뜨거운 더위를 피하여 쉴 수 있는 그늘이 되어주고,(사32:2) 높은 바위는 적과 원수를 피할 수 있으며,(시61:2) 바위의 틈새는 귀한 것을 감출 수 있고,(렘13:4) 짐승들의 보금자리가 되기도 한다.(시104:18;잠30:25) 특히 벌레 가운데 가장 약하고 보잘 것 없는 사반이 바위틈에 집을 짓고 살아가는 것에 대한 이해는 가장 연약한 존재가 가장 강하고 견고한 것을 어떻게 활용하고 있는가에 대한 지혜의 교훈이 담겨져 있다.(잠30:25) 그리고 바위는 그 어떤 바람에도 흔들리지 않는 "견고함"의 이미지로 파악되고 있으며,(시31:2; 61:2; 사33:16) 불의가 없으신 정의의 하나님으로 이해가 되기도 한다.(시92:15)

결국 이스라엘은 바위를 통하여 영원한 피난처가 되시고, 전쟁을 비롯한 모든 인생살이의 방패가 되시며, 찌는 듯 한 더위 속에서 편히 쉴 수 있는 그늘이 되시는 하나님을 자신들의 마음속에 그려 넣고 있다는 사실이다. 이스라엘은 바위라고 하는 종이 위에 하나님의 성품과 속성을 그렸고 동시에 바위를 통하여 한없이 너그럽고 인자하신 분, 인간적인 위기 상황에서 언제나 피할 수 있는 피난처로서의 하나님을 자신들의 정신 속에 새겨 넣고 있다.

3) 삶의 원동력으로서의 영적 운동

새 삶의 회복, 다시 일어섬, 전쟁의 승리는 모두 영적 운동에서 시작된다.

우리는 세상에 사는 동안에 우리의 의지와 관계없이 때로는 실패와 좌절 멸망이라는 인생의 쓴 고비를 넘겨야 할 때가 있다. 그런데 그 고비를 잘 넘길 수 있는 길은 우리가 처한 환경만 쳐다보고 그 환경에 끌려가는 것이 아니라 우리 자신들의 내면과 의식의 세계를 진지한 자세로 한 번 살펴보는 것이다. 그러면 내가 당하고 있는 고통 때문에 나의 의식과 정신 감정 등 나의 내면세계는 그 고통을 이기려고 저항하는 힘도 있고, 동시에 모든 것을 포기해버리고 나 자신의 시련 앞에 굴복해버리고자 하는 나약함도 있다는 것을 알 수 있다. 바로 이 때 우리 자신들의 의식과 정신 속에 현재의 시련과 역경을 물리치고 다시 일어서고자 하는 강력한 마음이 일어난다면 그 시련과 역경은 간단하게 물리칠 수 있게 된다.

실패와 시련, 슬픔과 고독, 역경과 멸망 등 이런 모든 부정적인 현상들은 "나는 다시 일어설 수 있어 할 수 있어, 하면 되는 거야, 바람아 불어라 내가 너를 상대해 주마, 나는 이 바람을 얼마든지 헤쳐 나갈 수 있어…" 더 나아가 "아! 그 바람 한 번 시원하다…"라고 생각을 하면 간단하게 물리칠 수 있게 된다. 앞에서도 말했지만 우리의 몸과 마음은 항상 긴밀한 대화를 주고받는 관계이기 때문에 "나는 할 수 있어…"라는 마음을 가지면 그 순간부터 우리의 몸은 뇌 세포와 신경 모든 것이 할 수 있는 쪽으로 준비상태가 된다. 반대로 "나는 할 수 없어…"라고 하면 몸은 할 수 없는 상태로 만들어지는 것이다. 따라서 위급에 처할수록 우리는 나 자신의 내면과 의식의 세계가 어떤 상태로 변해가고 있는지 주목해야 한다. 우리가 어떤 상황 속에서라도 나 자신의 마음속에 용기와 희망의 정신을 불어넣는 영적인 운동을 한다면 반드시 승리와 영광의 주인공이 될 수 있다.

이스라엘은 BC 587년 경 당시 최강국이었던 바벨론에 의해 나라가 완전히 멸망하고 나라 전체가 잿더미가 되고 말았다. 당시의 참상과 비극에 대하여 예레미야 애가는 이렇게 전해주고 있다.

"슬프다… 들개는 오히려 젖을 내어 지 새끼를 먹이나 내 백성은 잔인

하여 광야의 타조 같도다… 전에 소돔성이 순식간에 무너지더니 내 백성의 죄가 소돔의 죄악보다 더 중하도다, 칼에 죽은 자가 굶주려 죽는 것보다 나으니 이는 토지소산이 끊어져 점점 말라 쇠약해지기 때문이다, 여자들이 손으로 자기 자식을 삶아 식물을 삼도다.”(애4:1-10)

그래서 에스겔은 당시 상황을 죽은 시체, 해골, 완전히 말라비틀어진 뼈다귀로 묘사하고 있다.(겔37장) 그런데 놀라운 것은 그렇게 비참하게 죽은 해골과 말라비틀어진 뼈다귀라 할지라도 그 속에 영적인 바람을 불어넣으면 다시 꿈틀거리면서 살아날 수 있다는 것이다.

“야훼께서 이 뼈들에게 말씀하시기를 내가 생기로 너희에게 들어가게 하리니 너희가 살리라… 너희 속에 생기를 두리니 너희가 살리라… 생기가 그들에게 들어가니 그들이 곧 살아 일어나더라…”(겔37:5-6)

이 사건을 기록하면서 에스겔은 “생기(生氣)”라는 말을 무려 7번씩이나 반복하여 강조한다. 여기서 ‘생기’는 우리 인간이 태초에 흙으로 만들어질 때 우리 인간의 생명 속에 불어넣어주신 “영혼, 의식, 정신”을 의미한다. 더욱 놀라운 것은 위의 말씀에서 “살아 일어나다, 살리라”에 해당하는 말 하야(חיה)는 그냥 살아있음을 나타내는 것이 아니라 아주 생생하게 펄펄 살아있음을 나타내주는 용어이다.(살아있음에 대한 더 구체적인 내용은 뒤에 나오는 8항을 참조하기 바람)

여기서 우리가 알아야 할 것은 영적인 힘(power)과 권능은 말라비틀어진 죽은 시체까지도 살려내는 정도가 아니라 아주 생생하게 살려낸다는 것이다.

신약성서가 죽은 지 사흘이나 되는 예수의 시체를 다시 살려 일으킨 부활의 역사를 영적인 힘, 즉 성령의 힘과 권능으로 일으키고 있음을 반복하여 강조하는 메시지에 우리는 주목해야 한다. 죽은 자를 살려 일으키는 새 생명의 역사, 살려내는 역사는 언제나 영적 권능과 직결되어 있다.(고후13:4)

우리가 예수의 치유사역 현장을 살펴보면 문둥병, 귀머거리, 혈루증 환자 등 여러 가지 불치병을 치료하고 고치시면서 예수는 언제나 병자들의 영성에 초점을 맞추고 있음에 유의해야 한다. 예수는 그 어떤 병이든지 항상 상처 그 자체에서 나을 수 있는 회복의 가능성을 찾는 것이 아니라 병자의 영성과 마음상태에서 찾고 계신다. 38년 동안 병마와 싸우고 있는 환자를 향해서도 주님은 "네가 낫고자 하느냐?"(요5:6)라고 묻고 계시며, 앞을 보지 못하는 소경을 향해서도, **"내가 능히 이 일을 할 줄을 믿느냐?"**(마9:28) 라고 묻고 계시며, 열 두 살 된 죽은 딸아이의 시체만 쳐다보고 있는 회당장을 향해서도 **"두려워 말고 믿기만 하라"**(막5:36) 하시면서 그들의 신앙적 영성을 촉구하고 계신다.

영성과 정신상태의 중요성은 이뿐만이 아니다. 역사적 이스라엘의 경우 그들이 역사 속에서 주변국들과 많은 전쟁을 치루는 데 전쟁을 할 때마다 그들은 언제나 자신들의 영적인 상태, 신앙정신, 마음가짐을 점검하는데 얼마나 많은 노력을 하고 정성을 기울이는지 모른다.

"마음을 강하게 하고 담대히 하라, 두려워 말라, 놀라지 말라, 내가 너와 함께 함이니라…"(수1:6-9)

전쟁 가운데 이스라엘이 이처럼 영적인 것에 관심을 집중하는 이유는 전쟁의 승패가 많은 군사와 좋은 무기에서가 아니라, 영성과 마음가짐 정신 상태에서 결정된다는 것을 너무 잘 알고 있기 때문이다. 영적으로 무장되고 마음의 준비가 완벽하게 된 상태에서의 전쟁과 싸움은 지고 패하더라도 그것은 승리가 되지만, 마음의 준비가 안 되고 정신상태가 두려움 나약함 떨림 등의 상태에서 치루는 전쟁은 이겨도 그것은 실패한 전쟁이라는 것을 이스라엘은 잘 알고 있다.

미숙아인 세 살짜리 아이가 싸움에서 이겼다고 하여 그것을 우리는 진정한 의미에서 승리라고 하지 않듯이, 영성의 결여와 정신 상태와 인격이 갖추어지지 않은 자의 승리는 참된 승리가 아니라는 것이다. 따라서 전쟁을 통해서도 이스라엘이 궁극적으로 추구하는 것은 영적이고 정신적인 승리, 신앙과 믿음의 승리이지 물리적인 승리가 우선이 아님을 우리는 파악할 수 있어야 한다.

이스라엘의 이러한 영적인 세계에 대한 갈망, 끊임없는 영성 회복운동은 결국 몸이 낫고 치유되는 건강의 회복도, 죽은 자가 다시 살아나는 새 생명의 역사도, 나라를 잿더미에서 다시 일으키는 것도, 전쟁의 승리도 모두 자신들의 정신상태 마음가짐 등 영성에 따라 결정된다는 것을 이스라엘은 너무 잘 알고 있기 때문이다.

그래서 앞에서도 이미 살펴본바 이스라엘은 역사 속에서 물질의 정신화 운동, 물질을 통한 영성 운동을 끊임없이 펼쳐나가고 있다. 이러한 사실은 다음의 사건에서도 잘 나타나고 있다.

BC 840년 경 하나님의 은총을 통하여 문둥병을 치료받은 나아만은 본국으로 돌아가면서 당시 은사의 실행자였던 엘리사에게 이스라엘의 흙을 두 바리 실어갈 수 있도록 해 달라고 부탁을 한다.

"청하오니 노새 두 바리에 실을 흙을 당신의 종에게 주소서 이제부터는 종이 번제(燔祭)나 어떤 제(祭)라도 다른 신에게 드리지 아니하고 다만 야훼께 드리겠나이다"(왕하5:17)

여기서 나아만은 이제 자신이 하나님의 은총을 통하여 치료를 받은 그 이스라엘의 하나님 야훼를 자신이 고침을 받은 그 땅의 흙을 가져가 그 흙을 보면서 하나님에 대한 일편단심의 야훼 경외의 신앙정신을 다지면서 살겠다는 것이다. 이것은 곧 물질의 정신화, 물질의 신앙화, 물질의 영성 운동을 의미한다. 물질만능주의 사고방식, 갈수록 인간이 물질화 되고 더욱이 교회와 신앙마저 물질화 되어가고 있는 오늘의 우리 한국교회가 회개의 눈물 속에서 듣고 또 들어야 할 말씀이다.

결론적으로 우리가 깊이 생각해야 할 것은, 인간적 삶의 모든 불행과 비극은 육신적인 눈에 보이는 것을 우선시하고, 눈에 보이는 것만 전부인 줄 알고 살아가는 삶의 스타일, 한 마디로 물질 위주의 사고방식 때문에 빚어지는 일들이다. 반대로 모든 인간적 삶의 승리와 영광은 보이지 않는 것을 찾아나서는 영적 도전의 생활, 나 자신의 내면세계에서 숨 쉬고 있는 영성 위주의 사고방식에서 시작된다는 것을 인식하는 것이다.

우리가 극도의 기쁨과 즐거운 마음을 가질 때 마약 모르핀보다 10배나 더 강한 모르핀이 우리의 몸속에서 발생하여, 우리 몸의 그 어떤 암세포나 병균까지도 다 소멸시키고 우리 인간의 생명을 복되고 풍요롭게 해 준다는 사실은 이것을 잘 증명해주고 있다. 우리 속 깊은 곳에 있는 영성의 우물을 잘 퍼 올리면 우리는 이 세상의 성공과 출세, 호화 주택, 고급 승용차, 화려한 옷 등 물질적인 부귀영화와는 비교가 안 되는 고차원의 기쁨과 행복을 누릴 수 있게 된다. 호화 주택이 아닌 나의 영혼 깊은 곳에 있는 마음의 집, 내 마음 깊은 곳에 있는 영적 승용차, 마음과 영의 옷으로 단장을 한다면 우리는 지상 최고의 승리자가 될 것이다. 그래서 나는 독자들에게 우리 주님처럼 정신적인 삶, 영성 위주의 삶을 항상 추구하고 도전하고 습관화 할 수 있기를 간절한 마음으로 바라는 바이다.

그러면 영성과 정신적이고 질적인 삶이란 구체적으로 어떤 것인가? 그것은 항상 자신의 내면세계 의식과 마음의 세계에 정신을 집중하는 것이다. 눈에 보이는 돈 몇 푼 물질적인 것에 정신을 집중하는 습관으로부터 벗어나서 나 자신의 의식의 세계 마음의 세계에 관심을 가지고 정신을 집중하여 내 속에 들어있는 영적인 힘과 능력과 가치를 찾아내고, 그 힘을 계속하여 계발하고 활용하는 것이다. 더욱이 나 자신의 영성 위에 하나님의 영이신 성령이 역사하시면 우리 자신들의 영적인 힘과 능력은 그 어떤 인간적인 것도 모두 극복하고 넘어설 수 있는 초월적 무한한 힘이 발휘되는 것이다. 나 자신의 의식의 세계 속에는 오늘도 신비로운 것들이 폭포수처럼 흐르고 있기 때문이다.

예수와 이스라엘 정신 그리고 모든 성서적 증거들은 인간 세상에서 일어나는 모든 일들과 사건들을 영적인 작용으로 본다. 예수와 이스라엘의 신앙정신은 모든 물질적인 것에 영적이고 정신적인 의미를 부여하고, 영적인 의미를 찾으려고 노력하며, 그 모든 것에 영적인 의미를 반영하고 있다는 사실이다. 다시 반복하지만 모든 일들은 영적인 작용에서 일어나기 때문이다. 이스라엘과 성서적 예배 찬양 기도의 가치와 중요성은 바로 여기에 있는 것이다. 특히 출생과 성장, 그리고 늙고 병들어 끝내는 죽음의 세계에 떨어지고 마는 우리의 인생사를 단순히 물질에 속해 있는 육체적인 것만을 생각한다면 얼마나 공허하고 허무한 일인지 모른다. 그러나 죽음이라고 하는 생의 궁극적인 이 지독한 허무적 인생사를 기쁨과 환희의 새로운 인생사로 바꿀 수 있는 비결을 하나님께서는 이렇게 가르쳐 주고 계신다.

"그러므로 우리가 낙심하지 아니하노니 겉 사람은 낡아지나 우리의 속은 날로 새롭도다."(고후4:16)

생로병사라고 하는 인생의 공허한 사이클 속에서 육체적 노쇠함, 인생을 물질이 아닌 영적으로 이해하고 바라볼 때, 늙고 노쇠할수록 점점 더 새롭다고 하는 이 놀라운 생명의 말씀에 귀를 기울일 수 있어야 하겠다. 나이가 들면 들수록 늙고 병들고 소멸해 가는 사람과 나이가 들면 들수록 점점 더 새로워지는 사람 이렇게 두 종류의 사람이 있다는 것이 성서적 교훈이다.

이제 끝으로 예수와 이스라엘의 신앙정신이 파악하고 있는 영성과 심리적 이해를 성서적으로 살펴보면 다음과 같은 내용들을 만날 수 있다.

천지창조의 역사는 하나님의 영적 활동의 산물이며,(창1:2)인간은 영적인 존재가 될 때 비로소 인간이다.(창2:7) 실낙원의 영적인 원인은 탐욕 교만 거짓 등 세 가지 죄악의 결과이며,(창3:4-6) 현실을 파악할 때 겉이 아닌 정신 상태와 윤리적 상황을 같이 파악할 것,(창13:13) 야곱의

20년 동안의 머슴살이의 인내의 능력은 라헬에 대한 뜨거운 사랑의 정신적 동기에서 비롯되고 있으며,(창29:18;31:41) 성적인 유혹에 전혀 흔들리지 않는 요셉의 강한 절제력과 거절의 용기에 나타나는 믿음과 영성,(창39:7-8) 조급함, 다급한 심리, 욕구심리를 역이용하여 반대급부를 노리는 전술,(창34장) 영성의 결과로 나타나는 모세의 얼굴에 나타나는 광채,(출34:29-35) 부정한 행위의 진위를 가려내기 위한 고도의 영적 심리적 처방,(민5:16-22) 영적 의미의 상징, 그리고 영적 권능의 매개체로서의 땅과 흙,(왕하5:15-18;요9:6-7) 다윗의 마지막 유언(遺言)도 야훼 하나님의 영감에 의해서 되어 지고 있으며,(삼하23:1~7;대상23:27) 야훼의 뜻을 전하는 메신저로서의 당나귀,(민22:28-41) 겉과 속이 다른 이중성을 파악할 줄 알며 그런 자들을 조심하라는 교훈,(시28:5) 등 많은 내용들을 보여주고 있으며, 특히 예수의 치유사역 현장에서는 물질로서의 침과 흙이 귀머거리와 소경들의 귀와 눈을 뜨게 해 주는 난치병 치료에 사용되고 있음을 눈여겨보아야 한다. (막7:33;8:23; 요9:6)

그리고 역사적 예수에게 있어서 물질적인 것이 영적인 의미를 나타내는 것에 있어서 대표적인 것은 '물과 몸과 피'라고 할 수 있다. 물은 죄 씻음, 용서, 사죄에 대한 상징성을 가지고 있으며, 예수의 몸은 하나님의 역사적 현실성의 의미를, 피는 그리스도적인 십자가의 고통과 죽음을 통하여 죄인들을 살리고 구원하시는 하나님의 사랑과 은혜 그리고 용서와 죄 씻음의 상징적 의미를 지니고 있다. (레14:8;민19:7-9;왕하5:24 요13:6-14; 마26:27-29)

그리고 훗날 다시 예수의 이 몸과 피는 떡과 포도주를 곁들이는 공동식사를 통한 성찬(聖餐)의 모임 속에서 주의 죽으심을 기념함과 동시에 그 고난과 죽음에 동참하는 영원한 상징으로 자리를 잡게 된다. (고전

10:16-17;11:26)

한편 이러한 영적이고 심리적인 파악들과 교훈들을 통하여 우리가 알 수 있는 것은 물질적인 것과 영적인 것들의 상관관계성이다. 겉과 속, 하늘의 것과 세상의 것, 보이는 것과 보이지 않는 것, 현실과 미래, 영적인 것과 물질적인 것은 서로 상호작용을 통하여 서로를 암시하고 나타내며 가치를 극대화 하며 새로운 의미를 창출하고 새로운 사건들을 만들어내면서 저 앞에 보이는 새로운 역사의 무대 위에 끊임없이 생성과 소멸의 회오리바람을 불러일으킨다는 것이다.

입 속의 침이나 흙, 물과 피는 모두 다 물질 그 자체로서는 별 의미나 가치와 능력을 나타내지 못한다. 그러나 그 모든 것들이 영적인 것과 접목이 되고 영적인 의미와 상(像)으로 나타날 때 전혀 다른 놀라운 결과들이 만들어지게 되는 것이다.

우리는 육신과 물질적인 것이 없으면 역사적이고 현실적인 인간이 될 수 없고, 영성과 정신이 없으면 역사와 현실을 다스리고 지배하는 역사 저 너머의 인간이 될 수 없다. 역사적이면서 동시에 역사의 주인으로 살 수 있으려면 영적인 것과 물질적인 가치를 함께 고려하되 물질과 육신이 영을 앞서지 않고 영성 중심의 본질적인 삶을 항상 희구하라는 것이다. 그 이유는 모든 물질적 것들은 이미 앞에서 살펴본 대로 항상 영적인 것에 의해서 전혀 다른 놀라운 가치를 창출하고 새로운 삶을 탄생케 하며 또한 영적인 것에 의해서 만들어지고 다스려지기 때문이다. 모든 물질적인 것들에 대하여 영성을 불어넣고 정신화 하지 못하면 인간의 삶은 비참할 정도로 말라비틀어지게 된다. 인간의 식사와 짐승들의 먹이활동이 다른 것은 인간적 식사는 비록 작은 빵 한 조각을 먹더라도 그것에 대하여 감사의 마음을 가지는 영성이 있고 정신적 의미를 가질 수 있기 때문이다. 만약에 우리 자신들의 먹고 마시는 식사가 배만 채우려 한다면 짐승들의 먹이활동과 조금도 다를 바가 없을 것이다. 인간인 우리의 식사는 배가 아니라 정신적인 것, 영적인 것이 채워져야 한다. 영적인 것이 채워지지 않으면 인간은 살아갈 수가 없다. 그렇게 하려면 우리가 먹고 마시는 식사에는 주어진 빵과 물에 대한 감사의 기도는 필수적임을 잊어서는 안 된다. 감사의 기도가 없으면 짐승처럼 배만 채우는 현상이 나타나고 우리 자신들의 마음과 영혼을 채우는 것에는 실패하고 말 것이다. 그래서 예수께서는 참된 인간으로서의 삶을 살기 위해서 우리는 무엇을 어떻게 먹어야 하는지 이렇게 말씀하고 계신다.

"내게는 너희가 알지 못하는 먹을 양식이 있느니라… 예수께서 이르시되 나의 양식은 나를 보내신 이의 뜻을 행하며 그의 일을 온전히 이루는 이것이니라"(요4:32)

예수께서 말씀하고 계시는 이 영적인 양식에 대한 교훈은 인간의 정신이 정말 필요로 하는 것은 무엇인지 말씀해주고 있다. 따라서 우리는 이 교훈을 통하여 우리는 진정 무엇을 어떻게 먹어야 사는지 새겨들을 수 있어야 할 것이다. 그리고 여기서 중요한 것은 영적인 양식에 대하여 예수께서는 실천과 행동으로 말씀하고 계신다는 것이다. 이것은 결국 참된 영성이란 실천과 행동을 통하여 나타나나야 한다는 것이다. 아무리 위대한 영성을 지니고 있다 해도 행동으로 나타나지 않는 것은 의미가 없고 가치가 없다는 것이다.

예수의 영성은 역사와 삶의 현장 속에서 구체적으로 실천하고 행동하는 영성이다. 이것은 구약의 이스라엘 신앙정신 속에 담겨있는 야훼는 역사적 삶의 현장에서 언제나 구체적인 행동을 통하여 자신을 나타내신다는 "행동하시는 야훼 하나님"의 속성과도 일치한다.

또한 영적인 것과 정신적 의미가 없는 물질은 그 가치가 상실되며, 동시에 물질이 없는 영성과 정신적 의미는 그 영성과 정신을 역사 속에서 현실화 하고 구체화 하지 못한다. 사랑과 정의실현이라는 높은 이상을 가지고 있더라도 물질적인 것이 따라주지 않을 때 그 꿈들은 모두 허상이 되고 마는 것처럼 말이다. 그러나 영적인 의미와 결합된 물질은 보리떡 다섯 개 와 물고기 두 마리의 교훈에서 우리가 보듯이,(요6:9-13) 물질 그 자체보다 몇 천배 이상의 힘을 발휘하고 가치를 만들어낸다.

예수와 이스라엘의 신앙정신은 하늘이 없는 땅~ 땅이 없는 하늘~ 역사 없는 하나님의 나라~ 영성이 없는 물질~ 물질이 없는 영성~과 같은 어느 한쪽이 비었거나 없는 세계를 말하지 않는다.

"네 보물 있는 그 곳에는 네 마음도 있느니라"(마6:21)

물질이 있는 곳에 마음이, 마음이 있는 곳에 물질이 있다. 양자는 따로 떼어서 생각할 수 없다. 그러나 순차적인 것에서 우리는 항상 영적이고 정신적인 삶이 먼저 되는 영성 중심과 위주의 삶을 희구해야 한다. 더 나아가서 우리는 영적인 것과 물질적인 것 양자의 상호관계성 속에서 절묘한 조화를 이룰 수 있는 삶을 만들어갈 수 있어야 할 것이다.

3

보이지 않는 것을 찾아라

우리가 진정 예수의 정신을 가지려면 먼저 보이지 않는 영적인 세계와 정신적 영역의 가치와 능력과 그 위대함을 충분히 이해할 수 있어야 한다. 예수의 정신과 이교사상의 뚜렷한 차이점은 세계 일반적 사고와 이교적 정신은 눈에 보이는 것, 가시적인 것, 물체적인 것에 관심을 집중한다. 그러나 예수와 이스라엘 정신은 눈에 보이지 않는 것, 영적이고 정신적이며 심리적인 것에 관심을 집중한다는 것이다. 이스라엘은 역사 속에서 눈에 보이지 않는 것, 영적인 것을 찾으려고 얼마나 정성을 쏟는지 모른다.

야곱이 에서에게 팥죽 한 그릇과 장자권을 교환했다는 (창25:34절)의 기록 속에는 물질적인 것과 영적인 가치의 교환이라는 의미가 담겨져 있다. 이스라엘 백성들이 역사적 삶의 현장에서 그 어떤 경우에라도 하나님의 형상을 만들거나 조각하지 못하도록 못박아놓은 것도 가장 위대하신 분, 또는 가장 위대한 것, 최고 지존의 가치와 그 능력과 권세는 인간의 육신적인 눈에 포착되는 가시적인 것이 아니라 보이지 않는 영적인 영역에 계신다는 의미를 담고 있다.(요4:24) 하나님은 인간의 육신적인 눈에는 보이지 않는다. 다만 하나님은 우리에게 역사와 사건과 말씀의 계시를 통하여 보여주실 뿐이다. 만약에 최고의 지존이신 하나님께서 인간의 육신적 눈에 보이는 분이라면 그는 이미 최고의 지존이 아니거나 가장 위대하신 분이 될 수 없다.

그러면 이스라엘은 역사 속에서 왜 눈에 보이지 않는 것, 영적이고 정신적인 것들을 찾으려고 마음을 집중하는 것일까? 그 대답은 다음과 같은 야훼 하나님의 말씀과 그 명령 때문이며, 그 말씀 속에는 이스라엘이 그토록 사모하는 하나님의 성품과 예수 정신이 담겨져 있고, 또한 현실적 삶의 성공과 행복의 비결이 그 속에 담겨져 있기 때문이다.

1) 외모로 판단하지 말라

"너는 굽게 판단하지 말며 사람을 외모로 보지 말라…

그 용모와 신장을 보지 말라 나의 보는 것은 사람과 같지 아니하니 사람은 외모를 보거니와 나 야훼는 중심을 보느니라."(신16:19;삼상16:7)

이 말씀 속에는 "무엇을 보느냐 또는 무엇을 볼 것이냐!" 하는 것과, "어떻게 보느냐 또는 어떻게 볼 것이냐!"하는 것과 "선택 판단 결정의 기준은 무엇이냐!"라고 하는 세 가지의 깊은 뜻이 담겨져 있다.

여기서 (신16:19절)에 기록된 "사람을 외모로 보지 말라"에서 사람이라는 말 파님(פנים)은 정확하게 번역하면 "얼굴"이라는 말이며, (삼상16:7절)에 기록된 "외모"라는 말 아인(עין)은 "표면, 겉면, 껍데기"라는 뜻이다. 따라서 이 두 구절의 말씀을 직역하면 "얼굴의 겉면 바깥모양 껍데기를 보지 말라"는 것이다. 그리고 외모에 해당하는 바깥면 겉모양 껍데기는 보는 대상인 "무엇"에 해당하며, "보다 혹은 본다"라는 말씀은 "어떻게 보느냐?"라고 하는 보는 방법에 해당하고, "…을 하지 말라, 보지 말라"는 말은 "판단 선택 결정의 기준을 삼지 말라."는 의미가 들어 있다. 고로 어떤 것이든 밖으로 드러나는 바깥면 겉모양 껍데기를 보고 판단하거나 선택하거나 결정하는 일은 결코 하지 말라는 것이다.

여기서 예수와 이스라엘 정신은 다 같이 밖으로 드러나는 겉면을 쳐다보고 판단하는 피상적인 관찰법과 그렇게 바라보지 말라고 경고하고 있다. 이처럼 하나님께서 우리에게 바깥면 겉모양 껍데기를 보지 말라고 하는 것은 우리 자신들의 건강과 물질과 성공과 행복을 지켜주시기 위한 것이다. 왜냐하면 우리는 집을 구입할 때 바깥면 껍데기만 보고 구입을 했다가 낭패를 보는 일이 허다하며, 사람을 선택할 때 학벌 인물 등 외모와 겉모양만 보고 선택했다가 불행해 지는 사람들이 허다하기 때문이다.

특히 한국교회와 시민정신은 밖으로 드러나는 외모 겉면 껍데기를 쳐다보는 데 길들여져 있고, 교회는 담임목사를 청빙할 때 영성과 인격과 실력은 보지 않고 겉면 껍데기에 해당하는 박사 학위 등 학벌 위주로 보는 것이나, 교회의 외형적 규모와 모양에만 치중하고 있는 오늘의 현실을 깊이 반성하고 회개해야 할 것이다.

밖으로 드러난 겉모양만 보고 땅을 선택하여 큰 불행을 당한 대표적인 사례가 창13:1-13절까지의 내용 속에 아주 구체적으로 기록되어 있다. 그 내용을 보면 아브람과 그의 조카 롯이 가진 소유가 너무 많아 이제 함께 동거할 수 없게 되자 아브람이 조카 롯에게 땅 선택의 우선권을 준다. 그러자 롯은 경제성이 아주 뛰어난 요단강 동쪽의 땅을 선택한다. 그 땅은 대박이 터질 수 있는 그야말로 황금의 땅이었다. 얼마나 경제성이 좋았는지 성경기자는 당시 상황을 이렇게 전하고 있다.

"롯이 눈을 들어 요단 들을 바라본즉 소알까지 온 땅에 물이 넉넉하니⋯ 여호와의 동산 같고 애굽 땅과 같았더라 그러므로 롯이 요단 온 들을 선택하고"(창13:10-11)

롯은 밖으로 드러난 풍부한 경제성 돈 덩어리만 보았던 것이다. 지금도 돈이 된다면 이성을 잃고 달려드는 자들은 눈여겨보아야 할 사건이다. 훗날 그 땅은 당시 인구 약 5만의 도시 소돔과 고모라가 유황불의 심판을 받을 때 모두 불에 타 없어지고 한줌의 재만 남게 되는 비참한 종말을 고하게 되고, 이 와중에 롯은 사랑하는 아내가 소금기둥이 되어 죽게 되는 비극의 쓴 맛을 보게 된다. 롯은 돈 덩어리가 되는 풍부한 경제성이라고 하는 겉모양 껍데기만 본 것이다. 그러나 아브람은 롯이 보지 못하는 것을 보았다. 그러면 아브람이 본 것은 무엇일까? 그것은 그 땅에 살고 있는 사람들의 영적인 상태, 정신상태, 신앙과 윤리적 상태를 본 것이다. 이것이 인간이 살아가는데 있어서 돈과는 비교가 안 되는 핵심적 가치이기 때문이다. 그러면 당시 그곳 사람들의 영적인 상태는 어떠했을까? 이에 대해 성경은 이렇게 가르쳐주고 있다. **"소돔 사람은 악하여 야훼 앞에 큰 죄인이었더라"**(창13:13)

성서의 이 내용을 더 구체적으로 설명하면 당시 그곳 사람들의 영적인 부패는 성폭력을 비롯한 온갖 종류의 폭력과 동성연애가 난무할 정도로 심각한 상태였으며 하나님의 심판의 도를 이미 넘어서고 있었다. (창19:1-11절 참조) 이 사건을 통하여 성서기자가 우리에게 전하는 메시지는 겉모양 껍데기를 보지 말고 보이지 않는 안과 속, 중심, 핵심적인 것을 보고 판단하고 선택하라는 것이다.

2) 본질과 핵심을 보는 안목

한편 이러한 외모와 겉모양 껍데기 보지 않기, 실체와 핵심 보기의 이스라엘 정신은 예수의 정신으로 이어져 있고 동시에 이것은 예수의 정신을 통하여 최고의 빛을 발하게 된다. 예수는 사람을 비롯한 그 모든 것들을 바라볼 때 단 한 번도 외모와 겉모양을 보고 판단하신 적이 없다. 그래서 예수님은 외모로 판단하지 말라고 반복하여 우리에게 말씀하고 계신다. (마22:16;눅20:21;요7:24)

외모 껍데기의 어두운 면은 또 있다. 밖으로 드러나는 외모 겉모양 껍데기는 모든 유혹과 거짓과 속임수에 있어서 가장 유용하게 사용된다. 왜냐하면 외모 바깥면 껍데기는 위장 변장 둔갑 꾸밈이 가능하기 때문이다. 바깥면은 작은 것을 크고 많은 것으로, 약한 것을 강한 것으로, 오래되어 썩고 부패한 것을 새로운 것처럼, 야수를 미인처럼, 심지어 없는 것을 있는 것으로 위장하고 바꾸고 꾸밀 수 있다. 바깥면 껍데기는 부피 양 무게 숫자 모양 등 거의 모든 것을 꾸미고 바꾸고 위장할 수 있다. 그래서 사탄이 우리를 유혹할 때 가장 많이 사용하는 것은 바깥면 껍데기를 보도록 하는 것이다. 전쟁에서도 적을 물리치고 승리하기 위하여 가장 많이 사용하는 것은 바로 겉을 꾸미고 위장하여 적의 눈을 속이는 것이다. 그런데 "속이면 승리할 수 있다"라고 하는 전쟁의 잔재인 그 속임수 문화가 인간의 정신 속에서 지워지는 데 무려 40년이라는 세월이 걸린다는 것이다. 어쨌든 속임수에 사용되는 것은 항상 겉면 껍데기이다.

에덴동산에서 태초의 사람 아담과 하와를 유혹할 때도 사탄은 밖으로 드러난 껍데기를 사용했다. 죽는다를 산다로 바꾸고 거기 더하여 "하나님처럼 된다"라고 하면서 유혹을 한다. 중요한 것은 바깥면 껍데기는 실체와 핵심이 아니다.

실체와 내용 핵심은 언제나 안(in)과 속에 들어있다. 수박의 단 맛이 밖이 아닌 속에 들어있듯이 말이다.

"나 야훼는 중심을 본다."(삼상16:7)라고 하는 하나님의 말씀이 의미하는 것은 실체와 내용과 핵심은 항상 의식과 생각, 정신과 마음, 즉 영적인 것에 있다는 것을 가리킨다. 그래서 예수와 이스라엘의 신앙 정신적 사고는 항상 영적이고 정신적이며, 의식과 심리적인 것에 초점이 맞추어져 있다. 상대방의 마음을 보지 못하고 밖으로 드러난 얼굴과 외모만 보고 "그를 보았다"라고 하는 것은 예수와 이스라엘적 사고가 아니다. 그의 정신과 마음의 세계를 이해하고 파악했을 때 비로소 히브리적으로 또한 그리스도적인 눈으로 보았다, 라고 할 수 있다. 그래서 하나님께서는 수박의 그 단 맛이 들어있는 안과 속을 볼 줄 아는 사람이 되라는 것이다. 그런데 우리는 당장 밖으로 나타나는 겉면과 껍데기를 보는 데 익숙해져 있고 그것이 마음과 정신적 습관이 되어 있다.

이러한 우리 자신들의 마음과 생각의 습관을 바꾸려면 우리가 바라보는 어떤 대상을 보는 방법을 달리하라고 하나님께서는 가르쳐주고 계신다. 보는 방법을 바꾸면 더 멀리, 더 깊이, 겉이 아닌 속과 안, 실체와 핵심을 볼 수 있게 된다는 것이다. 보는 방법의 차이가 결과의 차이를 만들어낸다는 것이다. 그 방법이란 다름 아닌 영적인 안목, 마음의 눈, 생각의 눈, 정신적인 눈으로 바라보는 것이다. 이 마음의 눈, 생각의 눈, 영적인 안목과 반대의 개념이 바로 앞에서 말하고 있는 '아인'이라는 말이 가지고 있는 육신의 눈 신체적인 눈이다. 그래서 예수와 이스라엘 정신은 보는 방법에 대하여 두 가지 용어를 사용함으로써 겉만 쳐다보고 판단하는 미련함과 위험성에서 벗어나고자 했고, 그러한 시도는 현실과 일상 속에서 아주 유용하게 활용되었다. 그 두 가지 용어는 '아인'(עין)과 라아(ראה)라는 단어인데, 아인은 겉면 껍데기를 보는 육신적이고 신체적인 눈을 의미하고, 이와는 반대개념인 '라아'는 영적인 눈, 마음의 눈, 생각의 눈, 믿음의 눈이라는 뜻으로 안과 속 내용과 핵심을 볼 때 주로 사용되어지고 있다. 이 두 가지 관찰법은 각각 다른 결과를 만들어낸다. 육신적인 눈에는 피상적인 것이 보이고, 영적인 눈에는 본질이 파악된다는 것이다.

그런데 우리가 외모와 겉면, 껍데기를 보고 판단하게 되는 이유 중의 하나는 겉면은 항상 찰나적인 순간성과 관련이 있다. 다시 말하면 그 순간이 지나면 안 좋은 것, 부정적인 것들이 가득 차 있음에도 불구하고 내가 그것을 보는 그 순간 그것이 좋게, 아름답게, 귀하게, 맞게 느낀다는 것이다. 이러한 순간적 화려함에 빠지지 않으려면 순간적으로 좋은 감정이 지속적인 좋은 감정이 될 수 있을 것인지, 순간적 아름다움이 지속적 아름다움이 될 수 있을지, 순간성과 지속성을 동시에 파악하는데 익숙해질 수 있어야 한다.

이스라엘은 육신적이고 신체적인 눈으로 무엇을 보았을 때 그것을 알고 이해했다고 생각하지 않는다. 영적이고 정신적인 그리고 마음의 눈, 생각의 눈, 믿음의 눈으로 보았을 때 비로소 보고 있는 대상의 실체와 내용과 핵심을 보았다고 이해를 한다.

이스라엘 정신에 있어서 믿음과 신앙이란 하나님께서 인간인 우리 자신들의 역사적인 삶의 현장에서 무엇을 어떻게 섭리하시며 원하고 계시는가를 좀 더 정확하게 관찰하고 파악하고 배우고 알고 이해하는 것이다. 따라서 그들은 어떻게 볼 것인가? 하는 관찰의 방법에 대하여 끊임없이 배우고자 온 정성을 기울이고 있다.(사5:12;6:9) 그러면 여기서 보이지 않는 영적인 것의 우월성을 한 번 살펴보자.

3) 영적인 것의 우월성

① 모든 보이는 것들, 모든 물질적인 것들은 존재 그 자체와 그것들의 모양, 가치, 힘과 능력, 운명까지도 영적인 것에 뿌리를 두고 있다. 이 세상의 모든 것들은 그것이 어떤 것이든, 그것이 있기 전에 먼저 영적인 그림이 먼저 있기 마련이다. 예를 들면 집은 그 집을 짓기 전에 먼저 설계도가 있기 마련이고, 그 설계도는 설계사의 정신과 마음의 그림이 뿌리이고 바탕인 것이다. 그래서 그 어떤 일이든 먼저 "마음의 그림을 그려라"고 권면하는 것이다. 성공을 하려면 성공에 대한 마음의 그림, 집을 지으려면 집에 대한 생각의 그림, 사업을 하려면 사업에 대한 마음의 그림, 건강하고 싶으면 건강에 대한 마음의 그림이 필요한 것이다.

② 보이지 않는 영적인 힘이 눈에 보이는 물질적인 힘보다 더 강할 뿐만 아니라 그것들을 다스린다는 것이다. 꿈을 정확하게 해몽하는 다니엘의 능력과 그의 지혜는 그의 영성에서 비롯되고 있다. **"다니엘의 마음이 민첩하고…"**(단5:12)에서 '민첩하다'는 말 '루아흐 야티라'는 곧 영

성이 탁월하다는 것을 의미한다.

이스라엘은 역사 속에서 물질을 비롯한 물리적인 힘으로 승리를 얻어 본 적은 단 한 번도 없었다.

기원전 1270년 경 당시 최고의 초강대국이었던 이집트의 억압을 벗어나 출애굽 할 수 있었던 것도 물리적인 힘으로 비교한다면 비교가 되지 않는다. 그럼에도 불구하고 출애굽할 수 있었던 것은 바로 보이지 않는 영적인 힘이 더 강했기 때문이다. 이스라엘의 출애굽 사건은 물리적인 힘의 논리로 답을 찾으려면 결코 답을 찾지 못한다.

결론적으로 무엇을 어떻게 볼 것인가 하는 것과, 보고 판단하고 선택하고 결정하는 기준은 무엇인가? 라고 하는 물음에 대한 명쾌한 답변은 예수의 영성과 정신을 통해서 들을 수 있다. 복음의 현실적 의미를 말씀하는 내용 가운데 예수께서는 우리에게 이렇게 말씀하고 계신다.

"주의 성령이 내게 임하셨으니… 포로된 자에게 자유를, 눈 먼 자에게 다시 보게 함을 전파하며…"(눅4:18)

예수님의 치유 현장에는 유독 앞을 보지 못하는 소경들이 많았다.(마 9:27;11:5;15:30;20:30;막8:22;10:46,51;눅7:21;14:21;요5:3; 9:1-34) 그 가운데 날 때부터 소경된 자가 예수의 치유를 통하여 눈을 뜨게 된 사건은 우리에게 시사하는 바가 아주 많다. 그는 태어날 때부터 안구 자체가 없는 사람이다. 이 기적의 사건은 모든 것의 금지일인 안식일에 행해졌기 때문에 큰 논란거리가 되었다. 유대인들은 소경의 부모에게 찾아가 질문공세를 퍼다가 명쾌한 대답을 듣지 못하자 눈을 뜨게 된 당사자를 두 번씩이나 찾아가 예수는 죄인이라고 모함을 하면서 어떻게 눈을 뜨게 되었는지 묻는다. 그러자 눈을 뜬 사람은 자신이 경험한 것을 사실대로 말한다.

"그가 죄인인지 내가 알지 못하나 한 가지 아는 것은 내가 소경으로 있다가 지금 보는 그것입니다."(요9:25)

눈을 뜬 자가 하는 말 "지금 내가 보는 것"은 전에 볼 수 없던 것을 이제는 보고 있다는 것이다. 이 뿐만이 아니라 예수의 치유를 통하여 눈을 뜨게 된 모든 자들의 공통점은 "못 보던 것, 안 보이던 것을 이제 보고 있다는 것, 캄캄하던 암흑천지가 환하게 밝아졌다는 것"이다. 위의 내용 가운데 예수께서 말씀하고 계시는, "눈먼 자를 다시 보게 하다…"라는 말씀에 특히 우리가 주목해야 할 것은, "눈먼 자"라는 말 튑홀로스($\tau v \varphi \lambda \acute{o} \varsigma$)는 육신적으로 눈먼 자를 가리킴과 동시에 영적으로 정신적으로 눈먼 자를 가리키고 있으며, "다시 보게 하다"라는 말 아나블렙포($\alpha v \alpha \beta \lambda \acute{\epsilon} \pi \omega$)는 "다시, 새롭게"를 뜻하는 아나($\alpha v \alpha$)라는 말과, "볼 능력을 가지다, 감찰하다, 식별하다, 정신적으로 깨닫다, 감지하다"라는 뜻을 가진 블렙포($\beta \lambda \acute{\epsilon} \pi \omega$)의 합성어이다. 고로 "다시 본다"는 것은 곧 영적으로 정신적으로 다시 새롭게 보고 식별할 수 있는 능력을 가지게 되었다는 것을 의미한다.

눈먼 자를 다시 보게 한다는 이 두 용어는 영적이고 정신적인 용어에 더 큰 비중이 실려 있다. 하여간 성경적으로나 역사적으로나 우리의 현실에서든, 우리가 예수를 믿고 그의 생명을 가질 때 나와 이웃과 세상의 모든 것들은 새롭고 아름답게, 행복하고 은혜롭게, 귀하고 좋게 보이기 시작한다는 사실이다. 세상 모든 것들이 아름답고 좋게 보이면 나는 예수의 영성과 접목이 된 사람이고, 그렇지 않으면 믿기는 해도 아직 나는 예수의 영성과 접목이 안 된 사람이라 할 수 있다. 우리가 알아야 할 것은 예수의 모든 치유 기적의 사건들은 육신적인 질병을 고치고 치유했다는 것이 핵심이 아니라 영적이고 정신적인 것을 고치고 치유하는 것에 초점이 맞추어져 있고 그것이 핵심이다. 영적 치유, 마음과 정신적인 영역에 변화가 없는 육신적인 치유는 껍데기만 고쳐졌다는 것에 지나지 않는다. 마음과 정신의 치유가 없는 육신만의 치유는 그 몸으로 세상에 나아가 새로운 삶을 살 수 없기 때문이다. 새로운 삶을 살지 못하는 육신은 더 큰 질병과 불행에 빠질 수 있다. 따라서 우리는 항상 예수의 치유가 우리 자신들에게 영적이고 정신적인 것에 변화를 일으킬 수 있는 것에 초점이 맞추어져 있다는 사실을 알고 자신의 영적 변화에 정신을 집중할 수 있어야 한다.

그리고 성서적 의미에서 우리가 어떤 대상을 본다는 것은 곧 하나님과의 관계성 안에서 본다는 것을 말한다. 이에 대하여 성경은 이렇게 증거하고 있다.

"주의 손가락으로 만드신 주의 하늘과 주위 베풀어두신 달과 별들을 내가 보고 있습니다.(시8:3)

이스라엘의 신앙정신은 여기서 인간이 우주의 삼라만상을 바라볼 때, 그것이 무엇이든 막론하고 하나님의 창조질서와 그리고 궁극적으로는 하나님과의 관계성 안에서 바라보고 이해할 수 있어야 한다는 것을 교훈해주고 있다. 하나님과의 관계성 안에서 이해해야 하는 이유는 그것들이 모두 하나님으로부터 나온 것들이며 또한 하나님의 주권과 통치 아래 있기 때문이다.

그러면 이제 우리가 모든 것을 더 정확하게 보고 핵심을 파악할 수 있는 비결, 더 멀리 더 밝고 분명하게 볼 수 있는 비결은 무엇인가? 그 대답은 심령에 대한 예수의 영성이 말해주고 있다. 예수정신에 있어서 더 크게, 더 멀리, 더 명확하게 보는 대상의 핵심을 이해하고 파악할 수 있는 비결은 맑고 깨끗한 심령, 불순물이 조금도 끼어있지 않는 순수하고 깨끗한 마음과 직결되어 있다.

"마음이 청결한 자는 복이 있나니 저희가 하나님을 볼 것이다"(마5:8)

여기서 하나님을 본다는 것이 수직적인 것이라면 이에 대한 수평적인 의미는 현실적으로 가장 귀한 것, 가장 위대한 것, 가장 놀라운 것, 깊고 핵심적인 것, 근원적이고 궁극적인 것을 보게 된다는 것을 의미한다. 중요한 것은 마음에 한 점의 불순물도 끼어있지 않는 깨끗한 마음의 상태가 될 때 그 위대하고 놀라운 것들을 볼 수 있다는 것이다. 마음이 청결할 때 우리는 남들이 보지 못하는 것을 보게 되고, 남들이 들을 수 없는 것을 듣게 되며, 남들이 알 수 없는 것을 알게 되며, 더 나아가 창조주 하나님을 바라보는 놀라운 영광을 경험하게 된다는 것이다.

예수께서 말씀하고 계시는 "마음의 청결함, 깨끗함"은 우리 자신들에게 있어서 모든 청결함의 중심이라는 의미가 함축되어 있다. 이 마음의 청결함을 더 구체적으로 이해할 수 있으려면 우리는 청결함과 깨끗함을 실제적 삶의 법으로 규정하고 살았던 역사적 이스라엘의 신앙정신을 파악할 필요가 있다.

이스라엘의 신앙정신에 있어서 청결과 깨끗함은 아주 엄한 법이며,(레11,12,13장 참조) 삶과 죽음도 청결과 불결, 깨끗함과 더러움에서 결정된다. 비록 그것이 가벼운 불결(不潔)이라 하더라도 그것은 이미 죽음을 뜻하고 있다.(레17:15-16;민19:20) 그래서 이스라엘은 하나님의 크신 능력 앞에 깨끗해야 하고,(수3:5) 제사(예배)에 참여하기 전에 자신을 깨끗하게 해야 하며,(출19:10) 전쟁의 승패도 깨끗한 정신이 좌우하기 때문에 전쟁에 임하는 자세도 몸과 마음이 깨끗해야 하며,(수7:13) 더러운 그릇은 아예 깨뜨려 없애버려야 하고,(레11:33) 남녀 간의 성생활과 하나님의 제단(祭壇)이 청결하고 깨끗해야 함은 더 말할 필요가 없다.(대하29:5,17;레18장)

하나님의 말씀이 이러함에도 불구하고 오늘날 인권이니 뭐니 하면서 동성애(homosexual)라고 하는 지옥의 불구덩이 속으로 빠져들고 있는 자들이나, 교회의 강단(제단)을 학교 교단이나 무대처럼 꾸미거나 더럽히면서 제단에 대한 개념이 없는 일부 몰지각한 목회자들을 생각하면 참으로 안타까운 일이 아닐 수 없다.

그래서 하나님은 사제(목사)들의 청결함을 더 강조하고 계시며,(출19:22;28:3) 이스라엘에 있어서 사제(목사)들이 성(聖)과 속(俗)을 구별하지 않거나, 깨끗함과 더러움, 결(潔)과 불결(不潔)의 차이를 가르치지 않으면 그것은 이스라엘(교회) 공동체에 대한 심각한 배신행위로 간주하고 있다.(겔22:26)

이처럼 청결함은 이스라엘의 법과 제도였고, 삶 그 자체였으며, 생사의 문제가 걸려있는 중차대한 것이었다.

청결함은 민법이면서 동시에 형법이었다. 어느 분야든 청결하지 못한 자들은 형법으로 다스렸다.

인간이 사회적 존재라는 말은 그 사회가 공유하고 있는 법과 제도에 의해서 살아가는 존재라는 말이다. 정신과 물질, 나라와 사회, 개인과 가정, 생태계와 환경오염의 문제, 산더미처럼 쏟아져 나오는 각종 폐기물과 쓰레기 문제 등 이 모든 것에서 청결하고 깨끗한 세상을 만들 수 있으려면 조목조목 그것을 법으로 정하고 제도화해야 한다고 성경은 가르쳐주고 있다. 청결함이 법과 제도를 통해서 뒷받침 되지 않으면 산소처럼 맑고 깨끗한 삶, 고차원적인 질적 삶의 근거가 되는 청결은 말로만 떠들어대는 그림의 떡이 되고 말 것이다.

입법에 몸담고 계시는 의원님들은 이 내용을 주의 깊게 봐 주시면 좋겠다.

그리고 나라와 정신 위생 환경 등 삶의 전 영역의 청결에 있어서 후진국을 벗어나지 못하고 있는 이 땅을 위하여 한국교회는 좀 더 각고의 노력으로 빛과 소금의 역할을 잘 감당하고 사회의 모범이 될 수 있도록 해야 할 것이다.

어쨌든 우리 자신들이 애타게 찾아 헤매는 성공과 행복의 덩어리들은 바로 우리 자신들의 주변에 지천에 널려 있다. 그러나 아무리 많이 있어도 눈이 감겨져 있는 자들에게는 그 성공과 행복의 오아시스가 보이지 않는다는 사실이다. 광야 사막으로 쫓겨난 아브라함의 후처 하갈은 바로 옆에 오아시스가 있었으나 목이 타 들어가 죽는다고 대성통곡을 한다. 그녀 역시 눈이 감겨져 있었다고 성경은 가르쳐주고 있다. (창21:15-19)

게네사렛 호수에서 밤이 새도록 그물로 고기를 잡아보았지만 별 소득이 없었다. 그러자 예수께서 베드로에게, **"깊은 데로 가서 그물을 내**

려 고기를 잡으라"(눅5:4)고 가르쳐 주신다. 평생을 고기잡이 어부로 살아 온 베드로의 눈에는 왜 고기떼들이 보이지 않았을까? 반대로 그 깊은 곳에 있는 고기떼들이 예수의 눈에는 어떻게 환하게 다 보였을까? 예수께서는 우리가 보지 못하는 더 깊은 곳을 보신다. 더 멀리 보고 계신다. 그리고 더 명확하게 보고 계신다. 예수께서 그렇게 볼 수 있는 비결은 그 영성과 정신 속에는 죄악의 불순물이 한 점도 끼어있지 않기 때문이다. 따라서 우리는 더 멀리 더 깊이 더 크고 넓게 볼 수 있는 비결을 한 점의 불순물도 끼어있지 않는 예수의 청결한 마음과 정신을 통하여 배울 수 있어야 하겠다. "마음이 청결한 자는 복이 있나니 저희가 하나님을 볼 것이다"(마5:8)라는 말씀대로 우리는 나 자신을 비우고 심령이 깨끗할 때 모든 것을 더 깊이 그리고 명확하게 보고 이해할 수 있게 될 것이다.

4

시간은 그릇이고 저녁이 시작이다

　역사와 시간에 대한 예수와 이스라엘적 사고 역시 지구상의 모든 보편적인 시간의 개념과는 많이 다른 독특성을 지니고 있다. 이스라엘 정신은 시간 속에서 일어나는 사건들을 통하여 철저하게 현실을 직시하면서 동시에 현실 속에서 일어나는 여러 가지 문제와 부작용들을 하나님의 영원성과 결부시킴으로써 그 해결점을 찾아내고 있다. 다시 말하면 우리가 경험하는 일상 속의 상대적인 시간과 그 시간 속에서 일어나는 모든 일들을 영원하신 하나님과 결부시킴으로써 인간적 시간의 상대성을 극복하고 있다는 것이다.

　우리 인간에게 주어지는 시간은 모두 상대적이다. 예를 들면 2013년에 태어난 사람과 1913년에 태어난 사람은 서로 100년의 시간차가 생겨난다. 그리고 이 100년이라는 시간은 문화적으로 이해할 수도 있고 심리적으로 이해할 수도 있고 철학적으로도 이해할 수 있다. 보는 각도에 따라서 100년이라는 시간은 각각 다르게 보이는 것이다. 그러나 각각 다르게 보이는 100년이라는 긴 시간도 하나님의 영원성과 결합이 될 때 서로 다르게 보이는 것들은 다 사라지고 하나로 통일성을 가진다는 것이다. 뒤에 가서 더 자세하게 설명하기로 하고 이제부터 예수와 이스라엘 정신 속에 담겨져 있는 역사와 시간의 개념을 하나씩 살펴보기로 한다.

1) 시간의 질적 개념에 대한 이해

시간은 길이나 숫자나 양이 아니라 철저하게 질적인 개념이다. 예수와 이스라엘 정신은 언제나 시간에 대하여 질적으로 파악을 한다. 100시간 100년 천년 같은 시간의 길이나 양은 예수 정신에 있어서는 아무런 의미가 없다. 왜냐하면 그것은 그냥 흘러가는 물리적인 시간에 지나지 않기 때문이다. 예수와 이스라엘 정신에서 시간의 양적인 길이는 아무런 의미가 없다. 주님께서 하시는 다음의 말씀 속에 그 뜻이 밝히 잘 나타나고 있다.

"보라 나중 된 자로서 먼저 될 자도 있고 먼저 된 자로서 나중 될 자도 있느니라"(눅13:30절)

이 말씀이 의미하는 것은 시간의 길이와 양적인 시간으로서의 앞과 뒤 먼저와 나중은 아무런 의미가 없다는 것이다. 일반적으로 우리는 호적의 나이가 120세다 하면 와! 하면서 놀란다. 그러나 단순히 양적인 것으로서의 나이는 예수 정신에 있어서는 별 의미가 없다. "내가 너보다 나이가 몇 살이나 더 많은데…"라고 하는 사고방식은 단순히 시간의 양적인 길이만 생각하는 좋지 못한 마음의 습관이며 우리는 이 습관에 깊이 젖어있다. 위의 말씀 앞에 기록된 "나중 된 자로서 먼저 된 자"는 시간을 질적 개념으로 이해하고 그 시간을 질적인 것과 알맹이로 채운 자를 가리키고, 뒤에 기록된 "먼저 된 자로서 나중 될 자"는 시간을 그냥 흘러가는 물처럼 길이와 양으로 생각하고 그 시간들을 그냥 흘려보내고 허비한 자를 가리킨다.

그러면 질적인 시간은 무엇인가? 질적인 시간이란 곧 영적이고 정신적인 시간을 의미한다. 우리는 일상의 모든 삶 속에서 될 수 있는 대로 영적이고 정신적인 시간을 많이 가지려고 노력해야 한다.

반체제 운동으로 시베리아 수용소에서 사형선고를 받고 이제 사형집행을 기다리고 있는 세계적인 문호 도스토예프스키에게 사형수가 이렇게 물었다. "앞으로 사형 집행까지 5분이 남았소, 이 5분의 시간을 어떻게 사용하겠소?" 그러자 그는 이렇게 대답을 했다. "2분은 지금까지 살아온 날들을 한 번 회상해 보는 데 사용하고, 2분은 하나님께서 창조하신 삼라만상을 한 번 감상하는 데 사용하고, 나머지 1분은 지금까지 나에게 많은 은혜와 사랑을 베풀어준 사람들에게 감사하는 데 사용할 것입니다."

위에서 도스토예프스키가 말하고 있는 이러한 것이 곧 정신적인 시간이다. 영적이고 정신적인 한 시간은 허랑방탕한 10년의 세월보다도 더 알차고 의미가 있다.

다윗은 밧세바와의 간음죄에 대한 선지자 나단의 지적을 받고 이불을 적시면서 회개의 뜨거운 눈물을 쏟았다. 그 내용이 시편 51편에 구체적으로 나타나고 있다.

"내가 죄악 중에 출생하였음이여 모친이 죄 중에 나를 잉태하였나이다, 내 모든 죄를 도말하소서, 밤마다 눈물로 내 침상을 띄우며 내 요를 적시나이다"(시51:5;6:6)

삶 속에서 우리는 1년에 단 몇 번이라도 다윗과 같이 이러한 영적이고 정신적인 시간을 가진다면 우리의 믿음은 놀라운 성장을 이루게 되고 삶의 질은 크게 높아질 것이다.

여기서 또 우리가 주목해야 할 것은, "된 자, 될 자"라는 용어이다. 이 말씀의 의미는 시간의 가치는 시간의 양과 길이에 의해서 정해지는 것이 아니라 그 시간 그 때에 나는 "무엇이 되어 있느냐? 어떤 모양으로 또는 어떤 상태에 있느냐?"라고 하는 우리 자신들의 '됨됨이'에 의해서 결정된다는 것이다.

또 하나 질적인 시간 속의 삶은 양적인 시간 속의 삶을 언제나 앞선다는 것이다. 반대로 내게 주어진 시간을 질적으로 파악하지 못하고 단순한 길이나 양으로 이해하고 사는 삶은 언제나 뒤떨어지는 삶을 살게 된다는 것이다. 이처럼 시간에 대한 질적인 파악은 구약의 이스라엘 정신에서는 이미 보편적인 시대정신으로 나타나고 있다. 그 한 예로서 구약성서의 무대 위에서 살았던 이스라엘 정신을 대표하는 예언자들과 선지자들이 계속 말하고 있는 "아버지 조상"이라는 말은 우리가 생각하는 양적이고 길이적인 시간으로 또는 시대적으로 앞서 있는 또는 먼저 태어나서 살았던 사람이라는 그런 개념의 말이 아니라 아비 조상이라는 말 아브(אב)는 "…에 대한 창시자 제조자(욥38:28;사63:16) …의 기초를 놓은 사람(창10:21;수24:3) 양육하고 부양한 사람"(욥29:16)이라는 의미를 지니고 있다. 양과 길이로서의 시간 개념은 예수와 이스라엘 정신의 그 어디에서도 찾아보기가 어렵다.

　예수와 이스라엘 정신에 있어서 또한 중요한 것은 그 시간이 무엇 또는 어떤 내용으로 채워져 있느냐 하는 것이다. 따라서 당연히 역사에 대한 의미도 막연한 시간의 흐름이 아니라 그 역사 속에 어떤 내용들이 채워져 있느냐가 중요하다. 일반적으로 지나간 시간 과거와, 내가 지금 경험하고 있는 현재와, 장차 다가올 시간 미래는 단순히 시간의 한 모양과 형식에 지나지 않는다는 플라톤의 생각이나, "시간이 모든 것을 삼킨다, 세월이 지나면 다 잊혀지기 마련이야, 세월이 약이다"라고 하는 시간에 대한 막연한 기대감을 가지는 이러한 시간의 개념은 성서적으로 옳지 않다. 왜냐하면 예수와 이스라엘적 사고에 있어서 시간은 한 순간 순간이 모두 알차게 채워져야 하고, 새롭게 만들어져야 하고 또한 알차게 채우면서 살아라고 권면하고 있기 때문이다. 막연한 시간의 흐름 속에서 어떤 것이 잊히거나 새로워지는 것은 아무 것도 없다. 내가 무엇을 잊었다는 것은 그것에 대하여 내가 생각을 하지 않았을 뿐이다. 죽어도 잊어지지 않는 것은 잊어지지 않는 법이다. 중요한 것은 시간 속에 서 있는 또는 살아가는 우리 자신들의 삶의 태도와 방식이다. 그래서 하나님은 우리에게 이렇게 교훈하고 계신다.

"세월을 아끼라 때가 악하니라"(엡5:16절)

　여기서 "아끼라"는 말의 원문 엑사고라조(ἐξαγοραζω)라는 말은 "속량하다, 구출하다, 새롭게 하다"라는 뜻을 담고 있다. 그래서 이 말을 직역하면 너에게 주어진 "때와 시간 세월을 속량하고 구출하고 새롭게 하라"는 것이다. 내게 주어진 시간을 한 순간 한 순간 최고의 시간 황금의 시간으로 만들라는 것이다.

2) 이스라엘의 역설적 사고

이스라엘은 앞과 뒤를 거꾸로 생각한다.

역사와 시간에 대한 이스라엘의 사고방식은 특이하게도 우리가 생각하는 보편적 사고방식과는 반대의 입장을 취한다. 일반적으로 역사를 이해할 때 사람들은 현 시점에서 → 과거의 사건들을 되새겨보는 방식을 취한다. 그러나 이스라엘은 이와 반대로 과거 어제의 시점에서 출발하여 오늘과 내일을 전망하는 독특한 사고를 가지고 있다. 우리는 하루를 생각할 때 아침에서 → 저녁까지, 라는 생각을 가지고 있다. 그러나 이스라엘은 반대로 저녁에서 → 아침으로, 라는 생각을 가지고 있다. 구약의 창조사 기록 속에는 "저녁이 되며 아침이 되니 이는 ...째 날이니라"라는 말을 반복하여 말하고 있다.(창1:5,8,13,19)

일반적으로 우리는 하루를 생각할 때 아침에서 출발하여 저녁까지, (아침 → 저녁)이라는 생각을 가지고 있다. 그러나 이스라엘은 반대로 저녁에서 출발하여, (저녁 → 아침)으로, 라는 생각을 가지고 있다. 하루의 시작 개념이 해가 떠 있고 사람들이 활동하는 낮인데 반해 이스라엘은 낮의 모든 활동이 멈추고 휴식하는 고요한 밤이다. 일반적 개념에서의 하루는 일을 하면서 움직이고 활동하는 것이다. 그러나 이스라엘적 개념에서의 하루는 모든 일과 활동을 멈추고 포근하게 쉬는 휴식(안식)이다. 하루의 삶을 우리는 일어나 일을 하고 활동하는 것에서 찾고 있지만 이스라엘은 반대로 포근하게 잘 쉬는 안식에서 찾고 있는 것이다. 첫 번째 단추를 잘 끼우는 하루의 중요성을 일이 아닌 안식에서 찾고 있는 것이다. 그 이유는 다음과 같다.

첫째, 한 주간의 첫 시작은 하나님께 예배를 드리는 날이다. 안식일은 말 그대로 쉬는 날이다.(출20:11) 하루 동안의 일을 멈추고 쉬는 시간은 해가 뜨는 아침이 아니라 저녁이다. 따라서 하루의 시작은 아침이 아니라 저녁인 것이다. 한 주간이든 하루든 즐거운 안식(휴식)이 그 주간 그 날의 시작이 되는 이유는 그 날과 그 주간의 모든 일은 힘들게 일하는 노동에서 출발하는 것이 아니라 안식(휴식)에서 출발하기 때문이다. 이러한 사실 속에는 낮에 얼마나 일을 잘 하느냐? 얼마나 활동을 잘 하느냐? 하는 것은 저녁과 밤에 얼마나 휴식을 잘 했느냐 하는 것에서 결정된다는 이스라엘의 확고한 믿음과 신앙정신이 작용하고 있다.

이것을 통하여 우리 한국교회는 저녁의 중요성, 안식의 중요성을 배울 수 있어야 할 것이며, 잘못된 밤의 문화를 교회가 어떻게 선도해야 할지 근본적인 방법을 배울 수 있어야 할 것이다. 휴식이 좋으면 그 다음의 삶은 좋아지기 마련이다. 휴식이 건전하면 그 다음의 삶도 건전해진다. 따라서 우리에게 있어서 삶의 질을 높일 수 있는 가장 확실한 길은 안식(휴식)의 질을 높이는 것이다. 안식의 질을 높일 수 있는 최고의 방법을 이스라엘은 하나님에 대한 예배에서 찾고 있다. 예배의 중요성이 여기에 있다. 그래서 이스라엘의 탈무드는 이렇게 가르쳐주고 있다. "그 사람이 어떤 사람인지 알 수 있으려면 그 사람이 휴식을 어떻게 취하는가를 보면 알 수 있다."

둘째, 궁극적 의미에서 인간적 삶의 출발점은 일과 노동이 아니라 잘 먹고 잘 쉬는 안식이라는 것이다. 이것은 인간이 이 세상에 태어나는 출생의 상태를 살펴보면 잘 드러난다. 즉 인간은 이 세상에 태어나서 일과 노동에 앞서서 자기 생명의 고향인 어미의 품에서 잘 먹고 잘 자는 휴식을 먼저 배우게 되며, 그때 어미의 품에서 휴식을 어떻게 했느냐? 안식을 어떻게 배웠느냐? 하는 것이 그 사람의 운명을 좌우할 정도로 중요한 것이다.

셋째, 탈무드에 따르면 여기에는 그들의 역사적 삶의 경험과 깊은 관련이 있다. 이스라엘에 있어서 저녁과 아침은 각각 해가 뜨고 지는 단순한 시간적 의미가 아니라 그들이 역사적 삶의 현장에서 겪은 수많은 고난의 아픔과 생의 캄캄한 어두움을 상징하며, 밝은 아침은 그 숱한 고난을 극복하고 쟁취한 삶의 승리를 의미하고 있다. 그래서 그들은 역사에 대한 사고를 저녁에서 → 아침으로, 라는 방식을 취하는 것이다. 즉 그들이 역사 속에서 경험을 통하여 배운 것은 인간의 삶이란 어두운 고난의 터널을 통과하지 않고는 결코 밝고 진정한 영광의 아침을 맞이할 수 없다는 것이다. 그래서 그들은 역사 속에서 당하는 고난에 대한 사고 역시 밝은 아침을 향해 나아가는 과정으로 이해를 한다. 4천 년 동안이나 전 세계를 떠돌면서 말로 다 표현할 수 없는 극한 고난 속에서도 결코 자신들의 정체성을 잃지 않고 살아남을 수 있었던 비결이 여기에 있다고 할 수 있다.

거꾸로 된 시간의 개념은 일 년 한 해에 있어서도 마찬가지이다. 우리에게 있어서 한 해가 끝나는 것은 그 해의 마지막 날인데, 이스라엘에 있어서 그것은 첫 해의 시작을 의미한다. 우리에게는 끝이라는 것이 그들에게는 시작이라는 것으로 이해된다. 우리가 생각하는 시작이 그들에게는 끝이며, 우리가 생각하는 끝은 그들에게는 시작이 된다. 우리는 지나간 시간을 과거로 보고 그 과거는 저~ 뒤에서 일어난 일, 옛날에 일어난 일이라고 생각하지만 이스라엘적 사고에 있어서 과거는 저~ 뒤에 있는 것이 아니고 앞에 있다. 이러한 사실은 다음의 말씀 속에 잘 나타나고 있다.

"내가 옛날을 기억하고 주의 모든 행하신 것을 묵상하며 주의 손의 행사를 기억하고⋯"(시143:5)

그런데 위에서 말하고 있는 "옛날"이라는 말의 '옛' 즉 과거에 해당하는 말의 어근은 케뎀(קֶדֶם)이라는 말인데 이 말의 뜻은 "앞면, 앞부분"이라는 뜻이다. 따라서 위의 구절을 더 정확히 번역하면, **"내가 내 앞에 있는 날들을 회상하고 주의 모든 행하신 일들을 묵상하나이다"**라는 말이 된다. 구약성서에 기록된 옛날 옛적이라는 말들은 모두 "앞에서, 앞면, 앞부분"이라고 번역을 해야 우리가 성서적 정신을 이해하는 데 더 정확한 번역이 될 수 있다. 우리에게 지난날을 돌이켜 보는 회상이라는 말은 언제나 저~ 뒤에 일어났던 옛날 일과 결부되어 있지만 이스라엘이 회상이라는 말을 할 때는 언제나 앞에 있는 일들을 생각하면서 하는 말이다. 이스라엘에 있어서 과거라는 시간 개념은 그들의 기억 저~ 뒤에 있지 않고 앞에 있다. 그런 반면 미래는 뒷부분 등 뒤에 있다. 다음의 내용을 보면 잘 알 수 있다.

"너희 장래(미래)에 소망을 주려는 생각이다"(렘29:11)

여기서 말하고 있는 '미래'라는 말 아하리트(אַחֲרִית)는 "뒷면, 뒷부분, 마지막 부분"이라는 뜻이다. 이스라엘 정신에 있어서 미래는 등 뒤쪽에 있는 것이다. 따라서 과거라는 것이 앞에 있기 때문에 우리가 상식적으로 "앞을 보고 간다"라고 한다면 이스라엘에 있어서 그것은 곧 바로 앞에 있는 과거의 거울, 더 정확히 말하면 과거에 일어났던 일들을 앞쪽에서 보고 미래를 향해 간다는 것이 된다. 이스라엘 정신은 더 오래된 과거일수록 그것을 더 앞에다 놓고 생각을 한다.

"너희 조상 아브라함과 이삭과 야곱에게 …"(신1:8)

시간적으로 가장 오래된 먼 과거의 사람인 아브라함이 가장 앞자리에 있다. 아브라함, 이삭, 야곱이라는 그들 시조들의 이름을 부를 때 항상 가장 오래된 사람인 아브라함의 이름이 맨 앞자리에 나온다. 예를 들면 조정 선수들처럼 배의 노를 젓는 사공이 돌아서서 배의 뒤쪽을 정면으로 바라보면서 노를 저어가는 것과 같은 원리이다. 그러면 이미 지나온 것은 앞이 되고, 다가오는 앞부분 미래는 사공의 등 뒤쪽에서 다가온다. 그러나 앞에서 말했듯이 더 먼~ 과거일수록 그것은 이스라엘 정신과 기억의 맨 앞자리에 온다는 것을 잊어서는 안 된다. 우리의 사고방식과는 정 반대인 것이다. 예를 들면 서기 120년 1200년 2013년이 있다면 서기 120년이 이스라엘정신의 의식과 기억의 맨 앞자리에 있다. 이러한 정신과 사고방식의 차이는 현실적 삶에 있어서 엄청난 차이와 결과를 가져오게 한다. 우리는 전 먼~ 과거사 옛날의 일을 기억하고 찾아내려면 기억을 한참 동안 더듬어야 찾아질 듯 말 듯 아니면 아예 기억을 못하게 된다. 우리나라 국회에서 중요한 사건이 터질 때마다 청문회를 하면 우리는 "기억을 못하겠습니다, 기억이 없습니다"라는 짜증나는 말을 자주 들을 수 있다. 기억을 못한다는 것은 그 일을 망각해버렸다는 것이고, 망각했다는 것은 오늘 현실의 삶에서 그 일을 또 저지르고 반복할 수 있다는 것을 의미한다. 그러나 먼 옛날의 일이 기억의 맨 앞자리에 있다면 어떻게 될까? 이와 반대의 결과가 나타나게 되는 것이다. 우리가 현실 속에서 좋지 못한 사건 사고를 반복하게 되는 것은 우리의 사고방식은 오래된 일일수록 그것은 더 먼 과거의 기억 속으로 밀려나기 때문이다. 과거를 나의 의식과 기억의 앞에 가져다 놓으면 나는 살아온 세월 속의 내 모습을 더 선명하게 볼 수 있게 되고, 지난날의 내 모습을 선명하게 보는 만큼 현재와 다가올 미래 또한 그 만큼 더 밝게 맞이할 수 있는 것이다. 그래서 나는 이렇게 말하고 싶다. "밝은 내일을 맞이하고 싶다면 살아온 내 인생의 과거를 내 기억의 가장 앞자리에 가져다 놓으라"고 말이다.

또한 미래에 대해서는 뒤에 있는 것, 아직 오지 않은 것, 나타나지 않은 것이지만 이스라엘은 그것을 이미 다가와 있는 것처럼 생각을 한다.

"그 날에 야훼께서 아브람으로 더불어 언약을 세워 가라사대 내가 이 땅을 애굽에서부터 큰 강 유브라데까지 네 후손들에게 주겠다"(창15:18)

여기서 말하는 땅은 지금의 팔레스틴 당시 가나안 땅을 의미한다. 그런데 위에서 말하고 있는 아브람과의 약속은 약 700년 후에 이루어지게 된다. 700년 앞에 있는 저 까마득한 미래를 이스라엘 정신은 이미 다가와 있는 것처럼 생각을 한다. 이것을 가능케 하는 것은 하나님의 약속에 대한 확고한 믿음이다. 가나안이라고 하는 저~약속의 땅은 아직 발로 밟아보지도 못했고, 정복하지도 못한 땅이지만 그들의 정신 속에서는 이미 가지고 있는 땅이 된다. 까마득한 미래가 그들의 신앙의식 속에서 현재화가 되는 것이다. 이것은 비단 먼 미래뿐만 아니라 바로 앞의 미래도 마찬가지이다.

전쟁을 할 때에도 아직 싸우기 전에 영적 정신적 '승리'의 맛을 먼저 보고 싸움에 임한다. 일반적으로 우리의 생각은 싸우고 나서 이겨야 비로소 승리의 기쁨을 누린다. 그러나 이스라엘은 반대로 영적 승리의 기쁨을 먼저 누리고 싸운다. 그래서 이스라엘의 전쟁을 가리켜, "싸우고 나서 이기는 것이 아니라, 먼저 이기고 나서 싸우는 전쟁이다"라고 말한다. 구약성서의 전쟁기록을 살펴보면 전쟁을 하기 앞서 그들에게서 많이 들을 수 있는 말이 나오는데 그 말은, "이 땅을 우리에게 붙이셨다"라는 말이다. '붙인다'라는 말은 "허락하다, 넘겨주다"는 뜻이다. 땅 점령의 전쟁을 할 때 이스라엘은 먼저 그들의 신앙 정신 속에 그 땅을 넘겨받고 전쟁에 임한다. 이처럼 이스라엘은 과거 현재 미래를 하나로 묶어서 전체적으로 살피는 통찰력을 가지고 있는 것이다.

그러면 지나간 과거사가 앞이 되고 미래는 등 뒤쪽에서 다가온다는 이스라엘적 사고의 배경은 무엇일까? 그 대답은 역사와 시간을 이스라엘은 철저하게 현실적 사건으로 생각하기 때문이다.

3) 사건과 상태로서의 시간개념

이스라엘적 사고에 있어서 시간은 사건과 행위 동작과 상태를 담는 그릇이다.

구약의 이스라엘 정신은 모든 것을 있는 그대로 사실적으로 살피는 데 아주 익숙해져 있다. 이것은 역사와 시간을 파악하는데 있어서도 그대로 적용이 된다. 그래서 그들이 지나간 시간을 앞에다 놓고 다가오는 미래를 뒤에다 놓고 생각하는 이유는 과거 옛날에 속하는 그들의 조상들이 집을 지은 것, 국가적인 법률을 제정한 것, 사회제도를 만들어놓은 것, 어떤 전쟁에서 승리를 한 것 등은 모두 현재 살고 있는 자들의 앞에서 행하고 일어났던 일들이다. 예를 들면 우리 할아버지가 집안의 밭을 일구고 농사를 지었다면 그 일은 우리보다 먼저 앞에서 행한 것이 된다. 반면 미래는 아직 오지 않았기 때문에 저~ 뒤에 있는 것들이다. 예를 들면 우리 뒤에 태어나는 아이들은 우리의 후손(後孫)들이지 앞에 있는 자들이 아니다. 하여간 그들은 뒤에 오는 우리의 후계자들이다. 따라서 이스라엘은 과거를 앞에 있는 것으로 미래는 뒤에서 다가오는 것으로 이해를 하는 데 그것은 모두 현실적이고 실제적인 것에 초점을 맞추기 때문이다.

또한 역사와 시간은 그 때 그 시간에 일어난 사건들을 담아두는 그릇이다. 우리에게 있어서 공간(空間)은 어떤 물건들을 담아두고 보관하고 정리하며 또한 우리가 자유롭게 모이고 쉴 수 있는 장소이다. 그런데 이스라엘 정신에 있어서는 시간이 이와 같은 역할을 한다. 우리는 시간과 그 시간에 일어난 일들이나 사건을 구분하고 분리하여 생각하지만 이스라엘은 그 시간과 그 시간에 일어난 일들을 하나로 생각한다. 시간은 철저하게 사건의 개념이다. 이스라엘적 사고에 있어서는 시간의 흐름이 아니라 사건의 흐름이다. 더 나아가 이스라엘은 그 때 일어난 사건의 특수성에 관심을 집중한다. 그리고 이제 드러나겠지만 모든 시간을 그들은 질적으로 파악한다. 과거에 대한 회상도, 현실적인 삶도, 다가오는 미래도 철저하게 질적으로 파악하고 이해한다. 이러한 사실은 '현재, 지금, 이제'라고 하는 시점을 나타내는 용어들을 살펴보면 더 잘 이해할 수 있을 것이다. 구약성서에는 '현재'라고 하는 시점을 나타내는 말이 네 가지가 있다.

① 파암(פַעַם)이다. 이 말은 "때리다, 흔들리다,(사41:7)"와 함께 "발자국, 한 발자국, 한 번,(수6:3, 시17:5;57:7)"이라는 뜻을 가지는데, 이 말 앞에 자음 헤(ה)자가 붙어 하파암(הַפַּעַם)이 되면, "지금, 이번, 이제, 전과 같이, 지금도, 때때로" 와 같은 시간의 의미를 나타낸다. "그가 또 잉태하여 아들을 낳고 가로되 내가 <u>이제는</u> 여호와를 찬송하리로다"(창29:35) "바로가 사람을 보내어 …그들에게 이르되 <u>이번은</u> 내가 범죄하였노라"(출9:27) 그 외,(민24:1, 삿16:20, 잠7:12)

② 자아(זוּעָה)라는 말이다. 이 말은 무엇을 가리키는 지시대명사로써, "움직이다, 동요하다, 떨다, 흔들다, 동요하다"(단5:19;6:27, 에5:9, 전12:3, 합2:7) 등의 의미를 가진다.

③ 코(כֹה)라는 말이다. "하나님이 또 모세에게 이르시되 너는 이스라엘 자손에게 <u>이같이</u> 이르기를…"(출3:15,렘2:2; 7:20) "외삼촌께서 내 물건을 다 뒤져 보셨으니… <u>여기</u> 나의 형제와…"(창31:37) "여호와께서 말씀하시기를 누가 아합을 꾀어 저로 길르앗 라못에 올라가서 죽게 할꼬 하시니 하나는 <u>이렇게</u> 하나는 <u>저렇게</u> 하겠다 하였는데…"(왕상22:20) 그 외 "<u>이제까지</u>"(출7:16) "<u>지금까지</u>"(수17:14) "<u>이에</u>…"(단7:28) 등과 같이 이 단어는 밑줄 친 말씀들의 의미를 가진다.

④ 아타(עַתָּה)라는 말이다. 이 말은 "지금, 이때"(수14:11; 호2:10) "이날까지"(창32:5; 46:34) "이내, 즉시로"(욥6:3; 사43:19) 등의 의미를 가지며, 특

히 이 말은 전도서 3장에 많이 나타나는 "때"라는 말 에트(עֵת)와 함께 영적이고 정신적인 시간이며 내용으로서의 시간개념이라는 사실을 주목해야 한다. "내가 이제야(아타) 네가 하나님을 경외하는 줄을 아노라"(창22:12) 여기서 "이제야"는 시점을 가리키는 것이 아니라 아브라함의 영적인 상태를 가리키고 있음이 핵심이다.

그런데 위의 네 가지 용어들은 모두 하나같이 물리적인 시간을 말하는 것보다도 그 시간 속에서 일어난 일들과 사건들을 말하고 있다는 공통점을 지니고 있다. 즉 이스라엘 정신에 있어서 시간과 그 때 일어난 사건들은 동시성을 지닌다는 말이다. 고로 우리의 정신세계와 사고방식에서는 시간 또는 세월이 흘러간다, 라고 생각하지만 이스라엘 정신에서는 그 때 그 시간에 일어난 일들과 사건이 흘러간다고 생각한다. 우리는 그 때 그 시간과 그 시간에 일어난 일들을 구분하지만, 이스라엘은 이 둘을 하나로 생각하고 또한 이스라엘은 그 때 그 시간에 어떤 일이 일어났는가 하는 것에 생각의 초점을 맞춘다. 그 때와 그 시간 자체는 예수와 이스라엘 정신에 있어서는 별 의미가 없다. 이스라엘 정신에 있어서 시간을 나타내는 말들은 모두 철저하게 그 때 일어난 일들과 행위와 동작을 표시한다. 예를 들어, **"야훼께서 지금까지 내게 복을 주시므로 내가 큰 민족이 되었거늘…"**(수17:14) 여기서 "지금까지"가 의미하는 것도 지금이라는 시점이 아니라 하나님께서 복을 주시는 행위와 동작을 가리킨다.

그래서 이스라엘은 역사와 시간이라고 하는 그릇 속에 담긴 여러 가지 사건들을 우리가 그릇에 담긴 과일이나 빵을 그 때 그 형편에 따라 자유롭게 꺼집어 내어 먹듯이 이스라엘은 자신들이 처한 환경에 따라서 역사적 사건들을 자유롭게 기억하고 각자의 기호에 따라 다시 재생시킬 수 있다. 구약성서가 반복하여 말씀하고 있는, "**주께서 우리에게 또는 우리 조상들에게 행하신 일**…"이라는 말은 곧 과거의 역사와 시간 속에 담겨져 있는 여러 가지 사건들을 이스라엘이 회상하면서 동시에 그 사건을 현재의 시점에서 현실과 새롭게 접목시키고 또한 기억 속에 재생시키고 있음을 의미한다.

그리고 중요한 사건일수록 그것은 특별한 장치를 통하여 보관을 하는데 그 보관 방법은 그 때 당시에 일어난 사건에 대하여 기념일로 제정하거나,(출12:13) 또는 자손 대대로 기억할 수 있도록 표시를 하는 것이다.

대표적으로 가나안 정복 과정의 하나였던 요단강 도하 사건은 이스라엘의 전후 세대 모두가 알아볼 수 있는 표시를 통하여 기념된다.(수 4:17;15-24) 히브리어에서 '표시'라는 말 오트(אוֹת)는 "마크 깃발 징표"라는 뜻이다. 이스라엘 정신은 소중한 역사적 사건들에 대해서는 영구 보존하는 것을 원칙으로 한다. 그들의 근대사 정신을 통해서도 이러한 사실을 잘 알 수 있다. 그들은 1948년 나라를 회복한 이후 예루살렘 서쪽에 위치한 '기억의 산'위에 야드 바셈이라는 기념관을 세우고 독일의 나치에 의해 학살당한 600만 명의 넋을 기리고 있다. 야드 바셈이란, "희생자들의 이름을 영원히 기억하고 기념해야 한다"는 뜻이다. 그리고 야드 바셈의 출구에는 '욥'이라 이름 붙은 동상이 있고 그 동상 받침대에 다음과 같은 큰 글씨가 새겨져 있다.

"망각은 우리로 하여금 다시 포로가 되게 하고 기억은 우리를 자유민이 되게 할 것이다"

물론 표시는 표시 그 자체가 중요한 것이 아니고 표시를 통하여 당시의 영적인 교훈을 얻고자 하는 데 그 목적이 있다. 예수와 이스라엘 정신은 언제나 그 때 그 시간보다도 그 시간에 어떤 일이 발생했느냐? 또는 발생하고 있느냐? 하는 것에 초점이 맞추어져 있다. 아브라함 신앙의 정점인 이삭 번제 사건 때 하나님은 아브라함이 절대적으로 순종하는 모습을 보시고, **"내가 이제야 네가 하나님을 경외하는 줄을 알았다"**(창22:12)라고 하시면서 감격에 겨운 말씀을 하신다. 여기서도 "이제야"라는 말 아타(עַתָּה)가 의미하는 것은 그 때 그 시간이 아니라, "아브라함의 영적인 상태, 그의 신앙의식, 믿음의 수준, 하나님과의 관계성" 등을 말해주고 있다.

이스라엘 정신이 시간 속에서 찾아내고자 하는 것은 바로 그 때(시간)가 아니고 그 시간에 일어난 사건과 내용이다. 이러한 영적인 의미와 사고방식은 예수의 의식과 영적 영역에서는 더 크게 빛을 발하고 있다. 제자들은 예수님께, **"이스라엘 나라를 회복하심이 이 때입니까?"**라고 묻자 예수께서는,

"가라사대 때와 기한은 아버지께서 자기의 권한에 두셨으니 너희의 알 바 아니요 오직 성령이 너희에게 임하시면 너희가 권능을 받고…"(행1:6-7) **라고 답변을 하신다.**

이 물음과 답변 속에는 두 가지 시상(時像)이 들어있다. 제자들이 주님께 질문하는 "이 때"라는 말은 크로노스(χρόνος)라는 말인데 이것은 "연대기적인 시간, 물리적인 시간, 흘러가는 시간"을 의미한다. 반면 주님께서 제자들에게 답변하시는 말씀 속에 들어있는 "때와 기한"이라는

말에서 "때"는 크로노스라는 말이고 "기한"은 카이로스($\kappa\alpha\iota\rho\acute{o}\varsigma$)라는 말인데, 카이로스는 앞에서 말한 시간의 개념과는 달리 "예정된 시간, 특정한 시간, 적당한 시간"을 뜻하는 것으로 이 시간의 개념은 절대적인 시간의 의미를 지닌다. 그러나 앞에서 제자들이 말하는 시간 크로노스는 우리 자신들이 하기에 따라서 달라지는 시간, 마음먹기에 따라서 지루하기도 하고 짧기도 한 심리적인 시간, 지역과 문화에 따라서 다른 문화적인 시간, 달력이 넘어가는 역사적인 시간 등이 여기에 속한다. 제자들은 인간적이고 물리적인 시간의 개념으로 질문하고 있고, 주님은 그에 더하여 인간적이고 상대적인 것과, 절대적인 하나님의 시간까지 포함해서 답변하고 계시는 것이다. 결국 주님께서 제자들에게 하시는 답변은 신적이든 인간적이든 절대 시간이든 상대적 시간이든 시간 그 자체에 대해서는 알 필요가 없다는 것이다.

주님은 그 때와 시간에 대해서는 전혀 관심이 없다. 중요한 것은 제자들의 영적인 상태, 그들이 성령의 사람이 되고 권능의 사람이 되는 것이 핵심이다.

4) 역사와 시간에 대한 주기적인 이해

이스라엘 정신은 역사와 시간 속에 들어있는 우주의 모든 것들은 일정한 시간의 간격을 두고 반복 운동을 하고 있는 주기적 성격을 깊이 파악하고 있으며, 동시에 그 주기적 현실과 반복운동은 인간의 현실 안에서도 계속 일어나고 있다는 것에 관심을 집중하고, 또한 삼라만상은 주기적으로 계속 반복운동만 하는 것으로 끝나는 것이 아니라 그 반복운동을 통하여 우리 인간들에게 생성과 소멸, 흥망성쇠가 번갈아가며 나타나고 있다는 것을 보여주고 있다.

"땅이 있을 동안에는 심고 거두는 것, 추위와 더위, 여름과 겨울, 낮과 밤이 쉬지 아니하리라"(창8:22)

자연들이 주기적인 반복을 할 뿐만 아니라 우리네 인생살이도 계속적인 반복이다. 그 예로서 인간의 생은, 흙 ⇨ 인간 ⇨ 흙이라는 순환구조를 가지고 있다. 욥기는 이에 대하여 더 구체적으로 가르쳐 주고 있다.

"나는 벌거벗고 어머니의 모태로부터 나왔으니, 나는 벌거벗고 그곳으로 돌아가리라"(욥1:21)

그러면 이하에 이스라엘 정신이 삼라만상의 모든 것들은 주기적으로 반복한다는 사실을 통하여 무엇을 발견하였으며, 무엇을 파악하였고, 그것을 어떻게 이해하고 있는지 살펴보도록 하자.

(1) 이스라엘은 주기성을 통하여 물리학적 천문학적인 시간을 규정한다.

이스라엘은 매일 뜨고 지는 태양과 달과 별들의 주기적인 반복을 통하여 물리학적인 시간을 규정하고 있다. 그런데 특이한 것은 그들 천체들을 이스라엘은 하나의 물체로 파악하기보다 "등불들" 혹은 "빛들"로 파악하고 있다는 것이다.(창1:14; 시136:7) 등불과 빛이라는 이해는 이스라엘이 천체들을 기능적으로 파악하고 있다는 것을 의미한다. 하늘의 천체들은 각이한 빛과 열에너지를 지니고 있다. 태양이 빛과 열에너지를 발산할 때는 낮이고, 달이 별들과 함께 주도적인 빛을 발할 때의 시간은 밤이다.(창1:16-19) 이스라엘은 단순히 해와 달의 흐름을 통하여 시간을 규정하지 않고 빛의 밝기와 열에너지에 의한 온도차를 통하여 시간을 규정하고 있음은 구약성서의 여러 곳에서 발견할 수 있다.

"아브라함은 뜨거운 대낮에 장막 입구에 앉아 있었다"(창18:1) **"내일 해가 중천에 떠 오를 때(뜨거울 때)너희가 구원을 얻으리라"**(삼상11:9) **"볕이 뜨거울 때"**(삼하4:5)

태양의 열기에 의한 시간 규정은 느헤미야에게 와서는 더 구체적으로 나타난다. 느헤미야는 예루살렘 성문 여는 시점을 이렇게 말하고 있다.

"예루살렘 성문은 태양이 열을 낼 때까지 열어서는 안 된다"(느7:3)

이스라엘의 천문학적인 시간규정은 해와 달의 움직임이나 흐름에 의한 것이 아니라 빛과 열기에 의한 규정이다. 그들의 낮과 밤에 대한 이해는 우리들처럼 해가 떴다 졌다가 아니다. 이스라엘적 사고에 있어서 낮과 밤은 약한 빛 ─ 강한 빛 ─ 약한 빛이 곧 저녁 ─ 아침 ─ 저녁이 된다.(창1:5,8,13,19,23,31)

이렇듯 이스라엘이 태양의 흐름이 아니라 빛과 열기에 의하여 시간을 규정하고 있다는 것은 해와 달이 동서쪽을 향하여 단순히 흘러가는 시간의 흐름이 중요한 것이 아니라, 그것들이 세상과 인간적 현실에 어떤 영향을 끼치는지 그 시간의 내용과 의미의 중요성을 파악하는 것이 시간에 대한 더 핵심적인 이해라는 것을 우리에게 가르쳐 준다. 역설적으로 말하면 해와 달과 별의 움직임 흐름보다도 그 흐름이 지구촌과 우리 자신들의 일상에 각 시간별로 어떻게 와 닿는지 각각 다르게 영향을 끼치는 것을 파악하고, 그기에 맞게 최적의 삶을 찾아낼 수 있다는 것이 빛과 열기에 의한 시간 규정의 의미라 할 수 있다.

(2) 주기적 반복을 통하여 창조질서와 삶의 질서를 파악하고 이해할 수 있어야 한다.

주기는 순식간에 일어나는 짧은 주기, 보통주기, 또는 10년 100년 단위로 일어나는 긴 ~주기 등 다양한 주기성이 있다. 이러한 다양한 주기들을 통하여 이스라엘은 하나님의 창조질서 안에 들어 있는 자연의 질서와 우리 인간들이 알아야 하는 삶의 질서를 동시에 배울 수 있어야 한다는 것이다. 다음의 내용은 자연을 터전으로 살아가는 각양 짐승들과 우리 인간들이 하루하루 반복되는 일상생활을 아주 구체적으로 나타내주고 있다.

"야훼께서 달로 절기를 정하심이여, 해는 그 지는 것을 알도다, 주께서 흑암을 지어 밤이 되게 하시니, 삼림의 모든 짐승들이 기어 나옵니다, 젊은 사자가 그 잡을 것을 쫓아 부르짖으며, 그 식물을 하나님께 구하다가, 해가 돋으면 돌아가서 그 굴에 눕고, 사람은 나와서 노동하며 저녁까지 수고하는도다."(시104:20-23)

위의 말씀에서 "정하시다"라는 말은 아싸(עשה)라는 말인데 이 말은 "일하다, 수고하다, 만들다"라는 뜻으로 결국 이 말은 "수고하여 만들다"라는 뜻인데 이는 곧 하나님의 창조사역에 사용되는 말이며, 이어지는 "지으시다"라는 말은 쉬트(שית)라는 말인데 이 단어는 "지정된 자리에 두다, 놓다, 배열하다"라는 뜻으로 이는 하나님께서 낮과 밤의 위치를 정하여 제 자리에 두고 계심을 나타내주고 있는데, 이 두 낱말이 의미하는 것은 결국 인간을 비롯한 삼라만상의 모든 것들의 일어남과, 일하는 것과, 휴식이, 하나님의 손에서부터 시작된다는 것과 질서정연함을 가르쳐 주고 있다. 그리고 이렇게 하루하루 반복되는 자연과 짐승들과 인간들의 일상생활이 의미하는 근본적인 것은 봄 여름 가을 겨울이라는 계절, 낮과 밤, 그것을 기점으로 하는 사람과 짐승들의, 깨어 일어남 — 노동과 수고 — 휴식이라고 하는 사이클과 순환의 법칙은 한 치의 오차도 없이 진행되는 자연과 인간과 짐승들의 삶의 질서와 조화를 말해주고 있다. 동시에 모든 생명들이 근본적으로 지켜야 하는 것은 이러한 하나님의 창조질서에 역행하는 삶을 살지 말고 순응하고 조화를 이루는 삶을 살라는 것이다. 일어나야 할 시간에 누워 잠을 잔다든지, 누워 휴식을 취해야 할 시간에 거꾸로 일을 하는 무질서한 삶을 살지 말라는 것이다.

또한 이것은 동일함 속의 다양함이라는 것도 내포하고 있다. 봄 여름 가을 겨울이라고 하는 계절의 조건은 누구에게나 똑같은 조건이다. 한 사람에게는 봄이 겨울처럼 춥고 한사람에게는 봄이 봄처럼 따뜻하게 작용하지 않는다. 똑같이 따뜻한 조건으로 찾아온다. 그러나 그 동일한 조건 속에서 우리는 각자 자기 위치에서 다양하게 일을 하고 행동하면서 살아갈 수 있다. 개인적인 자유가 마음껏 주어져 있다는 말이다. 그래서 이 자연의 질서는 인간인 우리에게 묻는다. 당신은 그 때 그 시간에 맞게 살고 있느냐? 고 말이다. 그 때 그 시간에 맞게 행동하고 움직일 줄 알아야 한다는 것이다. 태양의 열기가 따뜻할 때 씨앗을

심을 줄 알아야 하며, 추위가 오기 전에 심은 것을 거둘 줄 알아야 한다는 것이다. 이러한 때에 맞는 처신과 행동은 지혜자에게 있어서는 입술의 말도 때에 맞게 해야 기쁨과 행복한 삶을 얻을 수 있다고 교훈하고 있다.(잠15:23)

(3) 주기적 반복에 대한 인간적 현실에 대한 이해.

이스라엘은 반복되는 시간의 주기성을 통하여 우리 자신들이 그 시간에 어떻게 반응을 하고 처신을 해야 가장 효과적인 삶, 가장 성공적인 삶, 가장 행복한 삶을 살 수 있는지 그 대답을 찾아내는데 정신을 집중하고 고 있다.

"천하에 모든 것은 기한이 있고 모든 목적이 이룰 때가 있나니 날 때가 있고 죽을 때가 있으며, 심을 때가 있고 심은 것을 뽑을 때가 있으며, 헐 때가 있고 세울 때가 있으며, 울 때가 있고 웃을 때가 있으며, 슬퍼할 때가 있고 춤출 때가 있으며, 돌을 던져버릴 때가 있고 돌을 거둘 때가 있으며, 찾을 때가 있고 잃을 때가 있으며, 잠잠할 때가 있고 말할 때가 있으며, 전쟁할 때가 있고 평화할 때가 있느니라"(전3:1-9)

위의 내용은 우리 자신들이 현실 속에서 반복적으로 경험하는 내용들을 모아 놓은 것들이다. 이러한 인간적 현실에서 우리가 배워야 할 것은 다음과 같은 것들이다.

① 삶의 중복성이다.
우리의 현실은 한 가지 모양으로만 흘러가는 것이 아니라 두 가지

모습으로 흘러간다는 것이다. 모든 것은 거기에 상응하는 것이 있다는 것이다. 인간의 현실은 성공 평화 사랑 행복과 같은 좋은 것들만 있는 것이 아니라 실패 전쟁 미움 불행과 같은 좋지 못한 일들이 함께 공존한다는 것이다. 서로 대조적인 이 두 가지 현상은 낮과 밤의 현상과 같은 것이다. 이것을 하나로 묶어서 생각해보면 우리는 태어날 때 벌써 죽음을 안고 태어나듯이, 출생 속에 죽음과 돌아감이 있다. 따라서 출생과 죽음은 서로 하나의 연결고리로 묶여져 있다. 전쟁과 평화도, 사랑과 미움도, 심는 것과 거두는 것도 모두 마찬가지이다. 그러므로 우리는 여기서 이 대조적인 두 가지 현상들을 통합적으로 파악하고 살필 줄 알아야 한다. 그리고 이 두 가지 현상들이 가르쳐주는 것은 우리의 인생살이란 밝은 낮의 인생만 있는 것이 아니라 어두운 밤과 같은 삶도 있다는 것이다. 따라서 우리가 준비하고 갖추어야 할 것은 그것을 이해하고 받아들일 줄 아는 성숙한 정신적 자세라는 것이다. 특히 여기서 우리가 관심 있게 보아야 할 것은 죽음 슬픔 미움과 증오 잃어버림과 같은 좋지 못한 것들에 대한 이해와 받아들이는 자세도 중요하지만 동시에 사랑과 행복, 평화 기쁨 즐거움과 같은 좋은 것들에 대해서도 충분히 배우고 이해할 수 있어야 한다는 것이다. 평화는 전쟁과 다툼 그 이상으로 우리가 배우고 노력할 때 얻고 누릴 수 있는 것이며, 사랑과 행복도 미움과 불행 그 이상으로 배우고 노력하고 이해할 줄 알아야 누릴 수 있는 것이며, 기쁨과 즐거움도 슬픔과 눈물 그 이상으로 배우고 노력해야 한다는 것이다. 왜냐하면 그런 것들은 모두 나름대로의 본질과 특성을 지니고 있기 때문이다. 전쟁 죽음 슬픔 눈물과 같은 것들도 마찬가지이다. 우리는 그런 것들에 대해서 충분히 배우고 익히고 파악할 때 비로소 환경에 끌려가는 자가 아닌 끌고 가는 자가 된다는 것이다. 그리고 전쟁과 평화, 사랑과 증오, 심음과 거둠, 기쁨과 슬픔 이 모든 것들은 상대적인 것들이다. 이러한 상대성을 극복하고 넘어설 수 있으려면 우리는 절대적인 삶을 배우고 그 삶에 익숙해지도록 노력을 해야 한다. 인간적이고 상대적인 사랑 속에는 언제든지 미움과 배신, 시기와 질투, 불평과 원망 등 변질되고 부패할 가능성을 포함하고 있다. 사랑으로 시작해서 미움과 배신으로 끝나는 이유는 우리가 그러한 독소를 충분히 파악하지 못하고 또한 그 사랑 앞에 상대적으로 반응을 하기 때문이다. 따라서 우리가 인간적이고 상대적인 사랑을 깊이 있게 파악하고 사랑을 알고 사랑을 다룰 줄 알기 위해서는 절대적이고 창조적인 사랑을 배우고 그 사랑에 익숙해지도록 해야 하며, 그 사랑을 우리는 예수정신을 통하여 배울 수 있어야 한다.

사도 바울과 베드로 그 밖의 제자들은 모두 인간들에 대한 절대적인 사랑을 예수로부터 전수받은 자들이다. 하여간 출생과 죽음, 전쟁과 평화, 기쁨과 슬픔, 낮과 밤이라고 하는 두 세계를 동시에 살 수 밖에 없는 우리의 인생살이는 그 두 세계를 모두 배우고 익혀야 한다는 것이다.

또한 여기서 지혜자는 우리에게 창조적이고 지혜로운 선택을 하라고 권한다. 전쟁과 다툼이 아닌 평화를, 증오와 미움이 아닌 사랑을, 슬픔과 눈물이 아닌 기쁨과 웃음을, 죽음이 아닌 삶에 관한 것을 선택하라는 것이다. 그러나 여기서 눈길을 끄는 것은 선택의 여지가 없는 내용들인데, 태어날 때와 죽을 때, 심고 거두는 것,(2절) 찾을 때와 잃을 때,(6절) 가 그런 것들이다. 선택의 여지가 없는 것들에 대해서는 우리가 더욱더 그것을 수용하고 받아들이는 성숙하고 용기 있는 정신을 발휘할 수 있어야 한다. 그러나 선택권이 주어져 있는 전쟁과 평화, 사랑과 미움,

기쁨과 슬픔에 대해서는 우리 자신들의 선택에 따라서 행복과 불행이 결정된다는 것을 잊어서는 안 된다.

② 모든 것은 때가 있다는 것이다.

심을 때와 거두는 때는 다르며, 태어날 때와 죽을 때도 다르고, 말할 때와 침묵할 때는 다르다. 특히 말에 관해서는 말도 때가 맞아야 최고의 효과를 낼 수 있음을 지혜자는 가르쳐주고 있다.(잠15:23) 여기서 때(시간)는 우리 자신들의 힘으로는 어쩔 수 없이 불가항력적으로 찾아오는 때이다. 따라서 이것은 하나님의 창조질서 안에서 움직이는 하나님의 시간이다. 봄 여름 가을 겨울, 출생과 죽음은 우리의 의지와는 관계없이 찾아온다. 그러나 여기에 어떻게 반응할 것인가 하는 것은 우리 자신들의 몫이다. 전쟁과 평화, 사랑과 미움, 기쁨과 슬픔 앞에서 어떻게 반응할 것인가 하는 것도 우리 자신들의 몫이다.

③ 때에 맞게, 때에 맞는 맞춤식의 삶을 사는 것이 지혜로운 삶, 복된 삶이라는 것이다.

봄철에는 씨앗을 심을 줄 알아야 하고, 추수기에는 그것을 거둘 줄 알아야 한다. 최고의 효과적인 인생살이는 그 때에 맞는 삶, 그 때에 맞게 행동하는 맞춤식 삶이라는 것이다. 낮에는 일을 하고 밤에는 휴식을 취해야 한다는 상식 속에는 낮 ↔ 일, 밤 ↔ 휴식이라는 서로가 가장 잘 어울리고 맞아떨어지는 조화로움을 서로 공유하고 있다. 잔치집 ↔ 기쁨, 초상집 ↔ 슬픔도 잘 어울림이다. 그러나 반대로 밤 ↔ 노동, 낮 ↔ 휴식은 어울리지 않는 부조화이다. 통계에 따르면 야간 노동을 하는 자들이 암과 각종 질병에 걸릴 확률이 훨씬 더 높다는 사실은 이것을 잘 증명해주고 있다. 그러면 때에 맞는 맞춤식 삶을 살 수 있으려면 우리는 어떻게 해야 하는가? 먼저 그 때(시간)를 충분히 잘 파악하고 이해해야 한다. 더운 때인지 추운 때인지, 적당한 때인지 적당하지 않은 때인지, 호조건인지 악조건인지, 바람이 부는 때인지 고요한 때인지, 경기가 좋은 때인지 불경기인지 등 때에 대한 다양한 관찰과 파악과 이해가 필요하다. 인간관계에서도 상대방에 대한 동의나 설득을 위해서는 상대방이 기분이 좋은 때인지 나쁜 때인지 심리적이고 감정적인 때를 파악하는 것이 중요한 것처럼 만사는 때를 잘 파악하는 것이 중요한 것이다. 또한 때와 시간에 대한 파악과 동시에 그 시간에 어울리는 삶이란 그 시간에 어울리는 주체로서의 나 자신을 파악할 줄 알아야 한다.

　가난하고 없으면 가난과 없음에 어울리는 삶을, 힘들고 어려우면 그기에 어울리는 삶을 살아야지 없으면서 있는 행세를 하는 것이나, 무식하면서 아는 척 하는 것은 현실과 자신에게 역행하는 삶이다. 우리가 추우면 옷을 껴입고 더우면 옷을 벗듯이, 목이 마르면 물을 마시고 졸리면 잠을 자듯이 맞춤식 삶이란 그 때 그 시간에 잘 적응하고 순응하는 삶인 것이다. 그 때에 맞게 살아가는 삶을 가장 복된 인생이라고 가르쳐주는 시편 기자는 자연적 삶에서 맞춤식 삶의 비결을 배우라고 말하고 있다.

"복 있는 사람은… 시냇가에 심은 나무가 시절을 좇아 과실을 맺으며 그 잎사귀가 마르지 아니함 같으니…"(시1:3)

　히브리어에서 시간을 나타내는 말은 두 가지가 있다. 하나는 그냥 일반적으로 흘러가는 시간 해 년(year)을 나타낼 때는 이단(עִדָּן)이라는 말로 표현이 된다.(단2:8; 7:25) 또 하나는 위의 말씀에서 시인이 말하고 있는 "시절을 좇다"라는 말에 사용되고 있는 에트(עֵת)라는 말인데 이 말은 시간 타이밍(Timing)에 적용되는 말로써 "가장 적당한 때, 알맞은 시기"라는 뜻이며 더 나아가 이 말은 "기회"라는 의미도 포함하고 있다. 나무들은 언제나 그 때 그 시간에 가장 잘 적응하고 순응하는 삶의 표본들이다. 물론 나무들뿐만 아니라 다른 모든 자연들도 마찬가지이다. 따라서 우리는 때에 맞는 맞춤식 삶을 산과 바다 거기에 펼쳐지는 파도와 나무, 계곡의 흐르는 물 등을 통하여 가장 좋은 교훈을 받을 수 있다. 하여간 맞춤식 삶은 언제 어디서나 우리 자신들이 그기에 적응하고 순응할 것을 촉구하며 그렇게 할 때 그것이 곧 복된 삶의 지름길이 된다는 것이다.

④ 기회를 놓치지 않는 삶의 중요성.

때와 시간은 모두 우리 자신들에게 새로운 기회로 다가온다. 비록 그 시간이 비가 오고 홍수가 일어나고 태풍이 몰아친다 하더라도 그것은 깊은 의미에서 우리 인간들에게 주어지는 새로운 기회이다. 심을 때는 심을 수 있는 기회이며, 사랑할 때는 사랑할 수 있는 기회이고, 즐거울 때는 행복할 수 있는 기회이다. 반대로 전쟁 다툼 미움 슬픔과 같은 부정적인 일들과 직면하는 것도 기회이다. 전쟁은 평화의 소중함을 배울 수 있는 기회, 미움은 사랑의 가치를 배울 수 있는 기회, 슬픔은 안정과 평안의 가치를 배울 수 있는 기회가 된다. 아픔 속에서 우리는 성숙해지듯이 미움과 전쟁과 슬픔을 통해서 우리는 그것들과 상응하는 사랑 평화 기쁨의 가치와 의미를 배우게 되며, 더 나아가 슬픔을 겪으면서 정신적 강인함, 인내와 겸손, 포용력 등과 같은 다양한 인격성을 익히고 배울 수 있는 기회가 되는 것이다. 따라서 우리 자신들에게 주어지는 때와 시간이 어느 때 어느 시간이든지 그 때와 시간을 기회로 삼고 그 기회를 붙잡아야 한다는 것이다. 기회를 구체적으로 살펴보면 두 가지로 생각할 수 있다.

하나는 주어지는 시간 그 자체가 황금의 시기가 있다. 본문에서 말씀하고 있는 "심을 때 거둘 때, 사랑할 때 미워할 때, 찾을 때 잃을 때…" 등 모든 때와 시간은 앞에서 말한 대로 '에트' 가장 적당한 때, 최고의 시간, 황금의 시간을 가리키고 있다. 이렇게 좋은 황금의 시간을 놓쳐서는 안 된다는 것이다. 이렇게 시간 그 자체가 황금의 시간, 최고의 기회로 다가오는 것은 분명 하나님께서 우리 자신들에게 베풀어주시는 크신 은총이다. 그 은총 안에서 분명 모든 것은 최고의 황금기가 있기 마련이다. 인생살이에서는 가장 왕성한 삶을 살 수 있는 청년의 때가 그 시간이라 할 수 있다. 나무는 가장 무성한 잎을 내고 가장 달콤한 열매를 맺을 수 있는 때가 있으며, 저 들판에 피어나는 들꽃들도 활짝 피어 만개하는 황금기가 있는 것이다. 우리네 인생살이도 분명 저 꽃들과 같이 자기 인생의 피크 타임(peak time)이 있는 법이다. 문제는 많은 사람들이 그 좋은 황금의 시기를 모르거나 가볍게 여기다가 그 기회를 살리지 못하고 놓쳐버림으로 평생을 후회하게 된다는 것이다. 돌이켜 보면 우리는 기회가 없었던 것이 아니라 놓쳐버린 기회가 더 많았음에 아쉬워하게 되는 것이다.

또 하나는 적극적인 의미에서 때와 시간은 나의 의지와 노력으로 그 시간을 최고의 때 황금의 시간으로 만들며 살라는 의미가 있다. 때를 무조건 기다리는 것이 아니라 때를 창조하고 만들어가는 삶을 살아야 한다는 것이다. 이러한 삶에 대하여 신약성서는 우리에게 다음과 같은 말씀으로 교훈해주고 있다.

"세월을 아끼라 때가 악하니라"(엡5:16)

　여기서 '세월'이라는 말 카이로스는 적당한때와 가장 좋은 시간을 나타내고 "아끼라"라는 말 엑사고라죠($\dot{\varepsilon}\xi\alpha\Upsilon o\rho\dot{\alpha}\zeta\omega$)는 "속량하다, 구출하다, 새롭게 하다"라는 뜻이다. 이 두 말을 합치면 결국 "가장 적당한때와 시간, 아름다운 시간, 새로운 시간"이라는 의미가 된다. 더욱 중요한 것은 이 말 속에는 그리스도적인 구속의 의미가 포함되어 있다는 사실이다. 따라서 이 말씀이 의미하는 더 구체적인 뜻은 나에게 주어진 시간을 구원하고 새롭게 살리라는 것이다. 나에게 주어진 때와 시간에 대한 그리스도적이면서 동시에 구원론적으로 이해하고 그 시간을 그렇게 채워나갈 줄 알아야 한다는 것이다. 우리에게는 한 순간 한 순간이 주님의 십자가 사건과 결부되어 있다. 고로 그리스도인들의 시간개념은 항상 구원론적인 의미를 가져야 한다.

　⑤ 모든 일은 시작할 때 끝을 생각할 줄 알아야 한다는 것이다.

　때와 시간은 필연적으로 시작 과정 끝과 완성이 있다. 따라서 어떤 것이든 그것을 시작할 때 끝을 생각할 줄 알아야 한다는 것이다. 끝에 대하여 깊은 생각을 하라고 촉구하는 것은 일시적인 감정이나 분위기에 휩쓸리는 짧은 생각으로 어떤 일을 시작하지 말라는 것이다. 끝에 대한 더 명확한 의미는 가시를 심으면 반드시 가시를, 포도를 심으면 반드시 포도를 거두게 된다는 것이다. 비록 과정이 힘들고 어렵더라도 포도를 심는다면 우리는 끝에 가서 반드시 달콤한 포도열매를 거두게 될 것이다. 그리고 시작과 끝 사이에 있는 것은 과정이다. 끝과 완성을 향해가는 것은 과정의 길이다. 과정을 거치지 않는 끝과 완성은 존재하지 않는다. 고로 끝을 생각한다는 것 속에는 과정에 대한 깊은 사색이 필연적이다. 우리가 어떤 일에 대한 결과에 집착하지 않는 길은 과정에 충실하는 것이다. 시작과 끝은 짧은 시간에 속하고 과정은 전체를 좌우하는 긴 시간으로 둘러싸여 있다. 따라서 과정의 충실함은 시작과 끝을 좌우한다. 어떤 결과를 거둘 것인가 하는 것은 언제나 어떤 과정을 밟을 것인가 하는 것과 직결되어 있다.

⑥ 그 때와 시간은 대비하는 자의 것이다.

때와 시간은 분명 우리 자신들이 알아차리든 모르든 기회로 찾아온다. 그러나 그것은 준비된 자의 몫이지 준비하지 않은 자나 못한 자는 그 때와 기회를 살릴 수 없는 것이다. 심을 수 있는 따뜻한 봄이 와도 단 하나의 씨앗도 준비하지 않았다면 그는 아무것도 심을 수 없듯이 절호의 기회가 와도 그 때를 준비하지 못한 자는 아무 것도 자신의 것으로 만들 수 없는 것이다.

이상에서 살펴본 대로 때와 시간의 주기적 반복운동은 결국 우리 자신들에게 세상의 모든 것들, 태어남과 죽음, 봄 여름 가을 겨울이라는 계절의 반복, 일어남과 잠자는 것, 노동과 휴식, 심음과 거둠, 전쟁과 평화 등은 생성과 소멸, 그리고 흥망성쇠의 반복이라는 것이 그 속에 담겨져 있음을 가르쳐 준다. 동시에 생성과 소멸의 반복을 통하여 모든 것들은 우리에게 새로운 생명, 새로운 먹거리와 볼거리, 새로운 향기와 냄새 등 다양한 것들을 새롭게 제공해 주기도 한다. 따라서 주기적 반복성을 통하여 우리가 알아야 할 것은 지금 가진 것이 없고 가난하다고 절망할 필요도 없고, 많이 가졌다고 해서 교만해서도 안 된다는 것이다. 왜냐하면 역사를 통하여 하나님은 언제나 새로운 것을 준비하고 계시며, 새로운 것을 창조하고 계시기 때문이다. 모든 것들의 주기적 반복과 교체는 그 속에 빈자와 부자, 약자와 강자, 낮은 자와 높은 자, 건강한 자와 병든 자의 자리가 수시로 바뀔 수 있다는 것을 강력하게 시사해주고 있다.

5) 하나님과의 관계성 안에 있는 시간과 역사

역사와 시간은 하나님과의 관계성 안에서만 참된 의미를 가진다.

이스라엘은 인간적인 역사 속에서 일어나는 갖가지 문제들을 풀고 해결할 수 있는 영적인 만능열쇠(Master key)를 하나 가지고 있다. 그것은 바로 "영원하신 하나님"이시다. 시간 속에서 일어나는 일들의 근본적인 해결은 시간에 달려있는 것이 아니라 "영원함"에 있다는 것이다. 이스라엘 정신이 인간적인 시간과 역사 속에서 일어나는 갖가지 문제들의 해결책을 인간의 역사에서 찾지 않고 "영원하신 하나님"에게서 찾는 이유는 "인간적 한계성"에 대하여 뼈저린 경험을 했기 때문이다. 그들은 인간의 한계성에 대하여 너무나 잘 알고 있다.

"너희는 인생을 의지하지 말라 그의 호흡은 코에 있나니 수(數)에 칠 가치가 어디에 있느냐"(사2:22)

여기서 "호흡"이라는 말 네쇠마(נְשָׁמָה)는 더 구체적으로 표현한다면 "거칠게 숨을 몰아쉬다, 헐떡거리다"라는 뜻이다. 이사야는 이 말을 통하여 헐떡거리며 살아가는 인간들의 지치고 피곤한 모습, 그리고 연약하고 보잘 것 없으며 그나마도 그 호흡이 언제 끊어질지 알 수 없는 인간의 허무한 모습을 비꼬듯 말하고 있다. 어쨌든 이스라엘 정신이 자신들의 역사적 삶의 현장에서 뼈저리게 경험한 것은 인간이란 모든 것에서 한계성을 가진 존재, 미완성, 불완전함, 모자라고 부족한 존재라는 것이다. 출애굽 사건과 광야 40년의 생활, 요단강 도하 그리고 가나안 정복 사업을 통해서 나타난 모든 일들은 이스라엘이 그러한 인식을 할 수 밖에 없도록 만들어준 대표적인 사건들이라 할 수 있다. 몰트만이 이미 지적한 대로 우리 인간은 우리 자신들 안에 우리를 채우고 만족하게 해 줄 수 있는 장치가 마련되어 있지 않다는 것이다. 인간적 삶이 죽을 때까지 끊임없이 자신의 행복을 추구하다가 생을 끝마친다는 것은 곧 우리네 인간은 완전한 행복을 가지고 있지 않다는 증거이다. 그래서 이스라엘은 시간과 역사 속에서 일어나는 모든 문제들은 영원하신 하나님과 결합이 될 때 해결된다는 것을 발견한 것이다. 영원하신 하나님에 대한 신의식(神意識)이 이스라엘의 마음과 정신 속에서 발휘가 될 때는 인간적 시간차 시대차는 모두 사라지고 만다. 신의식은 세상만사를 모두 하나님의 주권과 섭리적 차원에서 파악하고 이해하는 것을 의미한다.

　신약의 사도행전적으로 말한다면 성령충만한 상태이다. 족장들은 서로 수세기의 시간차를 가지고 있지만 신의식 속에서는 같은 하나의 삶이 된다. 요셉의 경우 몇 십 년 전에 벌어졌던 살인미수 사건과 인신매매 사건의 피해자로서 가질 수 밖에 없는 배신감과 분노의 감정도 신의식이 발휘될 때는 사랑과 용서로 바뀌게 된다. 요셉은 몇 십 년 전에 자기를 팔아넘긴 형제들에게 두 번씩이나 이렇게 말한다.

"당신들이 나를 이곳에 팔았으므로 근심하거나 한탄하지 마시오 하나님이 당신들을 살리시려고 나를 당신들 앞서 보내셨나이다."(창45:5-7)

이스라엘의 삶의 현장에 대한 하나님의 개입과, 하나님에 대한 이스라엘의 신의식 앞에서는 인간적 한계와 미완성 불완전함 모자람과 부족함들이 극복되고 채워지고 새로워지게 된다. 예수의 치유 현장에서 소경이 눈을 뜨고, 벙어리가 말을 하며, 앉은뱅이가 일어나고, 죽은 자가 살아나는 역사는 같은 맥락에서 이해할 수 있다.

시간문제에 있어서 모든 시간적인 간격들이 하나님 안에서 하나로 통일되는 이유는 영원하신 하나님은 어제나 오늘이나 항상 동일하시기 때문이다.

"주의 목전에는 천년이 지나간 어제 같으며 밤의 한 경점 같을 뿐입니다."(시90:4)

베드로가 말하고 있는, **"주께는 하루가 천년 같고 천년이 하루 같은 이 한 가지를 잊지 말라"**(벧후3:8)는 말씀은 지극히 히브리적이며 이스라엘의 신앙정신을 표현하고 있는 말씀이다. 여기서 이제 우리는 시간과 역사 속에서 일어나는 모든 문제들을 풀고 해결하시는 하나님의 "영원하심"에 대한 뜻을 이해할 필요가 있다.

영원함이라는 말 올람(עוֹלָם)은 원래 알람(עָלַם)에서 파생된 말인데 그 뜻은, "감추다, 숨기다"라는 뜻이다. 우리가 앞에서 이스라엘이 시간을 물리적이 아닌 철저하게 질적으로 이해하고 있다고 말했듯이 영원함에 대한 개념 역시 우리는 질적으로 이해를 해야 한다. 즉 '영원함'이란 천문학적인 무한의 숫자를 의미하기보다 오히려 이 말은 모든 만물의 근원이 되신다는 것과, 시간 속에서 일어나는 인간의 역사를 주관하고 통치하시는 분이라는 포괄적 의미로 이해하는 것이 옳을 것이다. 하여간 영원함은 시간 자체의 근원일 뿐만 아니라 시간의 참된 의미를 채우는 근원이기도 하다. 시간과 그 속에서 살아가는 하나님과 인간, 그리고 인간과 인간 사이에 파여져 있는 골은 오직 영원하신 하나님만이 채울 수 있다. 그리고 원칙적으로 영원함이란 말은 오직 하나님에게만 해당이 된다. 그것은 하나님만이 영원하신 분이기 때문이다. 이 내용을 성경은 이렇게 표현한다.

"영원부터 영원까지 주는 하나님이십니다, 주는 영원부터 계셨나이다, 영원하신 하나님이 너의 처소가 되시니 그 영원하신 팔이 네 아래 있도다"(시90:2;93:2; 신33:27)

그런데 위의 말씀 가운데 … 부터 … 까지라는 말은 원칙적으로는 옳지 않은 말이다. 왜냐하면 영원함은 시간적 개념인 … 부터 … 까지라는 말이 적용될 수 없기 때문이다. 그러나 이스라엘의 역사적 현실에서는 영원함이라는 말이 상대적인 것을 크게 강조하거나 부정할 때 많이 사용되고 있다. "진실한 입술은 영원히 보존 된다"(잠12:19) "그 성읍들의 사면 밭은 영원한 기업이니 팔지 못한다"(레25:34) "여호수아가 아이를 불살라 그것으로 영원한 무더기를 만들었더니…"(수8:28) 그 외에 특히 맹세 규례 언약이라는 말들을 할 때 '영원'이라는 말을 통하여 이스라엘은 그것을 더욱 강조하고 견고하게 하였다. (창9:16;출28:29;레6:22;삼하23:5)

이제 중요한 것은 하나님의 아들로서의 예수는 영원하신 분, 영원함 그 자체이시다. 고로 인간의 몸을 가지고 이 땅에 오신 성육신 사건,(요

1:14)은 곧 시간과 영원함의 만남인 것이다. 따라서 예수가 이 땅에 오심은 인류 역사에 새로운 분기점이고 개인적으로도 예수에 대한 만남과 체험은 새로운 인생의 출발점이 된다. 앞에서 시간 속에서 허덕이는 이스라엘이 그 속에서 일어나는 모든 문제들을 영원하신 하나님과의 관계성이라고 하는 신의식을 통하여 해결책을 발견하듯이, 예수와의 만남의 체험은 우리 자신들의 모든 실존적인 문제들을 해결 받을 수 있는 장소가 되는 것이다.

유불교적 사고에 근거하고 있는 시간에 대한 한국적 사고방식은 시간 그 자체에 절대적 의미를 부여함으로써 시간을 우상화 미신화 하는 심각한 폐단에 빠져있는 실정이다. 태어나는 출생일, 결혼 날짜, 이사가는 날짜 등 삶의 많은 영역에 '좋은 날' '좋은 시간'이라고 하는 길일(吉日)을 정해놓고 그것을 절대시 하고 미신화 함으로써 그 날과 시간의 노예로 끌려가는 신세가 되고 있다. 땅, 지역, 장소라고 하는 공간에 대해서도 마찬가지이다. 좌청룡 우백호 하면서 명당 좋은 자리는 정해져 있다. 히브리적 사고와 이스라엘의 신앙정신에서는 있을 수 없는 일이다. 이스라엘의 신앙정신에서 땅과 지역 장소 등 모든 공간들은 인간인 우리가 정복하고, 개척하고, 어떻게 개발하고 가꾸느냐에 따라서 성공과 실패, 행복과 불행이 결정 될 뿐이다.(창1:28)

시간 역시 그 시간에 내가 무엇을 하고 있으며, 어떤 정신 상태로 있는지, 그 시간 그 날에 살고 있는 나의 상태 모양 됨됨이에 의해서 결정되는 것이다.

5

특유의 긍정성과 낙천성

우리에게 잘 알려져 있는 '안네의 일기'의 작가 안네 프랑코 여사는 자기 아버지를 회상하는 글에서 이렇게 말하고 있다. "나의 아버지는 독일군에게 발각되면 그 즉시로 처형되는 살벌한 환경 속에 살면서도 한 번도 입가에 웃음을 잃지 않고 사셨다."

이것은 한 유대인의 개인적인 이야기라기보다 어떤 상황 속에서도 항상 웃으면서 밝게 살아가는 전체 유대인들을 가장 잘 나타내주는 것이라 할 수 있다.

이스라엘 백성들은 BC 약 2000년부터 20세기 말에 이르기까지 약 4000년 동안 주변국가의 침입을 받으면서 이루 말로 다 형언할 수 없는 시련과 고통을 겪으면서 살아왔다. 그들의 민족 명칭인 히브리라고 하는 것이 증명해 주듯이 그들은 반만 년 동안 전 세계를 떠돌아다니면서 짐승이 사냥꾼에게 쫓기듯 참담한 고난의 생을 살아야 했다. 이집트에서의 430년 동안의 노예살이, 70년 동안의 바벨론 포로생활, AD 73년 예루살렘 멸망이후 로마의 식민지, 그 후 2000년 동안 전 세계에 흩어져 떠돌이 생활을 해야 했다. 그 떠돌이 생활 속에서 그들은 갖은 고통을 다 겪었다. 서기 135년에는 하드리안에서 58만 명이 학살당했다. 십자군 당시에는 그라나다에서 4천명 프랑코에서 10만 명이 죽었다. 1348년 유럽의 흑사병 유행시 유대인들이 병균을 우물에 퍼뜨렸다는 모함을 받고 100만 명이 죽었다.

또한 1933~1945년까지 독일의 히틀러에 의해 어린이 150만을 포함한 600만 명이 처참하게 죽었다. 히틀러는 유럽의 유대인들을 샅샅이 찾아내어 잔인하게 죽였다.

가스실에 끌려가서 죽는 것은 오히려 행복한 죽음이었다. 가스와 총알을 아끼려고 사람을 한 줄로 묶어 기차 철로 위에 눕혀놓고 기차를 지나가게 하여 죽였다. 이것만이 아니라 독일의 나치들은 유대인들을 죽여서 그 기름으로 비누를 만들었다. 비누공장 전면에 비누를 만드는 원료를 집어넣는 터널을 만들어놓고 독일군들이 유대인들을 나체로 모두 벗겨놓고 일렬로 세운 다음 그들을 하나씩 비누 원료통으로 집어던진다. 그러면 유대인들의 몸이 산채로 으스러지면서 뼈는 뼈대로 살은 살대로 기름은 기름대로 정리가 된다. 그리고 그 기름이 원료가 되어 비누가 만들어져 나오는 것이다.

원래 이스라엘의 조상들인 '히브리'라는 말은 '떠돌이, 나그네, 잡동산이'라는 뜻이다.

1930년 독일 같은 경우는 아무런 이유도 없이 단지 유대인이라는 이유 때문에 집이 불살라지고 구타를 당하고 빈손으로 쫓겨나기도 했다. 살을 에는 듯 한 추운 겨울에 먹을 것도 없이 굶주린 배를 움켜쥐고 쫓겨다니는 유대인들의 모습은 참으로 눈물겹지 않을 수 없다. 그런데 당시 초강대국들인 앗시리아 바벨론 로마는 역사 속에서 모두 다 사라지고 말았지만 이스라엘은 오늘 날 전 세계의 주목을 받으면서 보란 듯이 건재하고 있다. 많은 역사학자들이 이스라엘을 신기하게 바라보는 것은 당연한 것이라 할 수 있다. 그런데 4000년 동안 전 세계를 떠돌면서 온갖 수난과 학대 속에서 사라지지 않고 자신들의 정체성을 지키면서 살아남을 수 있었던 비결이 무엇일까? 여러 가지가 있겠지만 그 가운데 한 가지 분명한 것은 그들이 지니고 특유의 긍정성과 낙천성이다.

그들은 어떤 상황 속에서도 긍정적 마인드와 낙천성을 결코 잃지 않는다. 600만 명이 독 가스실에 끌려가 잔인하게 죽어갔던 생지옥 아우슈비츠 강제 수용소에 갇혀 있을 때에도 결코 희망을 포기한 적은 없었다. 당시 수용생활의 한 단면을 보여주는 벽에는 다음과 같은 글귀가 적혀 있다.

나는 믿는다오, 저 하늘에 태양이 있다는 것을,

비록 시커먼 먹구름이 끼어있어도,

나는 저 하늘에 태양이 있다는 것을 믿는다오,

나는 믿는다오, 저 하늘에 별빛이 있다는 것을,

비록 밤하늘이 캄캄하다 할지라도,

저 하늘에 별빛이 있다는 것을 나는 믿는다오.

자신들의 믿음대로 훗날 그들은 태양이 떠오르는 밝은 세상을 볼 수 있었다.

그러면 이스라엘의 그 낙천성과 긍정적 사고의 정신적 배경은 무엇일까? 무엇이든지 그 이면에는 반드시 원인과 이유가 있기 마련이다.

특히 그것이 정신적인 것이라고 할 때는 분명히 그 원인과 이유 그리고 그럴 수 밖에 없는 분명한 배경이 있기 마련이다. 왜냐하면 우리 인간의 의식과 정신 속에 형성되는 사고방식, 가치관, 낙천성, 부정적인 사고 등 여러 가지들은 우연히 만들어지는 것이 아니라 필연적인 어떤 조건에 의해서 만들어지기 때문이다. 이스라엘의 경우를 살펴보면 이러한 사실이 더 분명하다는 것을 알 수 있다. 이제 그들의 의식 속에 아주 잘 형성되어 있는 낙천성과 긍정적 사고의 정신적 배경이 무엇인지를 살펴보면 다음과 같이 나타나고 있다.

1) 이스라엘 정신의 독특한 신관(神觀)

이스라엘은 하나님을 믿는다. 하나님이 없는 이스라엘은 존재하지 않는다. 그 하나님의 이름은 '야훼'이다. 야훼라는 이름의 뜻은 "있음 그 자체, … 을 있게 하는 자, 살아 움직이는 활동 그 자체"라는 의미를 지니고 있다. 우리가 그들의 신관 즉 신앙의식에 주목해야 하는 것은 그들의 야훼 하나님이 가지고 있는 하나님의 속성, 성품, 정신, 힘과 권력 등 모든 것들은 그대로 이스라엘의 정신으로 직결되어 있기 때문이다. 동전의 양면과 같다고 할 수 있다. 그러면 야훼는 누구인가? 어떤 분이신가? 그는 우주를 지으신 창조주 하나님이시다. 우주 만물과 세계를 다스리는 통치자이시다. 神 중의 神이시며 왕 중의 왕이시다. 그런데 여기서 중요한 것은 창조주, 통치자, 왕 중의 왕이라고 하는 이런 개념들이 다른 종교에서 가지고 있는 神의 개념과는 달리 너무 현실적이고 구체적이라는 점이다. 야훼 하나님과 이스라엘의 관계는 추상적인 것도 아니고 대하기 아주 어려운 것도 아니며 멀리 떨어져 있는 것도 아니다. 삶의 현장에서 생생하게 경험하고 동고동락하는 그런 관계이다. 구약성서에 나타나는 "야훼는 하늘에 계시고…"라는 표현들은 높고 위대하심에 대한 표현이지 저~ 멀리를 뜻하는 공간적 높이를 말하는 표현이 아니다. "높으신 어머님"이라는 말이 공간적인 표현이 아니듯이 말이다. 따라서 그들에게 있어서 야훼 하나님은 집안의 가장, 학교의 교사, 전쟁을 할 때는 군사령관 대장이며, 길을 갈 때는 함께 동행하는 친구이시다. 기쁠 때 함께 좋아하고, 슬플 때 함께 울어주며 위로해 주는 변함없는 친구이시다. 이스라엘은 우리가 상상하는 그 이상으로 아주 가까이서 구체적으로 야훼 하나님을 체험하고 사귀고 대화를 하며 함께 동거한다. 그렇다고 해서 이런 유대감 친근감 속에 그 관계를 깨거나 오염시킬 수 있는 경솔함이나 디오니소스(dionysos)적인 난잡함 등이 파고 들 자리는 없다. 오히려 이스라엘은 그 누구보다도 하나님의 거룩함, 위엄, 절대성 등을 잘 알고 있다. 세계를 통치하는 왕 중의 왕이 그들의 친구이니 그들의 의식 속에 자부심, 인간애, 정신적 안정감, 지혜와 진정한 용기 등 온갖 좋은 정신적 양식들로 채워지는 것은 당연한 것임을 쉽게 짐작할 수 있다.

2) 아름다운 세계관과 인생관

이스라엘은 세상과 인간을 아주 아름답게 바라본다. 그들에게 있어서 세상과 인생은 불교철학에서 말하고 있는 "고통스러운 세상" 苦海(고해)가 아니다. 세상과 인간은 그 기원이 열리는 첫 시작부터 너무나 좋고 아름답다. 세상과 인간이 아름답고 좋다는 이야기는 창조기사에 반복적으로 나타난다.

"태초에 하나님께서 빛이 있으라 명했다, 그 빛이 보시기에 좋았다, 궁창이 있으라 명했다, 보시기에 좋았다, 각종 나무와 채소를 만들었다, 보시기에 좋았다, 해와 달과 별 낮과 밤이 있으라 명했다, 보시기에 좋았다, 각종 짐승들이 있으라 명했다, 보시기에 좋았다, 남자와 여자를 지으셨다, 아주 보기 심히 좋았다."(창1장)

위의 내용에서 알 수 있듯이 하나님의 피조물인 이 세상은 무엇을 막론하고 모두 다 아름답고 좋은 것으로 가득 채워져 있다. 푸른 하늘, 산과 바다, 창공의 별들, 각종 꽃들과 나무들도 모두 아름답고 더 나아가 땅의 온갖 짐승들까지도 모두 아름답고 좋다면서 극찬을 하고 있다. 특히 인간에 대해서는 좋다는 말이 더 힘차게 강조되고 있다. 위의 내용에서 말하고 있는 "심히 좋다"라는 말에서 강조어 '심히'라는 말 메오드 (מְאֹד-meod)는 "힘차게, 아주 크게, 매우"라는 의미를 지니고 있다. '힘차다'라는 말은 결국 좋아서 웃을 때 그냥 하하~ 하고 웃는 것이 아니라 아주 힘차게 하하하하~~ 하면서 입이 터질 듯이 웃으면서 좋아하는 것을 의미한다.

그리고 인간은 태초부터 이 세상의 모든 것을 다스리는 왕으로 대접을 받는다.(창 1:28절) 물론 인간의 그 왕직은 스스로 된 것이 아닌 창조주 하나님으로부터 위임받은 것이다. 왕으로 지명되고 위임받은 존재인 것이다. 또한 오직 인간만이 창조주 하나님과 대화를 나누고 사귈 수 있는 특권을 부여받고 있다. (창2:16; 3:8:19) 땅위의 수천 수 만 가지의 각종 과일과 곡식 채소 땅과 바다의 고기들을 마음껏 먹을 수 있는 식량의 특권도 인간만이 누릴 수 있는 특권이다. (창1:29; 2:16) 이처럼 인간은 아름다움의 극치일 뿐만 아니라 그 모든 것에서 특별한 지위와 혜택을 입고 있는 존재이다. 그렇다고 해서 이스라엘이 세상과 인간의 허무함과 비참성을 전혀 모르는 것은 아니다. 그것에 대해서도 너무 잘 알고 있다. 이스라엘은 세상의 허무함과 인생이 겪는 출산의 고통과 늙고 병들고 시들어가며 결국에는 한 줌의 흙으로 돌아가야 하는 인간의 타고난 운명이 안고 있는 허무함과 비참성, 그리고 인간의 죄와 타락성으로 인한 잔인한 전쟁과 갖가지 재앙의 끔찍함 등 여러 가지 실존적인 비참성, 특히 세상의 모든 것을 다 가져도 세상의 것으로는 결코 만족함을 느끼지 못함에도 불구하고 세상의 부귀영화를 쫓아 헐떡거리는 인간들의 모순된 모습, 영혼과 내면세계의 공허함 등에 대해서도 다 잘 알고 있다.

"헛되고 헛되며 헛되고 헛되니 모든 것이 헛되도다… 눈은 보아도 만족함이 없고 귀는 들어도 채워지지 않는다, 인간은 무엇이며 인생은 무엇인가!…"(시8편; 전1:2,8)

이스라엘의 지혜자가 말하고 있는 위의 내용 가운데 "헛되다"라는 말의 어근 헤벨(הֶבֶל-hebel)은 "숨, 바람, 안개, 증기"라는 뜻으로 이는 "바람 같은 인생, 안개와 같은 인생"을 의미한다. 이스라엘은 인생살이가 바람처럼 왔다가 바람처럼 사라져 가는 존재, 안개와 같이 잠깐 보이다가 사라지는 존재임을 누구보다 잘 알고 있다. 그럼에도 불구하고 이스라엘의 정신적 시야에 비치는 세상과 인생살이는 너무 아름답고 좋다. 그러면 세상과 인생의 칠흑 같은 어둠을 헤치고 그것을 밝게 전망할 수 있는 빛은 어디서 오는 것일까? 그 빛은 "신의식"(神意識)에서 오는 빛이다.

이스라엘 정신 속에 아주 깊이 배여 있는 신의식, 즉 신앙정신의 빛 앞에서는 세상의 그 어떤 어둠의 세계도 연기처럼 사라지고 만다. 마치 칠흑같이 어두운 그믐 날 밤에 후레쉬를 가지고 쥐구멍을 비추는 것과 같은 것이라고 할 수 있다. 이 사실을 일찍 깨달은 철학자 파스칼은 "너 혼자 만을 생각하면 인간은 비참한 것이지만 하나님을 생각할 때 인간은 존귀의 왕관을 쓸 수 있다."라고 했다. 오늘 날 자살이 자꾸 증가하는 한국사회의 많은 사람들에게 이 빛이 밝게 비추어졌으면 좋겠다.

3) 우리는 항상 활짝 웃고 있다

뿌리가 튼튼하면 그 나무가 튼튼하듯이 이스라엘 정신이 아무리 힘들고 어려운 상황 속에서도 입가에 웃음을 잃지 않고 살아가는 것은 긍정적 마인드와 낙천적 정신의 뿌리가 튼튼하기 때문이다. 앞에서 살펴보았지만 철썩 같이 믿고 의지하는 하나님도 항상 입이 터지도록 웃고 계실 뿐만 아니라 자신들의 조상들도 언제나 활짝 웃고 있는 사람들이다.

아브라함과 그의 아내 사라는 가문의 대가 끊어질 위기와 역경 속에서도 웃고 있으며, 지엄하신 하나님과 대화를 나누면서도 입가에 웃음의 꽃이 활짝 피어 있다.(창17:17;18:12-15) 그들 부부는 엎드려서도 웃고, 속으로도 웃고, 부끄러워서도 웃고, 미안해서도 웃는다. 아브라함의 대를 이을 이삭 출생 사건을 기록하면서 기자는 무려 다섯 번씩이나 '웃음'이라는 표현을 하고 있다. 더 나아가 그들의 조상 중에 한 사람인 이삭(정확한 발음은 이츠학크 יִצְחָק)은 이름 그 자체가 '웃음'이라는 뜻이다.(창17:19) 이처럼 자신들의 민족 형성의 뼈대를 이루고 있는 조상의 이름의 의미를 '웃음'이라 할 정도로 그들은 웃음의 의미를 자신들의 역사 의식 속에 새겨놓고 있다. 자신들이 믿고 의지하는 하나님도 웃고, 자기들의 역사의 뿌리인 조상들도 웃고 있는 이 웃음은 자손만대의 후손들에게 자연스럽게 이어지기 마련이다. 이스라엘은 웃음을 역사화 신앙화 복음화 해 놓았다. 역사화 했다는 것은 시간과 역사 속에서 웃음의 삶이 계속 이어지고 지속되게 한다는 소중함이 있고, 신앙화는 웃음이 그들의 신앙 정신 속에 새겨지게 된다는 소중함이 있고, 복음화는 웃음을 행복한 삶의 원동력으로 삼는다는 소중함이 있다.

4) 긍정성과 낙천적 삶의 결과

이스라엘 정신이 역사 속에서 입가에 웃음을 잃지 않고 항상 기쁘고 즐겁게 살아가고자 하는 또 다른 이유는 그것이 현실적 삶에 미치는 영향과 파급효과가 엄청나다는 것을 잘 알고 있기 때문이다. 긍정적 마인드와 낙천적인 생각은 건강한 삶에 있어서 보약과도 같은 것이며,(잠 3:8;16:24;17:22) 인생살이란 자기의 일을 즐기는 것이 최고의 행복이고,(전3:22) 율법책에 기록된 하나님의 말씀도 즐길 줄 알아야 하며,(시 1:2;119:16) 더 나아가 삶의 현장에서 겪게 되는 아픔과 슬픔 고난도 즐겁게 받아들일 줄 아는 것이 지혜이며 능력이며 행복인 것이다.(시 119:70-71) 특히 이스라엘은 하나님을 기뻐하고 즐거워하라고 크게 강조하고 있다.(시32:11)

이스라엘의 영적 지도자들이 이스라엘 대중들을 향하여 하나님과의 수직적인 관계에서 발생하는 기쁨과 즐거움을 맛보라고 하는 이유는 세상의 인간적인 기쁨과 즐거움은 모두 연기처럼 사라지는 찰나적인 것에 지나지 않으며, 오직 하나님만이 우리 인간에게 있어서 변함없는 궁극적인 기쁨과 만족을 줄 수 있다는 역사적 경험과 확신 때문이다. 그래서 이스라엘의 영적 지도자들은 하나님의 인격성과 그의 성품을 구체적으로 말하면서 그 성품들을 즐기라고 권면한다.

"주의 인자하심을 기뻐하라, 주의 힘을 인하여 기뻐하라, 그 구원을 기뻐하라, 베푸신 은혜를 인하여 기뻐하라"고 가르쳐 주고 있다. (시31:7;21:1;35:9; 왕상8:66)

어쨌든 분명한 것은 이스라엘 시민정신의 기쁨과 즐거움은 하나님을 향해 있다는 것이다. 그 대표적인 한 사건은 다윗의 법궤 모시는 일 속에 잘 타나나 있다.

다윗은 아미나답의 집에 모셔져 있던 법궤를 모시고 예루살렘으로 향하는 길에서 얼마나 기쁘고 즐거웠는지, 자신이 입고 있던 여자들의 원피스와 같이 생긴 통으로 된 옷 에봇을 입고 있었는데, 그 옷이 날려 속 살이 다 드러날 정도로 깡충깡충 뛰면서 격렬한 춤을 추었다. 당시 상황에 대하여 성서는, **"야훼 앞에서 힘을 다하여 춤을 추었다"**(삼하6:14) 라고 기록하고 있다. '춤을 추다'라는 말 카라르(כרר)는 이리 저리 뛰고 돌아다니면서 격렬하게 춤을 추는 것을 말한다. 그런데 이 모습을 다윗의 아내 미갈이 보고 하는 말이, **"왕이 오늘 날 어떻게 영화로우신지 방탕한 자가 염치도 없이 자기 몸을 드러내는 것처럼 계집 종 앞에서 몸을 드러내셨도다"**(삼하6:20)라고 말한다. 여기서 '방탕'이라는 말 레크(רֵיק)는 "공허하고 허무하다, 헛되고 무가치하다"라는 뜻이다. 미갈은 다윗의 격렬한 춤을 세속적 쾌락의 표상인 방탕한 자들의 춤으로 생각하고 다윗을 책망한 것이다. 그러나 성서기자는 다윗의 이 기쁘고 즐거운 춤은 세속적 방탕한 춤이 아니라 "하나님 앞에서의 춤"이라는 사실을 세 번씩이나 반복하여 강조하고 있다. (삼하6:16,21절) '앞'이라는 말에는 '얼굴'을 뜻하는 '파님'이 사용되고 있다. 따라서 다윗은 어린아이가 엄마 아빠의 면전에서 뛰노는 것처럼 하나님의 면전에서 뛰놀았다는 것이다. 이스라엘 정신에 있어서 하나님 앞에서의 행위는 그것이 춤이든 웃음이든 손짓 발짓 할 것 없이 그 행위에 대한 믿음은 물론이고 진실성과 사회적 도덕성을 포함하는 떳떳하고 정당한 행위를 의미한다. 이것은 곧 하나님의 백성들이 누리는 기쁨과 행복은 모든 사람들 앞에서 떳떳하고 정당한 것이어야 함을 말하는 것이기도 하다. 다윗의 이 기쁨과 즐거움, 온 힘을 다하여 뛰면서 춤추는 모습 속에는 그러한 정당성이 포함되어 있고, 또한 이것은 이스라엘의 기쁨과 즐거움은 언제나 야훼 하나님을 향해 있음을 말해주고 있으며, 동시에 이것은 우리 자신들의 기쁨과 즐거움의 질적인 내용이 어떠해야 하는지를 가장 잘 나타내주고 있다.

인간적 쾌락에는 두 종류가 있다. 하나님을 이용하여 세상을 즐기는 자가 있고, 반대로 세상을 이용하여 하나님을 즐기는 자가 있다. 나는 어떤 종류에 속해 있는가? 그러나 하나님 앞에서 뛰노는 다윗의 이 즐거운 춤을 방탕한 춤이라고 하면서 다윗을 책망한 미갈은 "그 후 죽을 때까지 자식이 없었다"(삼하6:23절)라고 기록하고 있어 그 날의 부부싸움이 미갈에게는 얼마나 치명적인 실수였는가를 소상하게 말해주고 있다.

어쨌든 항상 기쁨으로 충만하신 하나님은 이스라엘을 향하여 그들의 민족 명절인 초막절에는 7일 동안 계속 즐거워하라고 명령하고 계시며, 제사와 예배도 즐겁게 드리라고 말씀하고 계신다. (레23:40;신12:7)

반대로 안 된다, 할 수 없다, 못 한다 등의 부정적인 생각과, 시기 질투 증오 불안과 염려 등 나쁜 감정들은 인생살이를 송두리째 망치게 하는 정신적 재앙이라는 것이다. 안 된다, 할 수 없다고 생각하면 그렇게 되는 것이며,(민14:28) 극도의 불안과 염려 탄식 가운데서는 육신의 뼈도 녹아지며,(시22:14) 시기는 뼈를 썩어들게 하고,(잠14:30) 심한 근심과 염려는 뼈를 마르게 한다는 것이다. (잠17:22)

한편 이러한 긍정적 마인드와 이스라엘 특유의 낙천성이 예수의 정신에서는 안정성, 평안과 여유로움으로 나타나고 있다. 예수의 영성과 그 의식은 거대한 폭풍 앞에서도 평안히 잠을 잘 수 있을 정도이며,(막4:37) 갑작스러운 나사로의 죽음 앞에서도 특유의 여유로움을 가지고 계시며,(요11:1-45) 저 높은 하늘에서 주어지는 천상의 평안을 소유하고 계시며,(요14:27;16:33) 십자가의 죽음 앞에서는 그 평안함과 여유로움이 절정에 달하고 있음을 볼 수 있다. 온갖 독설과 피로 얼룩져 있는 십자가의 비참함 속에서도 예수는 특유의 여유와 평안의 능력을 발휘하고 계신다.

"아버지여 저들을 용서하여 주십시요, 저들은 자기가 하는 것을 알지 못하고 있습니다."(눅23:34)라고 하는 십자가 위에서의 기도는 마치 구약의 이스라엘 백성들이 4천 년 동안의 시련과 역경 속에서도 항상 영적인 여유와 웃음을 잃지 않고 살았던 삶을 압축해 놓은 듯하다. 분명한 것은 역사적 이스라엘과 역사적 예수는 다 같이 특유의 긍정성과 낙천성을 지니고 있다는 것이다. 그리고 그 특유의 웃음과 낙천성은 세상의 온갖 시련과 역경, 비극과 슬픔 속에서 울려 퍼지는 웃음소리라고 하는 역설적 의미를 지니고 있다. 고로 우리가 진정한 그리스도인이 되려면 우리는 우리의 환경이 호조건이든 악조건이든 관계없이, 더 나아가 그 장소가 형언할 수 없는 고난과 아픔의 자리라고 하더라도 자신의 삶의 현장에서 세상이 알지 못하는 특유의 웃음과 여유와 평안의 힘을 발휘하고 누릴 줄 알아야 한다.

6

희망의 정신과 그 뿌리

1) 고난 극복의 희망정신

우리가 이스라엘의 역사기록, 신앙고백, 여러 가지 문학과 시, 잠언과 지혜서, 시와 노래들을 살펴보면 거기에는 그들이 미래에 대한 기대와 전망, 앞을 미리 생각하는 예언의 상자들을 많이 발견할 수 있는데 그 상자의 뚜껑을 열어보면 그 속에는 온통 미래에 대한 희망의 보석으로 가득 채워져 있다는 것을 발견할 수 있다.

넓게는 세상과 우주의 신기원이 열리는 하나님의 창조의 역사 그 자체가 이미 희망으로 가득 차 있고, 또한 BC 2000년 경 민족의 시조인 아브람이 당시 몸 붙여 살고 있던 땅 갈대아 우르를 떠나 낯선 이방의 땅으로 옮겨가는 이주의 여정도 희망으로 가득 차 있으며, BC 1270년 경 이집트의 참혹한 노예살이에서 탈출하여 물 한 방울 구하기 힘든 메마른 사막의 천막생활 40년의 세월 속에서도 그 정신은 온통 희망으로 가득 차 있다.

BC 2000년의 경우 아브람이 우르를 떠날 때의 상황은 우르 전체에

폭동이 일어나 각 부족들이 각자 자기 살길을 찾아 길을 떠나야 했다. 그런데 이스라엘의 시조인 아브람의 이주는 단순히 이곳에서 저곳으로 떠나는 공간적 이동이 아니었다. 아브람이 길을 떠나는 이주는 영적인 이동 정신적인 이동이었다. 폭력과 음란과 각종 미신과 무질서가 만연한 곳을 떠나 참된 신앙과 희망의 세계를 향해가는 이동이었다. 당시 상황을 성서기자는 이렇게 기록하고 있다.

"너는 집을 떠나 내가 너에게 지시할 땅으로 가라, 너에게 큰 민족을 이루게 하고 복을 주겠다, 땅의 모든 민족이 너 때문에 복을 받을 것이다."(창 12:13절)

가야 할 목적지도 정해지지 않았고, 어디로 어떻게 가야할지 방향도 모르는 상황이지만 아브람의 정신 속에는 미래에 대한 꿈과 희망으로 넘쳐나고 있다.

BC 12세기의 경우 인간 생존의 한계라고 불리는 저 사막의 고된 천막 살이를 할 때에도 비록 몸은 한 없이 고달프고 힘들지만 그들의 정신 속에는 미래에 가서 살게 될 저~ 약속의 땅, 이제 더 이상 떠돌아다니지 않고 정착하여 밀농사 보리농사를 지어 맛있는 빵을 만들어 먹고, 포도 열매를 수확하여 달콤한 포도주를 만들어 먹을 수 있는 저~ 약속의 땅에 대한 꿈과 희망이 넘쳐나고 있다. 그들은 그 땅을 "아름답고 광대한 땅, 젖과 꿀이 흐르는 땅"이라고 극찬하고 있다. (출3:8절)

또한 BC 6세기의 경우 나라가 통째로 삼켜지고 우수한 인재들이 대거 바벨론 포로로 잡혀가 낯선 이국땅에서 온갖 학대와 고통 속에 살

때에도 그들은 고국으로의 귀향을 한 번도 잊어본 적이 없었다. 이러한 희망의 정신으로 무장되어 있었기에 이집트의 430년 노예 살이, 70년의 바벨론 포로생활, 2000년 동안 나라 없이 떠도는 실향민의 아픔을 모두 극복할 수 있었던 것이다.

특히 바벨론 포로생활의 고통을 이길 수 있었던 정신적 극복에 있어서 결정적인 역할을 한 것은 "메시아 대망 신앙"이었다. 메시아 대망의 신학사상이 언제 어디서 어떻게 태동했는지 밝혀지지 않아 안타깝지만 어쨌든 메시아에 대한 희망과 기대는 포로생활의 여러 가지 아픔과 슬픔을 봄눈 녹이듯이 녹이고도 남는 아주 큰 영적인 자본이었다.

메시아(מָשִׁיחַ-Mesiah)라는 말의 의미는 '선택된 자, 기름부음을 받은 자'라는 뜻이다. 여기서의 선택은 어떤 인간으로부터 선택되어지는 것이 아니라 하나님으로부터 선택된 자를 뜻하며, 메시아의 역할과 기능은 인간의 몸을 가지고 있지만 이 땅에서 神的인 일을 수행하는 자이며, 하나님과 인간을 연결지어주는 교량 역할을 하며, 인간을 이 땅의 고통과 비참함에서 건져주는 구원자의 일을 하시는 분이다. 이스라엘의 정신 속에는 이러한 메시아에 대한 희망이 아주 깊이 뿌리를 내리고 있다. 갈 곳도 없이 떠도는 떠돌이 생활, 긴 세월 동안의 노예 살이, 이국땅에서의 포로생활이라고 하는 슬픔과 눈물에 흠뻑 젖은 극한 삶의 환경 속에서 약속의 땅에 대한 전망, 나라와 민족의 무한한 번영, 후손들의 축복, 세계 축복의 머리, 메시아 대망의 신앙정신 등 아주 값진 정신적 보석들이 이스라엘의 의식 속에는 가득 차 있다.

그들의 정신세계를 적나라하게 보여주고 있는 구약성서를 펼치면 누구나 쉽게 이러한 희망의 메시지들을 발견할 수 있다. 그러나 이러한 여러 가지 희망의 근거들보다 더 확실한 것은 이스라엘의 하나님 야훼 그 자체가 모든 희망의 근본이라는 데 있다.

야훼는 인간에게 궁극적인 희망으로써 이스라엘의 희망일 뿐만 아니라 온 인류의 희망이라는 것이다. 이스라엘은 역사적 삶의 현장에서 언제나 그 모든 것에서 오직 야훼 하나님께 모든 희망과 기대를 걸었다. 오직 야훼 하나님께 모든 희망을 걸었다는 것은 다른 말로 하면 인간은 궁극적인 희망의 대상이 아니라는 것을 전제한다. 이스라엘의 희망의 정신은 인간적이고 찰나적이며 세속적인 것이 아닌 철저하게 야훼 하나님을 향하여 뿌리가 내려져 있다. 그 이유는 인간적인 희망은 수시로 변하고 쇠퇴하여 그들 자신들에게 궁극적인 희망이 되지 않더라고 하는 뼈저린 역사적 경험 때문이다.

2) 유일한 희망은 오직 야훼 하나님

이스라엘은 현대사에서 오직 야훼 하나님만이 참 희망이 될 수 있다는 것을 실감나게 경험한 때가 있었는데, 1933년에서 1945년 독일의 히틀러에 의해서 어린이 150만 명을 포함한 600만 명이 독가스실에 나체로 끌려가서 비참하게 떼죽음을 당하고, 그들이 죽을 때 흘린 피와 기름이 독일군들의 손에 의해서 비누로 만들어졌던 때였다. 그렇게 잔인하게 죽음을 당하기 직전까지도 그들은 유럽의 지성인들을 믿었다. 괴테와 모차르트를 낳은 나라라고 하면서 그들의 지성을 철썩 같이 믿었다. 그러나 그들의 믿음과 꿈은 잔인한 죽음의 현장에 들어서는 순간, 그것은 너무나 큰 착각이었다는 것을 생각할 여지도 없이 산산조각이 나고 말았다.

구사일생으로 겨우 살아남은 자들은 한없는 슬픔과 눈물 속에서 이 세상에서는 오직 야훼 하나님만이 인간의 궁극적 희망이라는 것을 뼈저리게 실감했다.

"주여, 이제 내가 무엇을 바라겠나이까? 나의 희망은 당신 밖에 없나이다."(시 39:7절)

"나의 희망은 당신 밖에 없나이다"라는 말은 오직 하나님만이 우리 인간에게 있어서 변함없는 부동의 희망이 된다는 것을 의미한다. 우리는 이스라엘처럼 하나님의 불변성을 깊이 한 번 숙고해 볼 수 있어야 한다. 하나님께서는 변함이 없으시며 확고부동하시다는 것은 하나님으로부터 우리에게 제공되는 희망 역시 변함이 없으며 확고부동하다는 것을 의미한다. 고로 이스라엘은 야훼 하나님을 통하여 우리 인간에게 있어서 정말 필요한 희망의 본질과 근원을 발견한 것이다.

그리고 더 구체적인 의미에서 이스라엘이 하나님을 희망하고 기대하고 있다는 것은 곧 이스라엘에 대한 하나님의 약속의 말씀을 희망하고 기대한다는 것을 뜻한다. "젖과 꿀이 흐르는 가나안 땅을 선물로 주시겠다고, 장차 후손들이 하늘의 별처럼 셀 수 없을 정도로 번성하게 해 주시겠다고, 들어와도 나가도 복을 받으며 가정과 자녀, 사회와 나라, 심지어 외양간의 송아지 한 마리까지도 복을 주시겠다고 하나님은 약속하고 계신다."(창15:5,18;17:7; 출6:4-5; 신28장)

고로 이스라엘 정신에 있어서 하나님께서 주시겠다고 약속하신 그 약속의 땅은 동시에 희망의 땅이기도 하며, 미래의 태어나게 될 후손들 역시 약속의 자녀임과 동시에 그들은 모두 희망의 자녀들이며, 집안의 송아지나 개 돼지와 같은 짐승들까지도 모두 약속을 통하여 얻어지는 것들이기 때문에 그 모든 것들은 다 이스라엘의 희망이라는 동시성을 지니고 있다.

또한 야훼 하나님만이 이스라엘의 희망의 근거가 되는 것은 이런 이유들 때문이다.

"그분은 우리의 도움이시요, 우리의 방패시로다, 이스라엘아 야훼를 기다리라, 그에게는 인자하심과 풍성한 구제가 있음이라, 내가 악을 앙갚음하겠다! 고 말하지 말고 야훼를 기다리라! 그가 너를 구원하시리라."(시 39:7; 130:7; 잠 20:22)

인생살이의 모든 희노애락의 중심에는 야훼 하나님이 계신다. 전쟁의 승리에 대한 희망도, 일과 사업의 성공에 대한 희망도, 가정의 화목과 자손들의 번성함도, 고질적인 각종 질병을 치료받고 건강한 몸을 회복하는 건강의 희망도, 인간적 외로움과 슬픔 속에서의 궁극적인 위로와 보살핌 등 이스라엘은 모든 희망과 기대를 야훼 하나님께 걸고 있다. 그 이유는 그 모든 것들이 결국은 야훼 하나님의 손끝에서 이루어지기 때문이다.(잠16:1;19:21;출15:26)

3) 예수의 희망과 성령의 임재

그런가 하면 예수 정신에 있어서 희망의 구심점은 '하나님의 나라'와 '성령의 임재'에 있다. 예수의 의식 속에는 온통 하나님의 나라로 가득 채워져 있다. 예수께서는 하나님의 나라를 씨 뿌림, 겨자씨, 누룩, 진주장사, 그물치기, 열 처녀, 결혼잔치,(마13:19,31,33,45,47; 25:1-13) 등의 비유를 통해서 반복해서 말씀하시면서 이러한 하나님의 나라 즉 천국(神國) 정신이 제자들의 심령 속에 새겨져서 복음화 되기를 원하고 계신다. 그래서 예수에게 있어서 하나님의 나라는 제자교육에 있어서 중심주제 가운데 하나이다.(마4:23;막1:15;14:25; 눅10:20;17:21; 요3:3)

그리고 예수께서 가르치신 하나님의 나라는 현실적이고 영적인 것에도 비중을 두지만, 궁극적으로는 장차 다가올 종말론적인 영원한 나라에 초점이 맞추어져 있다. 당시 제자들이나 오늘날 우리 자신들에게 있어서 하나님의 나라에 대한 신앙정신과 의식화가 중요한 것은, 복음서에 나타나는 대로 삶의 가치라고 하는 측면에서 이 땅 인간의 세상과 장차 다가올 하나님의 나라는 비교가 되지 않으며,(롬8:18) 그 나라는 이 세상 나라의 모든 인간적 고난과 아픔과 슬픔을 소멸시키는 힘과 능력이 되기 때문이다. 하나님의 나라에 대한 신앙정신은 이 세상 나라의 모든 흑암의 세력들을 이기고 물리칠 수 있는 힘과 능력이다. 그 이유는 하나님의 나라는 공간적 개념이 아니라, "나는 하나님의 자녀와 그 백성이 되고, 하나님은 나와 우리 모두를 다스리시는 왕이 되신다."라고 하는 통치와 관계의 개념이기 때문이다. 즉 하나님의 다스림이 경험되어지는 곳에는 인간적 고난과 아픔과 슬픔 등 모든 흑암의 세력들이 사라진다. 이사야의 말을 새롭게 재해석하고 있는 누가의 메시지 가운데, **"포로된 자에게 자유를, 눈 먼 자에게 다시 보게 함을, 눌린 자를 자유케 한다"**(눅4:18)고 하는 말씀은 그 모든 흑암의 세력들을 몰아내시는 하나님의 큰 권세와 능력이 나타나고 있다는 것을 의미하며, 능력의 나타남은 하나님의 다스림이 실현되고 있다는 증거이기도 하다.

우리를 다스리시는 하나님과, 그 통치와 지배를 받는다, 라고 하는 하나님의 나라에 대한 현실 속에서의 통치적 의미는 야훼 하나님과 역사적 이스라엘과의 관계 속에 아주 잘 나타나고 있다. 이스라엘의 신앙정신은 야훼 하나님만이 자기들을 통치하고 다스리시는 영원하시고 진정한 왕이라는 것이 핵심이고 이에 대해서는 철두철미하다. (시10:16;44:4;84:3;시33:22)

이스라엘에 있어서 세상의 모든 왕들은 누구를 막론하고 하나님의 통치 밑에 있는 자들이며, 법을 집행하는 판관을 비롯한 모든 공직자들 역시 마찬가지이다. (시68:29;72:11;138:4) 야훼 하나님만이 영원하신 참되고 진정한 왕이라고 하는 이러한 신앙정신과 사고방식을 가진 자들의 삶의 현실에서는 이집트의 파라오, 구소련의 스탈린, 북한의 김일성과 같은 절대 권력을 휘두르는 독재자의 세상이 나타날 수가 없다. 이스라엘이 역사 속에서 이집트의 파라오를 비롯한 세상의 수많은 절대 권력들과 싸워 이길 수 있었던 비결은 바로 야훼 하나님만이 영원하신 우리의 왕이시다, 라고 하는 확고부동한 왕정신학의 정신을 가지고 있었기 때문이다. 진정한 민주화 정신의 뿌리를 우리는 이러한 성경정신에서 발견할 수 있다. 이스라엘은 사무엘 이후 BC 약 1020년 경 인간적인 왕 사울을 선출했지만 영적인 면에서, 궁극적인 의미에서, 진정한 의미에서 영원하신 왕은 오직 야훼 하나님인 것이다. 인간적인 왕은 하나님의 심부름꾼에 지나지 않는다.

한편 이러한 하나님의 의로운 통치를 우리 자신들의 역사적 삶의 현장에서 우리는 예수를 통하여 실감나게 경험할 수 있다. 우리 자신들의 삶의 현장에서 보여주신 예수의 통치 방식은 온갖 종류의 죄와 질병, 전쟁과 가난으로 죽어가는 자들을 고치고 살리시며 새롭게 하심으로써 그 힘과 권세로 군림하는 것이 아니라, 백성들을 섬기는 왕이심을 명확하게 보여주고 계신다.

그런가 하면 또 하나는 종말론적인 의미로 다가오는 하나님의 나라에 대한 개념이다.

종말론적 의미에서 장차 다가올 하나님의 나라는 이 땅의 모든 아픔 슬픔 눈물을 다 씻어낼 수 있는 원천적인 힘과 능력이다. 우리 믿음의 선배들인 초대교회와 그 외 세계 근대사를 장식한 많은 믿음의 선진들이 굶주린 사자에게 갈기갈기 찢겨 먹이가 되고, 톱으로 켜서 죽이는 잔인한 고통과 말로 형언할 수 없는 모진 핍박을 다 이겨낼 수 있었던 것은 다가오는 하나님의 나라에 대한 희망과 꿈으로 가득 차 있었기 때문이다. 우리는 그 꿈과 희망의 능력을 오늘 우리 자신들의 희망의 모범으로 삼을 수 있어야 할 것이다.

천국의 의미에 대해서는 마태가 집중적으로 보도하고 있으며 그 내용은 극히 역사적이고 현실적인 것과 종말적인 것인데, 예수의 영성에서 천국시민의 정신은 다음과 같이 짜여 있다.

먼저 영적인 의미에서 천국은 하나님의 말씀을 듣고 수용하며 실행하여 좋은 결과들을 만들어낼 수 있는 옥토와 같은 마음의 상태, 정신 상태이며,(마13:10-23) 죄악된 세상 속에서 세상 끝날 까지 자기의 믿음을 지키는 것,(마13:24-30) 하나님의 나라 천국은 아주 작은 것들을 통하여 실현되고,(마13:31-33) 천국은 선교를 통하여 계속 확장되는 것이며,(33절) 깊이 감추어진 보화와 같은 것이며,(44절) 천국은 절대적 가치를 추구하고 실현하는 것이며,(45-46절) 우리는 생활 속에서 모든 것에 대하여 상대적으로 대하고 반응할 때가 너무 많고, 거기에 또한 깊이 젖어있는 실정이다. 종말론적으로 흑백을 구별하여 선별하는 것이며,(47절) 또한 은총을 근거로 하는 하나님과의 약속의 실천과,(마20:1-14)

천국은 신적 축제의 초대에 걸 맞는 예로써 응하는 것이고,(마22:1-14) 영적으로 항상 깨어있는 자세로 살아가는 것이다.(마25:1-13) 약속의 의미에서 천국 즉 하나님의 나라는 하나님과 맺은 약속을 철저하게 잘 지키는 것이다. 하나님과의 약속이 지켜지지 않을 때 천국이라는 형식만 있을 뿐 거기에 참된 하나님의 나라는 존재하지 않는다. 따라서 약속의 가치는 역사와 현실 속에서 뿐만 아니라 종말적인 저 영원한 하나님의 나라에까지 이어져 있음을 잊어서는 안 된다.

어쨌든 우리 자신들의 마음속에 참된 희망의 정신으로 가득 채울 수 있으려면 우리는 하나님의 나라에 대한 신앙정신으로 무장할 수 있어야 한다.

또 하나 희망의 정신적 뿌리는 성령의 임재라고 위에서 말한바, 성령의 임재는 예수와 이스라엘 정신에 있어서 다 같이 무소불능의 전능하신 하나님의 힘과 권능의 임재를 의미한다. 주의 성령이 임했다는 것은 곧 전능하신 하나님의 신적인 권능이 임했다는 것이다. 그래서 성령이 임한 자에게 가장 뚜렷하게 나타나는 특징은 힘과 능력의 사람이 되고, 동시에 변하여 새 사람이 된다는 점이다. 큰 용사 기드온의 능력,(삿6:34) 입다의 능력,(삿11:29) 그 유명한 삼손의 초능력적인 힘과 능력(삿13:25;14:6;15:14) 사울의 영적인 힘과 권능,(삼상10:6) 이 모든 힘과 권능의 출처는 모두 야훼 하나님의 신, 곧 성령으로부터 비롯되고 있다. 성령의 임재= 권능이라고 하는 공식은 사도들의 선교지 파송에서 하시는 예수의 말씀을 통하여 재확인되고 있다.

"오직 성령이 너희에게 임하시면 너희가 권능을 받고…"(행1:8)

신적 권능이 우리 자신들에게 임했다는 것은 넓은 의미로 볼 때 하나님의 힘과 권능이 우리 인간의 역사에 나타나고 있다는 것이며, 구체적으로는 우리 자신들의 삶의 현장에 나타나고 있다는 것을 의미한다. 그리고 그 힘과 권능은 세상의 인간적인 힘과 권세들을 모두 제압하고 굴복시키는 것을 지향하고 있다. 그리고 성령의 임재가 세상을 힘들게 살아가는 우리 인간들에게 희망의 젖줄이 되는 것은, 우리로 하여금 우리 자신들이 할 수 없는 것들을 간단하게 할 수 있도록 해 주신다는 데 있다. 따라서 모든 것에 한계성을 지닌 우리가 그 한계성을 극복하고 정복할 수 있는 비결은 한계가 없으신 무한하신 성령의 힘과 권능에 동참하고 연합하는 것이다.

출생, 사역, 십자가의 고난과 죽으심, 부활 등 예수의 공생애 전부는 성령의 임재와 직결되어 있다. 성령으로 출생하시고,(마1:18) 40일 동안 성령에 이끌려 광야에서 사탄의 시험을 이기시며,(마4:1;막1:12;눅4:1) 성전에 출입하는 것도 성령의 감동으로 하고 있으며,(눅2:27) 갈릴리 사역도 성령의 권능으로 하시며,(눅4:14) 모든 치유 사역도 성령의 역사로 하시며,(눅4:18) 기쁨도 신적인 것이었으며,(눅10:21) 세례도 성령으로 주고 있으며,(요1:33) 십자가의 고난과 죽으심을 통하여 자신을 제물로 드림도 성령에서 출발하며,(히9:14) 죽음에서 다시 살아나 부활하심도 성령의 역사로 말미암아 된 일들이다.(롬8:11)

인간적 예수의 의식과 정신 속에는 온통 성령으로 가득 채워져 있다. 그리고 예수의 의식 속에 충만한 성령은 창조의 영,(창1:2) 진리의 영,(요14:17) 생명과 부활의 영,(롬8:11) 힘과 권능의 영,(행1:8)이시다. 동시에 예수는 성령을 '보혜사'라는 별칭으로 말하기도 한다.(요14:16;15:26) '보혜사'라는 말 파라클레토스($\pi\alpha\rho\acute{\alpha}\kappa\lambda\eta\tau o\varsigma$)는, "위로자, 변호자, 보호

자"라는 뜻이다. 이 말 속에는 우리 자신들의 인간적인 고난과 고독, 슬픔과 피곤함, 위기와 역경 등 모든 것들은 성령의 임재를 통하여 보호 변호 위로를 받을 수 있다는 의미가 담겨져 있다. 그리고 창조의 영이 의미하는 것은 새로운 것들을 발생시킨다는 것이다. 새로운 마음, 감정, 생각, 만족함, 기쁨, 감사, 행복함, 성공 등 전반적인 생활과 삶을 새롭게 만들어낸다는 것이다. 진리의 영이 의미하는 것은 윤리와 도덕적 진리를 포함하여 인간을 향한 하나님의 섭리 역사하심 등 신적인 진리가 그 핵심이며, 생명과 부활의 영이 의미하는 것은 죽은 자를 살린다는 것인데, 몸을 살린다는 것은 뼈와 살 신경 세포 오장육부 등 몸의 구성요소들 전부를 살리는 것을 포함하는 것처럼, 영적으로도 우리의 영적 구성요소들인 의식, 감정, 정서, 생각, 마음의 세계를 새롭게 살린다는 것이다. 그래서 성령 임재의 수혜자가 되면 인간적 공허함과 허무주의, 무기력함, 절망과 의욕상실 같은 부정적 감정이나 생각들은 모두 연기처럼 사라지고 그 자리에 왕성한 의욕과 창의성, 기쁨과 감사, 희망과 용기, 만족함과 행복으로 가득 채워지게 된다. 이유는 성령은 일차적으로 우리의 영을 새롭게 하시는 분이시기 때문이다. 그래서 성령이 우리에게 임할 때 우리는 사랑과 기쁨, 평화와 인내, 온유함, 절제 등의 온갖 좋은 열매들을 맺게 된다.(갈5:22)

이상에서 살펴본 대로 예수와 이스라엘 정신은 항상 전능하신 하나님에게 모든 희망과 기대를 걸고 있다. 이유는 인간의 부족함 연약함 무능함을 채우시는 하나님의 '전능하심' 때문이다. 고로 우리가 진정 전능하신 하나님께 모든 희망을 걸 수 있으려면 먼저 우리는 자신들의 인간적 한계와 부족함, 연약함과 초라함, 무지와 모순 등 우리 자신들이 피조물이라는 것과, 그 모든 것에서 생로병사와 희로애락의 쳇바퀴 속에서 유한성을 지닌 존재임을 깊이 알아차려야 한다. 우리는 왜 돈과 명예와 권세와 같은 가변적이고 찰나적인 것들에 희망을 걸고 정신을 집중하면서도 그것들을 다스리고 주관하시는 더 큰 힘과 불변적이고 영원한 것에는 희망을 걸지 않는가? 라고 하는 어리석은 스스로의 질문과, 그것을 통한 깊은 자아성찰을 해 보아야 할 것이다. 이제 우리는 순간이나 찰나가 아닌 영원함에, 초라한 인간적인 힘이 아닌 전능하신 하나님의 힘과 권능에 희망을 걸 수 있어야 하고, 그 힘과 권능에 대하여 거룩한 믿음의 고민을 할 줄 아는 영적 군사들이 되어야 할 것이다. 내일 당장 비참한 생의 최후가 다가오고 있는 상황에서도 예수는 그 비참함을 기쁨과 승리로 바꾸시는 전능하신 하나님의 힘과 권능을 믿고, 거기에 희망의 정신을 집중함으로써 죽음의 세력들을 이기고 승리하신 것처럼, 우리는 희망의 뿌리가 튼튼할 때 결코 넘어짐이나 폐망이 없이 최후의 승리자가 된다는 확신을 가질 수 있어야 한다.

우리에게 있어서 하나님의 나라에 대한 희망의 정신은 저 미래에 얻게 될 최후의 승리와 영광을 오늘이라고 하는 현실과 연결함으로써, 현재의 희망과 꿈으로 맛볼 수 있고, 또한 성령의 임재와 그 권능에 대한 희망은 우리 자신들의 삶의 현장에서의 생생한 경험을 통하여 구체적으로 실현된다는 사실이다.

7

목숨보다 소중한 약속

역사적 이스라엘과 하나님과의 관계는 '계약'의 관계이며, 신약시대의 모든 그리스도인들 역시 같은 맥락에 서 있다. 이러한 하나님과의 계약정신을 바탕으로 하여 이스라엘은 역사와 삼라만상의 모든 것들을 '약속'이라고 하는 틀 속에서 이해를 한다.

이스라엘은 하늘과 땅, 산과 바다, 조상과 후손들, 심지어 짐승들과 벌레 한 마리까지도 하나님과 맺은 약속의 틀 속에서 이해를 한다. 우리가 구속사적인 역사의식을 가지려면 세계 역사는 약속의 성취라고 하는 믿음이 필요하다. 여기서 약속은 구체적으로 약속의 말씀을 의미한다. 그리고 하나님과 맺은 약속은 이웃과 이웃, 너와 나, 인간과 자연, 인간과 짐승들, 개인과 공동체 등 세상적인 모든 것들도 약속의 관계라고 하는 동시성을 가진다. 하나님과 세상 모든 것들을 약속의 틀 속에서 이해를 한다는 것은 그들의 정신과 의식은 약속에 대한 윤리와 도덕과 신앙정신으로 가득 채워져 있다는 것을 의미한다.

하나님께서 주신 약속의 말씀은 이스라엘이 이 세상에 왜 존재하는지, 왜 존재해야 하는지 존재의 이유를 밝혀주는 것이 약속의 말씀이

며, 또한 이스라엘은 자신들이 어떻게 살아야 하는지 삶의 방법과 방향
에 대한 대답도 약속의 말씀 속에 담겨져 있다. 따라서 약속의 말씀은
이스라엘의 존재 이유와 삶의 방식에 대한 명확한 대답이며 동시에 나
침반인 것이다.

구약성서에는 계약 정신을 대표하는 4대 기록이 있다. 노아 홍수의
심판을 끝마친 후에 맺은 일명 무지개 언약,(창9:13) 아브라함과의 언
약,(창15,17장) 모세를 통한 시내산 언약,(출19장) 다윗과 맺은 언약,(삼하7
장 왕상8:25 시132:11) 등이 그것이다.
　이러한 구약성서의 계약 정신은 BC 7세기의 예언자 예레미야에 의
해서 '새 언약'으로 선포되고 있다.(렘31:31-32) (새 언약 선포의 역사적 배경
은 BC 605년 바벨론과 애굽의 전쟁에서 바벨론이 승리하고 이스라엘은 바벨론에 의
해 예루살렘이 포위되어 멸망 직전의 상황에 있을 때이다.)

언어학적으로 살펴볼 때 계약이라는 말은 히브리어로 베리트(בְּרִית)
라는 말인데 이는, "조약, 협정, 동맹, 서약"이라는 의미를 지니고 있다.
　이 말에 대하여 베그리히(Begrich)는 1944년의 연구 발표에서 베리
트의 근본적이고 원시적인 의미는 '법적 결합'을 뜻하는 것인데, 이것은
강한 자 편의 임의로 체결 된다는 것이다. 이러한 의미는 성서적으로
계약의 권한이 하나님께 있다는 것을 시사하고 있다. 그런가 하면 로레
츠(O,Loretz)는 고대 아카디안어와 비교 하면서 아카디안어의 risku(계
약)은 그 어근이 rakasu인데 이것은 '묶는다'라는 뜻을 담고 있으며, 우
가리틱어의 msmt(계약)도 그 어근이(msd) '묶는다'라는 뜻을 담고 있
다는 것이다.

그 밖에 계약은 '서약한다' '짜른다'(짜른다는 계약 당사자가 공동 식사를 하면서 음식을 짜르는 것에서 연유한 것이다. 당시 사회는 계약 당사자가 식사를 함께 하는 것이 관습이었다.)는 뜻이 담겨져 있는데, 이 모든 것을 종합하면 하나님과 이스라엘 백성들이 맺은 계약 체결은 결국 하나로 결속되고 묶여지는 운명 공동체가 된다는 것이다.

여기서 하나로 묶여지는 결속은 곧 이스라엘은 함께 살고 함께 죽는 자들, 생사고락을 함께하는 운명공동체라는 것이다. 즉 하나님의 약속의 말씀을 근거로 하여 살아가는 계약공동체인 이스라엘은 곧 함께 살고 함께 죽는 운명공동체인 것이다. 우리의 사고방식은 개인 하나 하나가 모여 전체 나라와 민족을 이룬다, 사가 모여 공을 이룬다 라고 생각하지만 이스라엘적 사고방식은 정 반대이다. 개인이 모여 전체를, 사가 모여 공을 이루는 것이 아니라 이스라엘이라고 하는 전체가 먼저 있고, 거기서 떨어져 나온 것이 개인이다. 그들의 신앙정신은 언제나 공이 먼저고 우선이다. 그들은 전체 무리와 이스라엘이라고 하는 공동체에서 떨어져 나오는 것은 곧 저주와 죽음과 파멸이다. 그래서 이스라엘은 역사 속에서 전체 무리들 중에서 끊어지는 것, 말씀 공동체에서 끊어지는 것을 가장 크게 두려워하고 경계를 하였다.(레17:10; 20:3,5,6; 신25:6)

그들에게 있어서 전체 공동체에 반하는 개인주의는 가장 불행하고 비참한 것이다. 하나님의 백성인 계약공동체에서 끊어지고 떨어져 나오는 것을 가장 큰 불행과 저주와 파멸로 여겼다는 것은 곧 약속의 말씀을 근거로 하여 살아가는 이스라엘 계약공동체에 내가 속해 있다는 것은 어마어마한 하나님의 은혜와 축복의 행운아라는 것을 의미한다.

그래서 이스라엘은 역사 속에서 사적인 것들과 개인주의를 원천적으로 제거하기 위하여 얼마나 힘을 쏟는지 모른다. 성서적 증거에 따르면

아간이라는 한 사람의 범죄 문제를 처리하는 과정을 이렇게 말씀하고
있다.

**"여호수아가 세라의 아간을 잡고 그 은과 외투와 금덩이와 그 아들들과
딸들과 소들과 나귀들과 양들과 장막과 무릇 그에게 속한 모든 것을 이끌고
아골 골짜기로 가서… 온 이스라엘이 그를 돌로 치고 그것들도 돌로 치고
불사르고 그 위에 돌무더기를 크게 쌓았더니 오늘날까지 있더라"(수 7:22-26)**

여기서 우리가 주목해야 할 것은 공동체 질서를 파괴한 아간이라고
하는 한 사람만 제거한 것이 아니라 그에게 속한 자식들과 양과 소 나
귀 등 그의 재산까지도 모두 불살라 없애버렸다는 것이다. 계약공동체
에 반하는 개인주의 척결에 대하여 이스라엘 신앙정신은 얼마나 단호
하고 철저하게 처리하고 있는가를 잘 말해주고 있다.

또한 이스라엘은 우리가 지니고 있는 김씨 박씨 이씨 같은 성(性)을
아예 없애버렸고, 또한 세상의 온갖 미신과 잡 종교들은 결코 허용하지
않는다.(출22:18; 신18:10; 레19:26) 이런 것들은 모두 계약 공동체 이스라
엘을 분열 시키고 파괴하는 독버섯과 같은 것들임을 이스라엘은 너무
나 잘 알고 있기 때문이다. 계약 공동체는 하나님의 약속의 말씀 안에
서, 말씀을 중심으로 하여 똘똘 뭉쳐 한 덩어리가 된 자들을 가리킨다.
그 덩어리에서 떨어져 나온 자는 계약 공동체가 아니며 따라서 당연히
하나님의 언약의 백성이 아닌 것이다.

또한 약속을 통하여 하나님은 이스라엘이 인간의 역사 속에서 하나

님의 뜻을 보여주고 실천함으로써 만방에 야훼 하나님을 나타내고 그 뜻을 증거하는 사람들이 되기를 원하고 계신다. 비록 이스라엘의 불순종으로 그 목적이 실패했다 하더라도 원칙은 그런 것이다. 여기서 우리는 하나님과 이스라엘 사이에 체결된 계약이 어떤 종류이며 또 어떤 성격을 지니고 있는지 그 성격을 알 필요가 있다.

1) 계약의 종류와 그 성격

계약의 종류는 크게 두 가지로 요약된다. 하나는 하나님께서 일방적으로 …을 해 주시겠다, 라고 하는 일방적 은혜계약과, 또 하나는 …을 지키면, …을 행하면 그에 상응하는 보상을 해 주시겠다, 라고 하는 조건부적인 계약이다. 그러나 이 두 종류의 계약의 성격은 서로 상충된 것이 아니라 서로 보완 협력 상생하는 밀착된 관계이다. 다시 말하면 우리 자신들이 하나님의 말씀과 계명을 잘 지키면 하나님께서는 우리에게 큰 복을 주시겠다, 라고 하는 조건부적인 계약은, 아무런 조건 없이 우리에게 먼저 베풀어주시는 하나님의 은혜계약을 근거로 한다. 이하에 자세하게 살펴보도록 한다.

아무런 조건 없이 일방적으로 하나님께서 우리에게 베풀어주시겠다, 라고 하는 은혜계약의 내용을 살펴보면, 노아 홍수의 심판을 마친 후에 하나님께서는 일방적으로 이렇게 선포 하신다.

"내가 내 무지개를 구름 속에 두었나니 이것이 나와 세상과의 언약의 증거니라 내가 구름으로 땅을 덮을 때에 무지개가 구름 속에 나타나면 내가 나와 너희와 및 혈기 있는 모든 생물 사이의 내 언약을 기억하리니 다시는 물이 모든 혈기 있는 자를 멸하는 홍수가 되지 아니하리라" (창9:13-15)

가나안 땅을 선물로 주시겠다는 약속도 하나님은 일방적인 은혜로 주시겠다고 말씀하신다.

"그 날에 야훼께서 아브람으로 더불어 언약을 세워 가라사대 이 땅을 애굽 강에서부터 그 큰 강 유브라데까지 네 자손에게 주겠다"(창15:18)

아브람에게 약속하신 이 약속의 내용은 BC 950년 경 솔로몬 통치 때 아주 구체적으로 이루어지게 된다. "솔로몬이 하수에서부터 블레셋 사람의 땅에 이르기까지와 애굽 지경에 미치기까지의 모든 나라를 다스리므로 그 나라들이 공(貢)을 바쳐 솔로몬의 사는 동안에 섬겼더라"(왕상4:21) 특별히 여기서 중요한 것은 아브람이 깊이 잠들어 있을 때 하나님의 일방적인 개입으로 계약이 체결되고 있다는 점이다.

또한 아이를 전혀 낳을 수 없는 지경에 처해있는 아브람에게 아들 이삭이 출생하는 것도 전적인 하나님의 은혜로 이루어지게 된다.(창 17:15-22)

그런가하면 모세를 통하여 성립되는 시내산 계약과, 다윗과의 계약 체결은 계약 당사자 상호간의 계약 실천이 요구되는 조건부적인 것이 더 강하게 지시되고 있다.

시내산 계약의 경우, **"너희가 내 말을 잘 듣고 내 언약을 지키면… 거룩한 백성이 되리라."**(출19:5-6) **다윗과의 계약에서도, "야훼여 주께서 주의 종 내 아비 다윗에게 말씀 하시기를 네 자손이 자기 길을 삼가서 네가 내 앞에서 행한 것 같이 내 율법대로 행하기만 하면…"**(대하 6:16)

"야훼께서 다윗에게 성실히 맹세 하셨으니 변치 아니하실지라 네 자손이 내 언약과 저희에게 교훈하는 내 증거를 지킬진대 저희 후손도 영원히 네 위에 앉으리라 하셨도다."(시132:11-12)

조건부적인 계약은 신명기를 통하여 더 구체적으로 나타난다.

"네가 네 하나님 야훼의 말씀을 삼가 듣고 …명령을 지켜 행하고… 순종하면… 들어와도 복을 받고 나가도 복을 받을 것이니라"(신28:1-19)

또한 민족의 멸망을 눈앞에 두고 선포하는 예레미야의 새 언약의 선포에서도 계약은 결혼과 비유가 되면서 조건부적인 것으로 나타나고 있다.(렘31:31)

약속에 대한 배신과 율법에 대한 범죄 행위를 호세아는 같은 맥락에서 지적한다.(호8:1)

그러나 중요한 것은 은혜계약이든 조건부적인 계약이든 이 두 계약은 모두 이스라엘의 통치자이신 왕과 그 왕만 믿고 섬기고 순종하겠다, 라고 하는 왕과 백성 사이에 맺어지는 계약이라는 것이다. 왜냐하면 원래 이스라엘은 야훼 하나님께서 왕으로 통치하시고 이스라엘은 그 통치를 받겠다고 약속한 신정국가(神政國家)이기 때문이다.

2) 계약의 내용

이상에서 살펴본 대로 은혜계약의 내용은, 젖과 꿀이 흐르는 가나안 땅, 바다의 모래와 하늘의 별과 같이 무수한 후손들의 번성이라는 것으로 요약되며, 조건부적인 계약은, 다른 신을 섬기지 말 것, 우상을 만들지 말 것, 하나님의 이름을 망령되이 부르지 말 것, 안식일(주일)을 거룩하게 잘 지킬 것, 부모를 잘 공경 할 것, 살인하지 말 것, 간음하지 말 것, 도적질 하지 말 것, 이웃의 것을 탐내지 말 것 등 십계명과,(출20:1-17) 구체적으로는 가나안 입주와 관련하여 그 땅에 사는 자들과 교류하지 말 것, 그 땅의 신들의 이름을 부르거나 맹세하거나 절하지 말 것, 가나안 땅의 사람들과 혼인하지 말 것 등으로 나타난다.(수23:1-13) 여기서 우리가 주목해야 할 것은 은혜계약은 모두 하나님의 자기 맹세를 통하여 지시되고 있다는 것이다.(출13:5;민32:11;신1:8,35;미7:20) 그런 반면 조건부적인 것은 모두 명령으로 지시되고 있다. 은혜계약의 형태가 하나님의 자기 맹세로 나타나고 있다는 것은 곧 우리를 향하신 하나님의 은혜가 그 만큼 강하고 결연한 의지가 담겨져 있다는 것을 의미하며, 조건부적인 계약이 명령으로 지시되고 있다는 것은 우리 인간의 이성적 사고나 논리적인 사고가 개입할 수 없다는 것을 의미한다. 한 마디로 하나님의 명령에 왈가왈부 토를 달지 말라는 것이다.

한편 하나님께서 먼저 우리에게 베풀어주시는 은혜계약과 조건부적인 것이 가장 잘 조화를 이루고 있는 곳은 아브라함의 이삭 번제 사건 직후에 주어지는 말씀이다.

"내가 맹세하노니 네가 이같이 행하여 네 아들 네 독자를 아끼지 아니하였으니 내가 네게 큰 복을 주고 네 씨로 크게 성하여 하늘의 별과 같고 바닷가의 모래와 같게 하리니… 또 네 씨로 말미암아 천하 만민이 복을 얻으리라"(창22:16-19)

본문에는 하나님의 일방적인 은혜계약이 나타나지 않으나 이삭의 출생 자체가 하나님의 일방적인 은혜에서 비롯되고 있음을 이해할 수 있어야 한다.

하나님은 이스라엘과 우리에게 항상 먼저 은혜를 베푸신다. 젖과 꿀이 흐르는 가나안 땅에 먼저 인도하시고, 하늘의 별과 같이 바닷가의 모래와 같이 후손들이 일어나게 하시며, 애굽에서의 노예살이 도중 후손들이 기하급수적으로 늘어나는 것은 하나님의 은혜가 작용하였기 때문이다. (출1:15-20)

은혜는 아무런 조건이 없다. 고로 하나님께서 우리에게 은혜를 베풀어주실 때 우리의 인간적인 상황이나 조건과 자격은 전혀 고려되지 않는다. 따라서 우리가 하나님의 은혜 앞에 나아갈 때는 그 어떤 것이든 인간적인 짐들은 모두 내려놓을 수 있어야 한다. 특히 죄책감 같은 짐이 은혜의 길을 가로막는 벽이 되지 않도록 해야 한다. 율법과 정죄 앞에서는 문제가 되지만, 은혜 앞에서는 남녀노소 빈부귀천 의인 죄인 등 인간적인 그 어떤 것들도 문제가 되지 않는다. 죄는 은혜 앞에서는 오히려 더 큰 은혜를 깨닫고 경험하고 누릴 수 있는 통로가 될 수 있다. (롬5:20) 고로 은혜 앞에서는 누구든지 자기 마음껏 희망의 꿈을 꾸면서 하나님과의 만남의 체험을 가질 수 있는 것이다. 아브라함과 이스라엘이 아무런 조건이나 자격이나 이유도 없이 약속의 땅과 아들 이삭을 선물로 얻은 것처럼 우리 또한 하나님의 은혜를 통하여서는 무엇이든 얻을 수 있다. 동시에 아브라함처럼 우리도 그 은혜에 감격하여 그 어떤 하나님의 말씀과 명령도 순종할 수 있어야 한다.

그 은혜에 걸 맞는 응답의 삶을 살아야 한다. 그것이 곧 조건부적인 계약의 내용들이다. 따라서 하나님의 약속에 대한 이행과 실천과 순종의 삶은 하나님께서 우리에게 먼저 베풀어주시는 은혜의 능력을 바탕으로 한다. 하나님께서 우리 자신들에게 베풀어주시는 은혜의 힘을 근거로 하고 그 힘을 얻을 때 우리는 더 생동력이 넘치는 말씀의 실천과 순종의 삶을 살 수 있는 것이다.

3) 약속 이행에 따르는 결과와 그 보상

하나님과 우리 사이에 체결된 계약서의 내용에는 그 약속을 잘 지키고 실천하는 자와, 배신하는 자가 받게 될 결과와 그 보상이 기록되어 있다. 약속 이행자가 받게 되는 보상에 대해서는 신명기서가 구체적으로 잘 제시하고 있는데, 그 내용은 다음과 같다.

"네 하나님의 말씀을 잘 지켜 행하면 모든 민족 위에 뛰어나게 하실 것이라, 성읍에서도 복을 받고 들에서도 복을 받을 것이며, 네 몸의 소생과 네 토지의 소산과 네 짐승의 새끼와 네 우양의 새끼가 복을 받을 것이며, 네 광주리와 떡반죽 그릇이 복을 받을 것이며, 네가 들어와도 복을 받고 나가도 복을 받을 것이니라"

위의 말씀에서 무려 일곱 번 씩이나 말씀하고 있는 '복'이라는 말 바라크(בָּרַךְ)는 영적이고 정신적인 용어임에 주목해야 한다. 그리고 보상의 내용은 모든 민족의 머리, 사회적 축복, 가정과 자녀들의 축복, 토지와 가축들의 축복, 먹는 떡 반죽 그릇의 축복을 말하면서 그 모든 축복들의 출발점은 영적인 것에서 비롯되고 있다는 것이다. 이스라엘 정신에 있어서 축복의 원동력은 영적인 개념이다. 그 이유는 영적인 갖춤 자세 능력이 되어 있지 않은 상태에의 물질적 축복은 복이 아니라 오히려 큰 화가 된다는 것을 이스라엘은 역사 속에서 뼈저리게 많이 경험했기 때문이다. 바벨탑 사건, 롯의 소돔과 고모라 땅 선택의 사건, 아이성 전투의 실패 등이 이 사실을 잘 말해주고 있다.(창11,13장, 수7:11)

또한 약속 지킴과 실천에서 오는 보상도 보상이지만 그 보다 앞서 약속을 지킨다는 것은 곧 나 자신 내 생명 내 목숨을 지키고 보호받는 것이며, 나의 사업과 일터, 가정과 자녀, 집과 재산을 지키고 보호받는다는 것을 의미한다. 자동차 도로에서 신호를 지킴으로 살기도 하고 무시하다가 죽기도 하는 것처럼 말이다. 따라서 약속을 지키고 순종하라는 하나님의 명령이 지향하는 일차적인 것은 바로 그 약속을 지키는 당사자의 생명과 목숨, 성공과 행복, 평안과 기쁨이다. 이것은 약속을 지키지 않는 배신자의 결과가 얼마나 비참한가를 살펴보면 잘 알 수 있는데, 이에 관해서는 아브라함과의 계약의식이 비교적으로 소상하게 잘 나타내주고 있다.

아브라함과 맺는 계약의식을 살펴보면, 3년 된 암소 암염소 수양 그리고 산비둘기와 집비둘기를 취하고 그 짐승들을 잡아 쪼개고 (새는 제외) 그 쪼개진 고기 사이로 횃불이 지나갔다고 되어있다.(창15:9-18) 이에 대하여 신학자 까젤(H. Cazelles)은 거기 15장 17절의 쪼개진 고기 사이의 횃불통과 의식에서 두 개의 사물이 갈라진 고기 사이로 지나갔다고 한다. 중요한 것은 이러한 동물 절단의 의미는 계약 당사자가 계약을 배신하거나 어길 때는 이렇게 쪼개진 짐승처럼 온 몸과 모든 삶이 산산조각이 나고 쪼개진다고 하는 계약 불이행자의 결과적 비참성을 말해주고 있다는 것이다.

4) 예수와 이스라엘의 계약정신의 의미

이미 앞에서 살펴본 대로 이스라엘 정신이 역사 속에서 약속을 지키고 이행하는 데 비록 실패를 했으나, 약속에 대한 근본정신의 소유자들임을 우리는 간과해서는 안 된다. 그런데 이러한 이스라엘의 계약정신은 예수의 정신세계로 그대로 이어져 있으며, 또한 미완성적인 약속의 모든 의미들은 예수의 정신을 통하여 모두 완성되고 있다. 예수는 인간 구원의 중심적인 사건인 십자가의 고난과 죽음을 계약정신의 틀 속에서 말씀하고 있다.

"예수께서 떡을 가지사 축복하시고 떼어 제자들을 주시며 가라사대 받아 먹으라 이것이 내 몸이니라 하시고 또 잔을 가지사 사례하시고 저희에게 주시면 가라사대 …이것은 죄 사함을 얻게 하려고 많은 사람을 위하여 흘리는바 나의 피 곧 '언약의 피'니라"(마 26:26-28)

여기서 예수는 십자가 위에서 채찍에 맞고 창에 찔려 살이 찢겨지는 고통 속에서 흘리는 고난과 죽음의 피가 곧 약속의 피라는 것을 분명히 하고 있다. 이 약속의 피는 구체적으로 하나님과 이스라엘, 더 넓게는 하나님과 우리 인간 사이에 체결된 약속을 지키고 실천하기 위하여 흘리는 피라는 것이다. 예수는 참 사람이며 동시에 참 하나님이시다. 고로 예수의 계약정신을 통하여 우리는 인간에 대한 하나님의 약속과, 하나님에 대한 인간의 약속, 그리고 나와 이웃에 대한 사회적인 약속이 무엇을 의미하며 또한 어떻게 지키고 이행 할 수 있는가를 동시에 배울 수 있어야 한다. 십자가의 고난과 죽음에 해당하는 약속의 피는, 곧 십자가의 고난과 죽음을 통하여 하나님에 대한 인간의 약속과, 인간에 대한 하나님의 약속과, 타인과 이웃에 대한 약속이 지켜지고 성취되고 있음을 의미한다. 즉 십자가의 고난과 죽음을 통하여 인간에 대한 하나님의 약속, 하나님에 대한 인간의 약속, 타인과 이웃에 대한 약속 이 셋은 동시에 실현된다는 것이다.

더 나아가 우리 자신들이 인간관계 속에서 발생하는 너와 나 사이에 체결되는 사회적 약속, 내가 내 자신에게 다짐하고 결심하며 맹세하는 자신과의 약속, 인간과 자연과의 약속 이 모든 약속들은 궁극적으로 하나님의 약속을 바탕으로 한다. 고로 예수의 십자가 위에서 흘리는 그 약속의 피는 너와 나 사이의 사회적 약속과, 나 자신과의 약속, 그리고 인간과 자연 더 나아가 우주적인 모든 약속들을 포함하며, 그리고 이 약속들이 어떻게 지켜져야 하고 또 어떻게 성취되고 실현되는가를 총 망라하여 우리에게 소상하게 보여주고 있다. 여기서 우리가 생각해야 할 것은 '피'에 대한 의미를 깊이 파악하고 이해해야 한다는 사실이다. '언약의 피'가 말해주고 있듯이 약속과 피는 동시에 같이 이해하고 파악되어야 한다. 피는 거짓과 위선, 미움과 질투, 탐욕과 이기심, 배신과 버림, 혈기와 분노 등 온갖 종류의 죄로부터 발생하는 고난의 아픔과 슬픔, 고독과 외로움, 더 나아가 죽음까지도 포함하는 모든 인간적 고난과 죽음의 의미를 나타내고 있다. 인간 예수의 피는 하나님과의 약속을 지키기 위하여 그 약속에 목숨을 걸고 있다는 것을 보여준다. 동시에 하나님의 아들로서의 예수의 피는 인간에 대한 하나님의 약속을 지키기 위하여 목숨을 걸고 있다는 것을 보여준다. 인간에 대한 하나님의 약속 안에는 인간에 대한 하나님의 은혜와 사랑이 동시에 포함된다. (요3:16; 롬5:8)

약속을 잘 어기고 배신하는 행위를 쉽게 저지르는 한국교회의 지도자들과 성도들, 그리고 한국사회의 시민정신은 약속에 목숨을 걸고 계시는 예수의 계약정신을 통하여 회개와 동시에 계약 이행에 필요한 용기와 힘을 얻을 수 있어야 할 것이다. 동시에 십자가에서 흘리는 예수의 피는 약속 이행과 순종의 삶에 대한 방식에 대한 교훈으로써, 약속을 지키고 그 말씀에 순종하기 위해서는 필연적으로 헌신과 희생이 따른다는 것이다. 수고와 노력, 열심과 성실함, 헌신과 희생이 없는 곳에는 서로에 대한 약속 실현이 불가능하다. 이것은 나라와 나라, 너와 나, 나와 나 자신, 이익을 창출하기 위한 사업적인 약속, 나와 사회 등 모든 약속의 현실에 있어서 동일하다. 그리고 예수의 정신이 보여주고 있는 약속에 목숨을 걸었다는 것에 대한 또 다른 의미는, 십자가의 고난과 죽음의 문을 열고 다시 살아 일어나신 예수의 부활사건과 연관성을 가진다. 왜냐하면 부활이 없는 예수의 십자가의 고난과 죽음은 존재하지 않기 때문이다. 부활 생명의 거울을 통하여 비추어볼 때 약속에 목숨을 걸고, 약속을 지키기 위하여 목숨을 버렸다는 것은 곧 약속을 지키기 위하여 목숨을 걸었다는 것과 버렸다는 것, 즉 그 죽음은 멸망, 실패, 헛됨, 무의미함을 뜻하는 것이 아니라 오히려 반대로 헛된 것들에 대한 의미 충만한 승리, 부흥과 축복, 참된 기쁨과 행복, 죽음에 대한 생명의 승리를 의미한다. 약속에 목숨을 걸 수 있는 사람, 약속을 지키기 위하여 목숨을 버리는 자에게는 새 생명, 새로운 삶, 축복과 영광된 영원한 삶이 보장되어 있다. 반대로 약속을 어기고 배신하는 자들은 현실적으로 고통과 불행과 실패의 쓴 맛을 보게 됨은 물론이거니와 장차 영원한 지옥의 고통이 기다리고 있다는 것이다.

또한 예수의 언약의 피는 하나님과 인간, 인간 대 인간을 총 망라하는 계약체결의 방식이 어떠해야 하는가에 대한 모범적 표상이다. 계약체결 방식에 있어서 하나님은 언제나 우리 인간에 대한 배려와 이해가 먼저이다. 앞에서도 말한바 우리 자신들에 대한 하나님의 약속은 우리 자신들의 보호와 이익, 사랑과 행복, 기쁨과 승리 등 기름지고 풍성한 삶에 초점이 맞추어져 있다. 약속의 피가 지향하는 속죄를 생각하면 이러한 사실은 더 명확해진다.

약속의 피는 우리 인간들의 얼룩진 죄에 대한 씻음과 용서를 의미하는 바, 그 속죄와 용서는 우리 인간이 누릴 수 있는 전인적 삶과 최고의 영적 풍요로움이다. "너희를 위하여 흘리는 나의 피" 곧 약속의 피는 너의 죄 값과 그 고통을 내가 받는다, 너의 저주를 내가 받는다, 너의 모든 짐을 내가 짊어진다는 것이다. 그리고 여기에 우리 자신들을 향하여, "그러므로 이 사실을 믿으라"는 명령이 주어진다. 역사 속에서 이스라엘을 향하여 약속을 지키고 행하라고 말씀하시던 그 하나님께서 이제 예수의 십자가의 고난과 죽음을 통하여 우리들에게 참된 믿음과 신앙적 삶을 촉구하신다.

따라서 우리가 진정 예수의 약속의 피를 더럽히지 않고 참된 믿음의 삶을 살기 위해서는 인간적 역사와 현실 속에서 우리는 고리대금업자들처럼 어느 한 쪽이 불리한 부당한 계약행위를 결코 하지 말아야 하며, 동시에 그러한 잘못된 계약의 문화를 이 땅에서 몰아내는 데 빛과 소금이 될 수 있는 용기와 지혜의 정신을 발휘할 수 있어야 한다.

이상에서 살펴본 대로 예수와 이스라엘의 계약정신은 우리 자신들의 모든 삶에서 발생하는 사회적 계약의 성격을 총 망라하는 것이며, 동시에 계약의 내용이 하나님의 은혜로 충만함으로 그것은 곧 은혜중심의 생활정신을 말해주고 있다. 하나님의 은혜가 이스라엘의 꿈과 희망에 접목될 때 그것은 이스라엘의 꿈과 희망의 절대적 조건이며, 약속과 접목이 될 때 하나님의 은혜는 이스라엘이 영육간에 기름지게 살 수 있는 풍요로움의 절대조건이다.

더 나아가 이스라엘의 계약정신은 새로운 공동체를 창조하는 원동력이라고 할 수 있다. 성서적으로 계약을 통하여 하나님의 택한 백성이라고 하는 새로운 계약 공동체가 창조되고 있다. 하나님의 백성 계약 공동체는 인간적 혈연으로 맺어지는 것이 아니고 하나님의 약속 안에서 하나가 된다.

"너희와 함께 거하는 타국인이 여호와의 유월절을 지키고자 하거든 그 모든 남자는 할례를 바은 후에야 가까이 하여 지킬지니 곧 그는 본토인이 될 것이나… 본토인에게나 너희 중에 우거한 이방인에게나 이 법이 동일하니라."(창17:12-13;출12:48)

여기서 우리가 알아야 할 것은, 구약성서의 계약 정신은 민족 혈통 문화 종교의 관계없이 그 어떤 이방인이라도 들어올 수 있도록 개방되어 있다는 것이다. 이것은 신학적인 의미에서 하나님의 자기 개방이라고 할 수 있으며, 동시에 계약 정신은 우리에게 자기 개방성을 촉구한다. E. 프롬은 심리학적인 차원에서 "인간의 자기 개방은 타인의 개방을 유도하는 가장 좋은 방법이다."라고 말한바 있다. 교회는 하나님의 계약 공동체이다. 따라서 교회는 예배와 제도 등 다양한 프로그램을 가지고 이 세상을 향하여 그 문을 활짝 열어놓아야 한다. 교회의 구성원인 그리스도인들도 마찬가지이다. 언제나 닫혀진 폐쇄된 심령으로 살지 말고 마음의 문을 활짝 열고 개방적으로 살아야 한다. 교회의 선교는 자기 개방에서 시작되기 때문이다.

또한 예수와 이스라엘의 계약 정신은 세상을 향하여 개방되어있을 뿐만 아니라 개방된 문을 통하여 들어오는 그 어떤 이방인이라도 받아들인다고 하는 수용능력을 보유하고 있다. 예수는 우리에게, **"나는 양의 문이라 누구든지 나로 말미암아 들어가면 구원을 얻는다"**(요10:7-9)고 말씀하고 있다.

따라서 계약의 백성들은 하나님의 계약 안에서 자신의 이웃과 타인을 용납하고 받아들일 수 있는 수용능력이 있어야 한다.

이스라엘의 계약 정신은 인종 문화 사상 종교 남녀노소 빈부귀천의 관계없이 모두에게 열려있는 개방 신앙의 정신이며, 그 계약 정신 안에서 종교와 사상과 문화와 혈통이 다른 모든 이방인들을 하나로 통합하고 결속 시키는 하나님의 능력이다. 동시에 계약정신은 과거 현재 미래, 아버지와 아들과 그 조상들을 연결하고 통합하는 능력이다.

"내가 내 언약을 나와 너와 네 대대의 후손의 사이에 세워서 영원한 언약을 삼고 너와 내 후손의 하나님이 되리라.(창17:7)

계약을 통해서 앞서간 조상들, 오늘을 살고 있는 당대의 사람들, 그리고 그 후손들은 하나로 묶여지고 결속된다. 계약 정신은 조상들과 당대 그리고 후손들을 하나로 묶어 주어서 세대 차이를 극복케 하는 시간과 역사를 통합하는 능력이라고 할 수 있다. 그리고 이웃과 이웃, 어제의 사람과 오늘의 사람, 더 나아가 저 내일의 사람까지도 계약 정신 안에서 하나가 된다. 그래서 신학자 칼 바르트는 하나님의 계약을 화해 사건의 영원한 근거로 보았고, 아이히로트도 이렇게 말하고 있다.

"이방적인 요소를 가지고 있는 각 개인을 하나로 묶는 것이 계약이었고, 이 결속은 외부인들을 배제하는 것이 아니라 오히려 끊임없이 외부인들을 자신들의 공동체로 흡수 하는데 유용하게 사용 되었다." 따라서 이 공동체에 들어오기 위한 결정적인 자격 요건은 자연적 인위적인 혈연의 관계가 아니라 계약의 주이신 하나님의 뜻에 자기 자신을 기꺼이 복종 시키고 하나님에 대하여 충성을 서약하면 되는 것이다.

따라서 이스라엘 민족은 우리가 일반적으로 생각하고 있는 하나의 혈연으로부터 생겨난 것이 아니고 약속에 의해서 결속된 신앙정신에 입각한 영적이고 정신적인 통합체이다. 이것이 곧 신약의 교회를 의미하는 구약의 교회 카알(quhal)이다. 계약 정신의 빛은 여기서 멈추지 않고 이 세상의 모든 생명체에게까지 확산되어 비쳐지고 있다.

"무지개가 구름 사이에 있으리니 내가 보고 나 하나님과 땅의 무릇 혈기 있는 모든 생물 사이에 된 영원한 언약을 기억 하리라… 땅에 있는 모든 생물 사이에 세운 언약의 증거가 이것이라"(창9:15-17)

계약은 시간적으로 영원한 것처럼 공간적으로도 세계적이며 그 안에서 사람과 사람, 사람과 자연, 사람과 동물까지도 하나로 통합되게 하는 하나님의 능력이다. 그래서 예언자 이사야는 메시아 통치의 때에 인간과 동물이 하나의 평화 공동체가 될 것을 말하고 있어,(사11:6-8) 계약의 결정체가 되고 성취자가 되시는 그리스도의 메시아적인 왕국을 보여주고 있다. 이러한 계약의 전 세계성이야말로 그리스도를 통한 구원의 전 세계성을 가장 분명하게 드러내 주고 있다고 하겠다.

계약 정신은 시간과 역사적 상황에 따라 변경 취소 소멸되어지는 정신이 아니고, 새로운 시간과 역사를 창조하는 영원한 것이라고 예언자들은 이구동성으로 외치고 있다. (출31:16사55:3렘32:40겔44:7)

그것은 계약정신이 저 영원한 것, 하나님에게 그 바탕을 두고 있기 때문이다. 고로 계약정신은 인간 의 역사적 상황과 변화에 따라 같이 동화 되거나 흡수 되거나 소멸되지 않고 오히려 전쟁과 파괴, 살상과 약탈, 사랑과 증오 등 변화무상(變化無常)한 인간의 역사를 이끌고 가는 견인차의 역할을 하고 있는 것이다.

또한 계약은 앞에서 말한바 하나님의 은혜를 통하여 체결 되었다는 점도 계약 정신의 불변성을 증거해 준다. 그래서 계약은 절대로 폐지될 수 없는 것이고,(레42:44) 비록 이스라엘이 자신들의 죄 값을 치르는 현장에서도 "주의 언약을 기억해 달라"고 부르짖고 있는 것이다. (렘14:21)

여기서 우리는 계약 공동체인 저 이스라엘 백성들이 파란만장한 고난의 세월 속에서 계약 공동체의 생명을 보존하고 더 나아가 역사에 큰 빛을 비추어 줄 수 있었는가에 대한 대답을 분명하게 들을 수 있다. 즉 역사 속에서 유감없이 발휘되고 있는 예수와 이스라엘의 불멸의 정신은 계약 신앙의 불변성에 기초하고 있기 때문이다.

또한 계약 정신이 희망의 바탕이 되는 것은 하나님이 주신 그 계약 속에 가장 풍부한 미래적 희망과 기대와 꿈이 담겨져 있기 때문이다. 구약의 정신은 계약의 정신이라고 할 수 있는데, 구약성서 안에서 가장 풍부한 희망의 보석은 계약 정신의 상자 속에 담겨져 있다.

계약을 통해서 아브라함의 가정에 드리워져 있던 불임증의 그늘은 사라지고 대를 이를 수 있는 자녀 잉태와 출생의 소식이 전달이 된다. 그래서 아브라함의 아내 사라가 안고 있는 불임증의 고민은 여호와 하나님의 약속에 의해 사라지게 된다.(창17:19) 이것은 우리의 인간적 어두움은 하나님의 약속에 의해 사라지고 새로운 삶이 전개되며 역사의 강물이 마르지 않고 계속하여 흐르게 된다는 것을 의미한다. 이스라엘 백성들이 구약성서 속에서 계속 고백하고 있는 젖과 꿀이 흐르는 저 가나안 땅도 하나님의 계약을 통해서 얻게 되는 땅이다. 그래서 그 땅은 '약속의 땅'이 된 것이다. 그러나 그 약속의 땅은 그냥 들어가서 거주할 수 있도록 확보된 땅이 아니라 먼저 계약 정신 안에서 믿음을 가지고 영적으로 확보해 두는 희망의 땅이다.

그래서 약속의 자녀는 희망의 자녀가 되며 약속의 땅은 희망의 땅이 된다.

뿐만 아니라 가혹한 심판의 고통과 괴로움도 계약 정신 안에서는 희망이 된다. 참혹한 노아 홍수의 심판이 하나님의 약속 안에서 노아의 방주를 통한 구원의 역사로 새로운 국면을 맞이하고 있기 때문이다. 계약 신앙의 정신 속에는 언제나 저 내일에 대한 풍부한 희망과 꿈이 담겨져 있다. 그러므로 계약 공동체인 아브라함과 이스라엘 백성들은 언제나 내일을 희망으로 전망 하면서 살 수 있는 것이다. 그리고 구약의 계약 정신은 그리스도에게로 모아진다. 그리스도는 계약의 중보자이시며 계약의 실체이기 때문이다.(히 8,9장)

그리스도가 우리 모두의 희망의 바탕이 되는 이유가 거기에 있다. 이스라엘 백성들이 그들의 역사 속에서 희망의 등불을 계약 정신 속에서 찾고,

그 희망을 성취한 것처럼 그리스도는 하나님의 희망의 빛으로 사람들에게 진정한 희망이 무엇인지를 제시하고 그것을 실현해 나가고 계신다.

초대 교회가 상상을 초월하는 핍박 속에서 그 모든 고난을 희망으로 맞이할 수 있었던 이유와 자신의 죽음 속에서도 희망을 발견했던 것은 그리스도의 부활의 빛이 있었기 때문이다. 그리스도의 부활은 하나님의 약속 안에서 겪게 되는 우리의 고난과 죽음이 결코 헛된 것이 아니며, 더 새로운 생명의 의미가 있다는 것을 밝혀주고 증명해 주었기 때문이다. 그리스도는 계약의 실체이시다. 그러므로 계약 정신은 곧 예수의 정신이며 그것은 언제나 저 약속의 땅을 바라보고 기대하는 희망의 정신이다. 성경이 지시하는 종말론도 계약의 빛 안에서 이해한다면 아름다운 희망론이 된다.

계약은 하나님의 은혜이다. 계약 이전의 불신앙의 상태에 있는 자는 하나님을 보고 죽었으나 계약 이후의 신앙의 상태에 있는 자는 (죽기는커녕) 하나님 앞에서 먹고 마셨다는 것은,(출24:11) "성례전적 기쁨의 전주곡"을 조성하고 있음을 의미한다.

피의 계약 사건을 통하여,(출12장 마26:27) 하나님과 우리 사이의 죄로 인한 벽이 벗겨지게 되었다. 따라서 진정한 계약 체결의 정신은, (1) 계약 위반 때 받을 저주를 통한 위협과 (2) 속량적 피로서 상대방을 용서하는 은혜와 그리고 (3) 공포의 위엄이라는 장벽이 제거된 공동 식사의 화해의 잔치를 통하여 성취되고 완성되는 것이다. 계약에 '의무'가 따르지 않는다면 그 계약은 허구적인 것이 될 것이다. 또한 당사자의 허물에 대한 용서가 없다면 그 계약은 성립도 될 수 없지만 된다고 하더라도 지속되기가 어려울 것이다. 따라서 계약은 우리의 복종과 결부되어 있고, 복종은 자기 실존의 변혁과 결부되어 있다. 중요한 것은 내 삶의 변화를 맛볼 수 있는 비결은 나의 영적인 변화인데, 우리가 영적으로 자신을 개혁하고 변화 할 수 있으려면 예수의 영성과 연합하는 자가 되어야 하고, 영성과 연합할 수 있으려면 나의 못된 성품을 버리고 예수의 거룩한 성품을 배우고 본받을 수 있어야 한다. 그래서 성경은 이렇게 교훈해주고 있다.

보배롭고 지극히 큰 약속을 우리에게 주사 이 약속으로 말미암아 너희로 정욕을 인하여 세상에서 썩어질 것을 피하여 신(神)의 성품에 참여하는 자가 되게 하려 하셨으니…(벧후1:4)

여기서 성경은 우리가 약속을 통하여 예수의 성품에 연합하고 그러한 성품의 소유자가 되라고 교훈하고 있다. 분명한 것은 하나님의 약속의 말씀은 우리가 예수의 성품에 연합할 수 있는 확실한 통로라는 사실이다. 하나님이 우리에게 주시는 모든 약속의 말씀들은 우리가 하나님의 神的인 성품을 배우고 알며 동참할 수 있는 가장 명확한 통로가 된다. 왜냐하면 그 약속의 말씀 안에 하나님의 성품이 적나라하게 잘 나타나고 있기 때문이다.

그리고 만일 우리가 하나님이 정하신 약속의 성취와 그 거룩한 성품의 영광에 참여 하려면 우리는 일어나서 그 약속이 지시하는 곳으로 가지 아니하면 안 된다. 또한 계약의 완성은 계약 당사자에 대한 두려움이 없을 때 이루어질 수 있을 것이다. 두려움을 제거하는 길은 "만남"이다. 이스라엘이 하나님을 뵙는 일, 그것이 비록 죽음을 동반하는 위험이 따른다 하더라도,(출13:20) 그 일이 수반되어야 이스라엘이 하나님과 계약을 체결하고 비로소 약속과 약속 성취의 백성이 될 수 있는 것이다.

8

모든 것은 움직이고 있다

예수와 이스라엘 정신에 있어서 모든 것은 '있음'에서 출발한다. 하나님은 '있음'그 자체, 또는 모든 것을 있게 하시는 근원이시며 그 자체이시다.

"나는 스스로 있는 자니라"(출3:14)

불교철학은 모든 것을 '없음' 즉 무(無)에서 출발하고 그것을 아름답게 보고 또한 인생의 마지막은 죽음의 세계 즉 '없음의 세계' 무(無)로 돌아간다.

하지만 헤브라이즘과 기독교 정신은 '있음'에서 출발하고 그 모든 '있음'과 존재를 아주 좋게 아름답게 바라보며 인생의 끝인 죽음은 아무것도 없는 무로 돌아가는 것이 아니라, 나를 있게 해 주신 내 존재의 고향, 창조주 하나님께로 돌아가는 것이며, 하나님께로 돌아간다는 것은 결국 원래 내가 있었던 그 본래의 자리 내 생명의 근원지로 돌아간다는 것을 의미한다. (창1장, 롬11:36)

이스라엘의 신앙정신에 있어서 '있음' 즉 모든 존재하는 것들에 대한 근원과 기준, 그리고 있다면 어떤 모양과 자세로 있어야 하는지 존재의 방식과 모양까지도 모두 하나님에 대한 신앙정신에 의해서 결정된다.

즉 내 생명의 근원뿐만 아니라 내가 이 세상에 살아있다는 존재의 가치와 의미, 삶과 죽음의 문제, 행복과 불행 등 내가 살아있다는 것은 하나님의 살아계심이 근거이고 기준이다. 뿌리 없는 나무가 없듯이 하나님이 없는 이스라엘은 존재하지 않는다.

다음의 내용들은 이스라엘과 하나님의 실존적 관계가 떼려야 뗄 수 없는 불가분의 관계임을 소상하게 나타내 주는 말씀이다.

"내가 주의 신을 떠나 어디로 가며 주의 앞에서 어디로 피하리이까 내가 하늘에 올라갈지라도 거기 계시며 음부에 내 자리를 펼지라도 거기에 계십니다. 내가 새벽 날개를 치며 바다 끝에 가서 거할지라도 곧 거기서도 주의 손이 나를 인도하시며 주의 오른손이 나를 붙들어주십니다.(시139:7-10)

또한 삶의 현장에서 우리 자신들의 희노애락도 하나님과의 동행에 대한 믿음에 의해서 결정된다.

야곱의 삶의 현장에 깊이 파고들어가 있는 속고 속이는 인간적 속임수로 인한 서로간의 불신 갈등 대립의 어두운 면들도 하나님에 대한 동행의 믿음 안에서는 모두 봄 눈 녹듯이 녹아지고 만다.

"내가 너와 함께 있으리라… 하나님은 나와 함께 계셨느니라."(창31:3-5)

1) 활력 넘치는 믿음의 삶

이스라엘과 초대교회가 공유하고 있는 하나님을 믿는 믿음 안에서의 삶, 즉 신앙정신으로 살아가는 삶의 가장 큰 특징은 활력 넘치는 왕성한 삶이다.

"그는 우리 각 사람에게서 멀리 떠나계시지 아니 하도다 우리가 그를 힘입어 살며 기동하며 있느니라"(행17:27-28)

여기서 '살며, 산다'는 말 자오($\zeta\acute{\alpha}\omega$)는 "생기와 활기가 넘쳐나다, 희망차게 살아가다"라는 뜻이며 '기동하다'라는 말 키네오($\kappa\acute{\iota}\nu\epsilon\omega$)는 "활동하고 움직일 수 있는 힘과 능력, 삶의 기능을 실행하다"라는 뜻이다.

이스라엘과 초대교회의 신앙정신은 모든 '있음' 그리고 내가 살아있다는 것은 살아계신 하나님의 힘을 통하여 살아가는 것을 의미한다.

그리고 그 모든 존재(있음)들은 왕성하게 활동하고 움직이는 것들이다. 성서적 개념과 기독교 정신에 있어서 세상의 모든 만물들은 활발하게 움직이는 동(動)적인 것들이다. 그것이 소유적 개념의 있음이든, 어떤 위치에 있는 있음이든, 존재하는 것은 무엇을 막론하고 활동하고 움직인다. 활동하고 움직이지 않는 것은 죽은 것이다. 불교철학에서 죽음은 '없음, 없어짐'을 뜻하지만 예수와 이스라엘 정신에 이어서 죽음은 없음과 무(無)의 세계로 돌아가는 것이 아니라 새로운 부활의 생명을 향한 과정이며, 새 생명으로 옷 입고 영원한 하나님의 나라에 들어감을 의미한다. 성서적 의미에서 죽음은 하나님 나라에 들어감을 의미한다는 것은 곧 새로운 또는 새롭게 살아갈 미래적이고 영원한 삶을 의미하고, 새롭게 살아간다는 것은 곧 새로운 또는 새롭게 된 내가 '있음'을 의미하는 것이다. 그래서 이스라엘 정신에 있어서 생명과 '있음'은 활동하고 움직이는 것이기 때문에 활동하지 않고 움직이지 않는 것은 그것이 곧 '없음' 무(無)가 되는 것이다.

이스라엘은 역사와 시간도 앞을 향해 전진해 가는 움직임, 즉 동(動)적인 것으로 생각하며, 더 나아가 이 세상의 모든 삼라만상과 우주 전체를 이스라엘은 '움직임' 즉 동(動)적인 상태로 본다. 그들이 사용하는 히브리어 동사에는 시간적 개념을 나타내는 시상(時想-tense)이 없다. 역사와 시간은 철저히 동(動)적인 개념이기 때문이다. 그들에게 있어서 세계와 그 역사는 왕성한 활동과 끊임없는 움직임 그 자체이다. 역사가 끊임없는 움직임이라는 말은 곧 하나님은 끊임없이 우리 인간의 역사를 주관하시고 행동으로 간섭하신다는 것을 의미한다.

하여간 이스라엘 정신과 그들의 사고방식에 있어서 어떤 물건이 어떤 장소에 있다는 것은 일반적으로 우리가 알고 있는 그런 개념의 '있음'이 아니다. 그들에게 있어서 세상의 모든 존재들 즉 **'있음'**은 활동과 행동을 하는 **'살아있음'**을 의미한다. 그것이 가령 전혀 생명이 없는 돌과 바위라 하더라도 이스라엘은 그것을 살아 움직이는 것으로 파악을 한다. 그 이유는 세상의 모든 것들은 그 모양과 질이 고정되어 있는 것이 아니고 계속해서 움직이고 변하는 것이기 때문이다. 예를 들면 돌과 바위, 산의 나무들도 세월의 흐름에 따라서 크기도 모양도 계속 변한다는 것이다. 다음의 기록에서 이 사실들이 잘 드러난다.

"무너지는 산은 정녕 흩어지고, 바위는 그 자리에서 옮겨가고, 물은 돌을 닳게 하고, 넘치는 물은 땅의 티끌을 씻어버리나이다"(욥 14:18~19절)

다음의 기록은 더 활발하게 움직이는 자연의 모습을 말하고 있다.

"산들은 수양같이, 언덕들은 어린양같이 뛰놀고 있으며… 산들은 그 앞에서 진동하며, 언덕들은 녹아 없어지도다"(시 114:4; 나 1:5절)

문장의 모양새로 본다면 활유법적인 묘사지만 그 핵심 내용은 돌과 바위, 산들도 지극히 가변적이며 활발하게 움직이는 동(動)적인 존재라는 것이다.

좌우지간 이스라엘은 모든 것을 '있음'으로 보고 '있음'은 움직이는 것으로 본다. 이유는 활동하고 작용하지 않는 것은 죽은 것, 무가치한 것, 무의미한 것이기 때문이다.

2) 멈추어진 움직임

히브리적 사고에서는 '정지'상태 '멈춤'이라는 말들도 움직임을 나타내는 동사로 표현된다. '앉아있다' '서 있다' '누워있다' '잠을 자다'등의 상태를 우리는 정지 또는 멈춤이라고 생각하지만, 이스라엘은 이러한 정적인 상태들은 모두 멈춤이나 정지 상태로 바뀌거나 변한 동작으로 본다. 우리는 잠을 잔다 하면 그것을 움직임이나 활동의 정지 또는 멈춤의 상태로 보지만 이스라엘은 잠에서 깨어 일어날 전 단계적인 새로운 활동으로 생각한다. 모세의 누나는 갓난아기 모세를 갈대상자에 담아 강물에 띄우고 멀리서 서 있다.

"그 누이가 어떻게 되는 것을 알려고 멀리 섰더니…"(출2:4) 여기 '서 있음'은 그 누이의 정지 상태를 나타내지 않고 강에 떠내려가는 상자와 주변상황을 지켜보고 동태 파악을 위한 활동의 연속동작이다.

애굽을 탈출한 후 앞은 홍해바다 뒤는 애굽의 중무장한 군인들 사이에서 진퇴양난의 위기에 처한 백성들에게 모세는 이렇게 말한다.

"두려워 말고 가만히 서서 여호와께서 오늘날 너희를 위하여 행하시는 구원을 보라… 여호와께서 너희를 위하여 싸우시리니 너희는 가만히 있을지니라"(출14:13-14)

여기서 "가만히 서 있으라"는 말 야차브(יצב)는 역시 '동작정지, 멈춤'을 의미하지 않고, "곁에 서다, ~에 대하여 서다"라는 뜻으로 이는 곧 영적으로 "야훼 하나님 곁에 서 있다"라는 뜻을 함축하고 있다. "잠잠하다, 고요하다, 침묵하다"라는 말도 마찬가지이다.

"하나님이여 침묵치 마소서 하나님이여 잠잠치 말고 고요치 마소서"(시83:1)

여기서도 고요함 쇠카트는, "쉬다, 휴식하다, 평온을 가지다"라는 뜻이며, 침묵은 말의 멈춤이 아니라 소리 없는 정신적 의지와 내적 행동의 한 표현이다.

그런데 이스라엘 정신에 있어서 '존재와, 있음'을 나타내는 말 가운데 가장 왕성한 활력과 활동성을 담고 있는 것은 '하야'라는 말이다. 이 용어를 충분히 이해 할 수 있을 때 비로소 우리는 성경이 말씀하는 '존재'와 '있음'이 무엇인지, 예수께서 말씀하시는, "나는 부활이요 생명이니…"(요11:25)라는 말씀의 그리스도적인 생명이 무엇을 의미하는지를 이해할 수 있게 될 것이다.

구약성서에 기록된 "하야"(הָיָה)라는 말은, "있음, 있어지게 하다, 되어지게 하다, …이 만들어지다, …이 일어나다, 발생하다"라는 다양한 뜻을 가지고 있다. 핵심적인 내용은 모든 것의 생성과 소멸의 주된 용어로 작용한다는 것이다. 그런데 중요한 것은 그냥 작용하는 것이 아니라 아주 힘차게 생동력이 넘치게 용광로의 불덩어리처럼 펄펄 살아 움직인다는 의미를 가지고 있다.

"하나님이 가라사대 빛이 있으라 하시매 빛이 있었고, 야훼의 말씀이 아브람에게 임하였다, 예레미야에게 임하였다, 에스겔에게 임하였다,"(창 1:3,15:1;렘1:2;겔1:3)

위의 말씀에서, "있었다, 임하다"라는 말은 곧 '하야'라는 말이다. 위의 말씀들을 히브리어 하야 동사와 결부시켜 설명한다면 창조역사에서 빛이 아주 힘차게 생겨나고 있다는 것과, 사명을 가진 예레미야와 에스겔에게 하나님의 말씀이 아주 용광로의 불처럼 강하게 일어나고 있다는 것을 의미한다.

이스라엘 정신에 있어서 있다는 것은 '살아있음'이고 살아있기 때문에 있는 것은 무엇을 막론하고 그것은 반드시 어떤 작용을 일으킨다는 것이다. 이러한 작용을 이사야는 자연과 인간적 삶의 조화를 현실적으로 아주 생동감 넘치게 이렇게 표현하고 있다.

"비와 눈이 하늘에서 내려서는 다시 그리로 가지 않고 토지를 적시어 싹이 나게 하며 열매가 맺게 하여 파종하는 자에게 종자를 주며 먹는 자에게 양식을 줌과 같이 내 입에서 나가는 말도 헛되이 내게로 돌아오지 않고 나의 뜻을 이루며…"(사55:10-11)

여기서도 "돌아오지 않고"에 해당하는 말 '하야'는 하나님의 말씀은 파종한 씨앗들이 싹이 나고 가지가 뻗고 열매가 맺히는 것처럼 놀라운 작용을 일으킨다는 것이다. 이 말씀이 아름다움에 적용이 될 때는 다음과 같이 나타난다.

"레아의 눈은 흐렸으나, 라헬은 몸매와 외모가 아름답고 고왔다"(창29:17)

"아름답고 곱다"는 말 속에서 하야는 라헬의 미모와 아름다움을 만들어낼 뿐만 아니라 더욱 돋보이게 빛이 나게 하는데 작용하는 힘과 능력을 의미한다.

또한 요나가 3일 동안 물고기 배 속에 있었다는 말 역시 하야라는 말인데 따라서 물고기 배 속에 '있었다'는 우리가 생각하는 '있음'이 아닌 전혀 새로운 의미가 담겨져 있는 '있음'이다.

"요나가 3일 동안 물고기 배에 있으니라"(욘1:17)

여기서도 '있으니라'는 말이 하야 동사이기 때문에 이것은 물고기 배 속에서도 요나가 캄캄한 가운데 힘이 다 빠지고 절망하고 죽어가는 것이 아니라, 오히려 생생하게 펄펄 살아있다는 것을 의미하며, 동시에 그 펄펄 살아있음은 앞으로 진행될 요나의 간절한 기도, 그 기도의 응답으로 물고기가 요나를 토하여 요나가 다시 육지로 나오게 되는 것, 그래서 심기일전하여 새로운 각오로 하나님의 말씀이 지시하는 방향을 향하여 나아가는 것들을 포함한 새로운 일들을 일으키기 위한 작용, 동작, 활동의 의미가 포함되어 있다.

3) 생동력의 주가 되시는 예수

예수와 이스라엘 정신이 모든 존재하는 것들에 대하여 이처럼 생동력이 넘치게 펄펄 살아 움직이는 것으로 바라보는 이유는 바로 야훼 하나님 때문이다.

예수와 이스라엘 정신에 있어서 야훼는 그냥 보통의 하나님이 아니다. 그 분은 앞에서도 말한바 바로 '있음' 그 자체이시며, 그냥 있는 것이 아니라 "살아계신 하나님"이시다.

"풀은 마르고 꽃은 시드나 우리 하나님의 말씀은 영영히 서리라 하라"(사40:8)

여기서도 "서다"라는 말 쿰(קום)이 의미하는 것은, '나오게 하거나 있게 하다, 일으켜 세우다, 일어나다, 번창하다'라는 뜻이다. 따라서 이 말씀은 하나님의 말씀이 지속적으로 활동하고 작용하고 역사한다는 의미가 담겨져 있다. 이러한 예수와 이스라엘 정신이 가지고 있는, '살아계신 하나님'에 대하여 가장 완벽하게 표현하고 있는 곳은 바로 히브리서에 나타나는 말씀이다.

"하나님의 말씀은 살았고 운동력이 있어 좌우에 날선 어떤 칼보다도 예리하여 혼과 영과 및 관절과 골수를 찔러 쪼개기까지 하며…"(히4:12)

여기서 우리가 주목해야 할 것은 "살았고"라는 것과 "운동력"이라는 말이다. "살았고"라는 말 자오(ζάω)는, '살아계신 하나님'을 나타내는 아주 독특한 뜻으로 "생기와 활기로 넘쳐나다, 끊임없이 흐르는 생수, 희망의 젖줄"이라는 뜻으로 이는 곧 구약의 이스라엘 정신이 말하고 있는 '생기'라는 말 '루아흐'와 같은 의미를 지니고 있다. 그런가 하면 "운동력"이라는 말 에넬게스(ἐνεργής)는, "갖추다, 동반하다"를 뜻하는 (ἐν)과, "어떤 일을 이루기 위한 행위나 작용의 실체"라는 뜻을 가진 에르곤(ἔργον)의 합성어로써 결국 이 말이 의미하는 것은, "어떤 일을 이루기 위한 가장 활력이 넘치는 힘과 능력"이라는 것이다. 좌우지간 하나님은 살아계신 분, 활동하는 것, 행동하는 것의 실체이시며 동시에 그 모든 살아있는 것들의 총체이시며 근원이시다.

실천하는 믿음, 행동하는 신앙적 삶을 성경이 반복하여 강조하는 이유가 바로 여기에 있다.

한편 용광로의 불처럼 아주 펄펄 살아있음의 근원으로서의 삶을 우리는 예수 그리스도의 '생명'을 통하여 아주 구체적으로 보고 듣고 느끼고 체험할 수 있다.

예수는 우리에게, **"내가 곧 길이요 진리요 생명이니"**(요14:6;11:25;6:35)라고 가르쳐 주고 있다. 예수께서 말씀하시는 '생명'이야말로 아주 생기 넘치게 펄펄 살아있는 생명 그 자체이며, 그 생명이 어떤 것인지 역사적 삶의 현장에서 구체적으로 우리에게 보여주고 계신다.

그 내용을 요약하여 본다면 그것은 죄와 죽음과 질병과 모든 흑암의 세력들을 물리치고 정복하는 것이 예수의 생명이다. 십자가 위에서 겪게 되는 극한의 고난도 예수의 생명은 여유 있게 극복하고 정복한다. 가장 잔인하고 고통스러움 속에서 나타나는 비참한 죽음도 예수의 생명 앞에서는 힘을 서지 못하며, 그 어떤 불치의 병과 거기서 발생하는 온갖 종류의 아픔과 눈물도 예수의 생명 앞에서는 다 치료되고 고쳐지고 새롭게 된다.

한 마디로 예수의 생명은 온갖 종류의 죄와 죽음의 세력들을 정복하는 생명이시다. 이러한 예수의 생명을 통하여 우리는 그리스도적인 삶과 인생살이가 무엇인지를 배울 수 있어야 한다. 그리스도적인 삶이란 기가 죽어 시들어빠진 삶이 아니라, 그 어떤 경우에라도 용광로의 불처럼 생기 넘치게 펄펄 살아야 한다는 것이다.

그러면 예수와 이스라엘 정신은 '있음'(존재)과 '살아있음'을 통하여 무엇을 알고 배우고 얻고자 하는 것일까? 그것은 다음 세 가지이다.

4) 살아있음을 통한 교훈

① 이스라엘 정신은 '있음' 그 자체보다도 어떤 모양 어떤 상태로 있느냐, 라고 하는 '있음'의 모양과 상태를 파악하는 것이다. 예를 들어 "나는 산 꼭대기 바위에 앉아있다"라고 했을 때 예수와 이스라엘 신앙 정신이 알고자 하는 것은 산꼭대기도 아니고 바위도 아니며 앉아있는 사람 자체는 더욱 아니다. 이스라엘 정신은 앉아있는 사람이 어떤 모양과 자세로 앉아있으며, 앉아있는 자의 몸과 마음은 어떤 상태인가 하는

것이다.

이러한 사실은 태초의 사람 아담과 하와를 통하여 잘 드러나고 있다. 태초의 사람 아담과 하와는 금단의 열매를 먹은 후 동산의 나무 사이에 숨었다. 그러자 하나님은, **"아담아 네가 어디 있느냐?"**라고 하시면서 그들을 찾으신다. 그러자 곧바로 아담은, **"내가 벗었으므로 두려워하여 숨었나이다"**라고 대답을 한다. 상식적으로 숨은 자는 대답을 하지 않는 법인데, 아담이 즉각 대답을 했다는 것은 인간의 범죄는 그 어떤 경우에라도 숨길 수 없다는 것을 가르쳐 주기도 하지만, 동시에 그 대답은 아담과 하와가 어디에 있느냐가 중요한 것이 아니라 그들이 어떤 모양과 상태로 있는가 하는 것을 적나라하게 보여주고 있다는 사실이다.

예수는 이렇게 말씀하고 계신다.

"나 있는 곳에 나를 섬기는 자도 거기 있으리니"(요12:26)

여기서도 핵심은 있는 장소, 또는 함께 있음이 아니라, 어떤 모양과 자세, 어떤 상태로 있느냐 하는 것이다. 있는 모양새와 자세가 되어있지 않은 상태에서의 '거기 있음'과 '함께 있음'은 의미가 없기 때문이다.

유, 불교나 이교적 사고는 '어디'라고 장소를 중시하지만 예수와 이스라엘 정신은 거기 그곳에 있는 자의 자세와 모양, 상태와 방식, 그 중에서도 영적인 상태를 중시한다. 이것은 우리가 어디에 사느냐? 어디에 있느냐? 가 중요한 것이 아니라 어떻게 있느냐? 어떻게 사느냐? 가 더 중요하다는 것을 가르쳐 주고 있다. 우리는 어느 학교를 다녔으며 어느 학교를 나왔느냐를 중시하지만 예수와 이스라엘 정신은 어디 어느 곳이라고 하는 장소가 아니라 어떻게 공부를 했느냐? 어떻게 되었느냐? 라고 하는 상태가 중요한 것이다. 한국교회 성도들의 신앙정신과, 우리 사회의 시민정신이 더 질적이고 수준 높은 삶을 누리기 위해서는 어느 학교가 아니라, 어떻게 공부를 했느냐, 어떤 실력을 가지고 있느냐? 라고 하는 사고방식에 변화가 있어야 할 것이다.

② 이스라엘은 존재하는 것들의 왕성한 활동과 움직임, 행동하시는 하나님을 통하여 행동과 실천적 삶의 정신을 배우고자 한다는 것이다.

이스라엘은 그 모든 것에서 언제나 실제적인 것, 이론적 지식이 아니라 실제적인 행동을 통한 경험적 지식을 중시한다. 왜냐하면 모든 것은 실제적인 행동을 통하여 입증되어야 하기 때문이다. 실천과 행동에 강한 면을 보이고 있는 이스라엘 정신의 원조는 바로 야훼 하나님이시다. 하나님은 그 자체가 펄펄 살아 계시는 하나님, 행동하시는 하나님이시며, 그 하나님께서 창조하시고 주관하시는 우주의 삼라만상 역시 생동력이 넘치는 세상이기 때문이다. 따라서 우리가 진정한 그리스도인이 되려면 우리 자신들의 믿음을 언제나 실제적인 삶과 행동을 통하여 나타낼 수 있어야 한다.

③ 이스라엘은 살아 움직이는 것들을 통하여 그 움직이는 것들의 성질과 기능과 역할, 그리고 상호관계성을 알아내고자 한다.

태양은 낮의 주관자이고 달과 별들은 밤의 주관자이다.(창1:16) 우리가 눈여겨보아야 할 것은 이스라엘 정신은 태양과 달과 별들에 대하여 각각 낮과 밤을 주관하는 것으로 파악하고 있다는 것이다. 여기서 '주관자'라는 말 멤솨라(מֶמְשָׁלָה)는, "통치자 지배자 다스리는 자"라는 뜻으로 이는 정치적 용어이며, 이처럼 해 달 별들에 대하여 정치적 용어로 말하고 있음은 언제나 실제적 파악과 이해를 하는데 익숙해져 있는 이스라엘 정신은, 우리가 사는 인간 세상은 낮에는 태양의 압도적인 지배를. 밤에는 달과 별들의 압도적인 지배를 받고 있다는 것을 말해주고 있다. 예를 들면 아침의 태양이 떠오를 때 그 빛과 열기에 의해서 흑암에 가려져 있던 것들은 제 모습을 드러내지 않을 수 없으며, 바다와 차가운 호수의 물들은 그 열기에 의해 저절로 수증기를 만들어내야만 한다. 시편 104편의 말씀은 좀 더 생동감 넘치는 자연의 일상으로 우리를 인도한다.

"밤이 되면 삼림(森林)에서 잠자던 모든 짐승들은 기어나와 제각기 먹이활동을 하다가, 해가 뜨면 돌아가서 각각 자기 굴에서 휴식을 취한다 의역"(시 104:20-22)

여기서 성서와 이스라엘 정신이 말하고자 하는 것은 사람을 비롯한 모든 생명들의 움직임과 활동 시스템(system)은 하늘의 해와 달과 별들의 지배하에 놓여져 있으며, 이것은 궁극적으로 그 해와 달과 별들을 지으신 하나님의 통치와 다스림과 섭리에 의해서 모든 생명들의 활동이 정해진다는 것이다. 또 여기서 쉽게 알아볼 수 있는 것은 낮(태양)은 언제나 일하는 것과 관계가 있고, 밤(달과 별)은 언제나 휴식과 관계가 지어져 있다. 식물과 채소들의 성장과 발육에 있어서도 이것은 똑같이 적용이 된다. 이것을 다시 영적인 쪽으로 방향을 돌려서 살펴본다면 그 유명한 솔로몬의 재판현장을 가보면 잘 알 수 있다.

　　한 아이를 놓고 두 여자가 서로 자기가 그 아이를 낳은 엄마라고 말한다. 요즘 같으면 DNA검사를 통해 간단하게 해결할 수 있겠지만 그런 기술이 없었던 당시 솔로몬은 두 여자의 말을 듣고, "칼을 가져 오너라 그리고 이 칼로 저 아이를 베어 반씩 나누어 주라"고 호령을 한다. 솔로몬의 이 황당하고 무서운 판결을 들은 아이의 진짜 엄마의 심정은 가슴이 찢어지는 듯하다. 이에 대하여 당시 성서기자는 이렇게 기록하고 있다.

　　"산 아이의 엄마가 되는 계집이 그 아들을 위하여 마음이 불붙는 것 같아서 왕께 아뢰기를 원하오니 내 주여 산 아들을 저 여자에게 주시고 아무쪼록 죽이지 마옵소서…"(왕상3:26)

　　여기서 솔로몬은 두 여자의 얼굴 표정을 통하여 그들의 내면적인 것, 즉 두 여자의 감정의 흐름을 정확하게 파악하고 있다는 것이다. 솔로몬의 입에서 터져 나오는, "칼을 가져 오너라, 저 아이를 반으로 잘라서 반씩 나누어주어라" 이 말을 통하여 솔로몬이 처음부터 노리는 것은 두 여자의 얼굴 표정과 태도이며, 그들의 내면에 있는 감출 수 없는 양심과 감정의 흐름이라는 것이다. 칼이라는 말과 아이를 둘로 자르고 베라는 말은 각각, 산 아이 엄마의 불붙는 마음과 직결되어 있다.

　　중요한 것은 진짜 엄마의 불타는 심정, 창자가 끊어지는 듯한 마음의 아픔을 나타내고 있는 '마음'이라는 말은 운명의 기로에 서 있는 아이를 몸속에 잉태하고 또한 그 아이를 출산할 때 겪은 고통의 상징인 여자의 '자궁'을 뜻하는 라함(רֶחֶם)이라는 말이 사용되고 있다는 점이다. 어쨌든 모든 움직임들은 그것이 영적인 것이든 물체든 활동하는 것 속에 그 성질 기능 그리고 그 움직임이 무엇을 향하고 있는지 목적하는 방향을 나타내고 있다는 것이다.

한편 예수와 이스라엘 정신에 있어서, '존재와 있음'에 대하여 가장 깊은 의미를 우리는 다음의 말씀에서 발견할 수 있다.

"무릇 있는 자는 받아 넉넉하게 되되 무릇 없는 자는 그 있는 것도 빼앗기리라."(마13:12; 눅8:16)

마태복음에 있어서 '있음'의 핵심은 "하나님의 말씀의 소유자"를 가리키고 있는데, 여기서 '있음'에 해당하는 말 에코(ἔχω)는 무엇을 가진다, 라고 하는 소유적 개념의 '있음'을 의미하지만 넓게는 계획 있음, 지식과 지혜가 있음, 뜻이 있음, 능력 있음' 생각 있음, 느낌 있음과 같은 영적인 것들과, 돈이 있음, 부동산이 있음, 소득이 있음 등 물질적인 것을 망라하는 모든 개념의 '있음'을 나타낸다. 그런데 예수께서 하시는 이 말씀의 요지는 '있음' 그 자체가 아니라 무엇을 가졌느냐 라고 하는 '있음'의 내용과 그것을 어떻게 또는 어떤 상태로 소유하고 있느냐, 라고 하는 '있음'의 방식이다. 여기서 있음의 핵심은 <u>어떤 정신 상태를 가지고 있느냐? 나는 어떤 정신의 소유자인가?</u> 하는 것이다. 그에 따라서 모든 것이 결정된다. 인간이 가지고 있는 '있음' 가운데 가장 값지고 위대한 것은 바로 '영성이 있음' '정신이 있음' '생각이 있음' '마음이 있음'이다. 고로 예수정신에 있어서 '있음'은 곧 영성과 정신이며, 그리고 그것을 어떻게 가지고 있느냐에 따라서 번성과 소멸, 유익함과 손실, 행복과 불행, 삶과 죽음이 결정된다는 것이다. 감사와 나눔의 정신은 작은 것이라도 계속 증가시키지만 탐욕과 착취 억압의 정신은 있는 것조차도 소멸시킨다.

이하에 '있음'의 방식 몇 가지를 살펴본다.

첫째, 내가 무엇을 가지고 있느냐 라고 하는 있음의 내용에 있어서 가장 중요한 것은 '있음'이란 내가 무엇을 가지고 있더라도 그것을 반드시 양이 아닌 질적으로 소유할 수 있어야 한다는 것이다. 질적으로 소유한다는 것은 내가 소유하고 있는 모든 것들에 대하여 영적으로 정신적으로 대해야 한다는 것을 의미한다. 예를 들어 내가 돈을 가지고 있다면 그 돈을 단순히 액수의 많고 적음보다도 그 돈을 내가 얼마나 의미 있게 가치 있게 보람되게 사용할 것인지를 생각하고, 동시에 그 돈에 대해서 진심으로 감사하는 마음을 가지는 것이다.

위에서 예수께서 하시는 말씀 가운데, '없는 자'라고 하는 말 '없음' 우(ού)라는 용어는 "아니다, 그렇지 않다(not)"라는 뜻을 나타내는 영적이고 정신적인 용어이다.

두 번째, 있음의 내용이다. 있음의 내용이 지식과 지혜일 때와 일자무식일 때, 기쁨과 즐거움일 때와 우울함과 불안할 때, 감사의 마음을 가질 때와 불평불만의 마음을 가질 때는 그 결과가 판이하게 다르다는 것이다. 똑같은 일을 해도 "내가 운동을 하고 있다, 즐겁다"라는 마음으로 하는 것과, "아이 지겨워, 하기 싫어"하는 마음으로 할 때 우리 인체의 화학반응이 다르게 나타나 전자는 엔돌핀이 솟아나고 후자는 독성물질이 분비되듯이 어떤 정신 어떤 마음가짐이냐에 따라 결과는 판이하게 다르다는 것이다. 예를 들면 우리가 영적으로 염려 불안 분노 탐욕 게으름 등을 소유하게 될 때, 우리가 현재 가지고 있는 건강, 창의성, 삶의 능력, 물질적 소득의 수입 등 모든 것이 현저히 줄어들게 된다는 것이다. 반면 우리가 지식과 지혜, 전문적 기술, 성실성과 부지런함, 기쁨과 감사, 겸손과 온유함 등을 가지고 있다면 건강, 삶의 행복, 소득과 수입, 사회적 관계망(network)등은 점점 더 넓어지고 커지고 많아진다는 것이다.

셋째, 있음의 방식이 중요하다.

내가 무엇을 가지고 있느냐 라고 있음의 내용이 알차고 더 커지고 빛이 나고 좋아질 수 있으려면, 내가 그것을 가지고 있는 방식이 또한 좋아야 한다. 나 자신을 비롯하여 내가 가지고 있는 것들을 지혜롭게, 창의적으로, 겸손한 자세로, 감사와 감격의 마음으로 가지고 있을 때와 교만한 마음, 어리석고 둔하게, 불평과 원망하는 마음으로 가지고 있을 때, 그 차이는 엄청나게 다른 것이다. 특히 여기서 우리가 깊이 생각해야 할 것은 내가 좋은 것, 귀한 것, 아름다운 것을 가지고 있다고 하더라도 그것들에 대한 소유방식이 좋지 못하거나 미련하거나 악하다면 그 좋고 귀한 것들은 모두 나쁘고 천한 것들이 되어버리고 만다는 사실이다. 내 안방에 아름답고 화려한 장미꽃이 피어 있어도 그 장미꽃을 볼 때마다 가시로 찌르고 욕설을 퍼 붓는다면, 장미는 나에게 있어서 아름다움의 의미가 없을 뿐만 아니라 오히려 무거운 짐이 될 뿐이다. 삶의 방식이 다르면 그 결과가 다르듯이, 내가 무엇을 가졌든 그것에 대한 소유방식이 다르면 그 결과도 다른 것이다. 예를 들면 우리들의 마음속에는 누구나 모두 기쁨과 감사의 마음을 가지고 있다. 그러나 그 방식은 모두가 다르다. 어떤 사람은 냉수 한 잔을 마시면서도 기뻐 어쩔 줄 몰라 하면서 감사하는 사람이 있고, 어떤 사람은 수 천 만 원짜리 고급 승용차를 굴리고 다니면서도 불평과 우울함으로 가득 찬 사람이 있다. 기쁨과 감사에 대한 소유방식은 이렇게 천차만별로 다를 수 있다. 우리는 내가 무엇을 가졌든 소유방식에 신경을 써야 한다. 내가 어디에 사느냐 보다도 어떻게 살 것인가 하는 것에 관심을 가져야 한다.

넷째, 앞에서 소유는 양이 아닌 질적인 것이라고 말한 대로 질이 중요한 이유는 활용가치 때문이다. 내가 가지고 있는 그 있음은 내가 그것을 어떻게 활용하느냐에 따라서 그 의미와 결과가 결정된다. 여기서 중요한 것은 무엇을 막론하고 활용되지 않는 것은 부패하고 썩어지게 된다는 사실이다. 특히 우리의 영적인 면은 더욱 그렇다. 우리가 영적인 능력들, 두뇌와 생각할 수 있는 이성적 기능을 사용하지 않으면 머리는 노화가 훨씬 더 빠르고 심해지며 치매에 걸릴 확률도 훨씬 더 높아진다. 예를 들어 활용가치란, 여기 5달러짜리 쇳덩이 하나가 있다고 하자. 그런데 이것을 가지고 말발굽을 만들면 50달러가 된다. 또 이것을 쪼개서 바늘을 만들면 5,000달러가 된다. 다시 이것을 녹여서 좋은 시계를 만들면 500,000달러가 된다. 쌀 한 되를 가지고 밥을 지었을 때와 떡을 만들어 팔았을 때, 그 수입이 다른 것처럼 활용가치는 우리가 최고의 결과를 만들기 위해서는 가장 효과적인 활용방법을 찾아낼 수 있어야 한다는 것이다.

끝으로 우리가 정말 이 세상의 모든 존재하는 것들, 모든 것들(있음), 하늘과 땅, 태양 달과 별들, 산과 바다, 나무 채소 각종 짐승들, 땅에 기어 다니는 벌레와 곤충들, 내가 입고 있는 옷 한 벌, 양말 한 짝,

먹는 빵 한 조각, 이웃과 타인, 남녀노소 등 일상 속에서 내가 접하는 모든 것들, 존재하는 모든 것들을 정말 귀하고 좋게 아름답게, 소중하게, 무게 있게, 질적으로 파악하고 이해할 수 있으려면 그 모든 것들이 창조주 하나님의 선물들이며 하나님의 작품들이라는 것을 마음 속 깊이 새길 수 있어야 한다.

떨어지는 낙엽 한 잎까지도 그리스도인들의 신앙정신은 그 낙엽이 하나님의 작품이며 하나님의 것으로 바라보고 이해할 줄 알아야 한다.

우리가 일상에서 부부싸움이나 타인들과의 말다툼을 하더라도, 상대방이 하나님의 형상을 지닌 거룩한 그의 피조물이며 궁극적으로 하나님의 것이라는 생각을 티끌만큼이라도 가진다면 우리 자신들의 영적인 환경과 삶의 현장에는 놀라운 변화가 일어날 것이다.

다윗은 자기를 죽이려고 하는 철천지원수인 사울을 제거할 수 있는 절호의 기회가 왔을 때, 그는 하나님의 사람이라고 하면서 사울의 목숨을 보존시켜 준다. 당시 상황을 성경은 이렇게 기록하고 있다.

"내가 손을 들어 야훼의 기름부음을 받은 자를 치는 것을 여호와께서 금하시나니…"(삼상26:11)

다윗의 머릿속에는 사울이 자신의 철천지원수라는 생각보다도 사울이 하나님의 사람이라는 생각으로 더 넘쳐나고 있다. 다윗은 생각의 무게를 그는 하나님의 사람이라는 쪽에 더 큰 비중을 두고 있다. 이러한 자세와 생각의 결과로 끔찍한 피의 복수전은 일어나지 않게 된다.

한국교회 성도들의 신앙정신과 사회의 시민정신은 삼라만상의 모든 것들은 내 것이 아닌 하나님의 것이라는 소유개념의 사고방식을 바꿔야 한다.

　욥이라는 사람은 하루아침에 자식들이 모두 죽고, 그 많던 재산은 잿더미가 되고, 자신은 병이 들어 밤낮 피고름을 흘리는 가련한 처지가 되고, 그 와중에 아내마저 가출을 해 버리는 참담한 지경 속에서 그는 이렇게 고백하고 있다.

"주신 자도 야훼시요 취하신 자도 야훼시오니 야훼의 이름이 찬송을 받으실지니이다"(욥1:21)

　욥이 극한의 고통 속에서 깨달은 위의 말씀은, 인간이 가지고 있는 소유가 무엇이든지를 막론하고 그것은 하나님의 것이라는 사실을 말해 주는 이스라엘 정신의 표상이라고 할 수 있다. 어떤 것이 나에게 주어지고 얻어지는 것과 잃어버리고 사라지고 상실되는 것들에 대하여 인간은 고심하거나 왈가왈부할 필요가 없다는 것이다. 그것은 인간인 우리 자신들도 그 소유주는 나 자신이 아니라 바로 창조주 하나님이시기 때문이다. 욥은 이 점에 있어서 철저하게 자신을 비운 사람이고, 깊은 경지의 믿음을 가진 사람이다. 욥의 이 고백 속에는 자기 자신마저도 그 소유권이 자신에게 있지 않고 하나님께 있다는 것을 확실하게 밝히고 있다. 그는 이 깊은 경지의 믿음을 통하여 하나님이 주시는 항구적인 평안을 누리게 된다.

　예수정신에 있어서도 모든 것은 하나님으로부터 주어진다는 사실은 확고하다. 주어지는 일, 앞으로 일어날 일과 사건들, 생과 사, 심지어 참새 한 마리, 머리카락 하나까지도 모두 하나님의 허락하심이 출발점

이 된다. (마10:29; 요17:10)

　모든 것은 창조주 하나님의 것이라는 생각으로 충만할 때 우리는 진정 모든 존재하는 것(있음)들, 내가 가지고 있는 것이 많든 적든, 크든 작든 무엇을 막론하고 그것에 대한 깊은 의미를 발견하게 되며, 무엇을 가진다고 하는 소유개념으로부터 더 많은 자유를 누릴 수 있고, 모든 인간관계에서 서로가 더 발전적이고 희망적인 삶을 누릴 수 있을 것이다.

　한 알의 콩, 작은 씨앗 하나에 대해서도 우리는 조금만 생각을 한다면 그것들은 인간의 힘이나 기술에 의해서 만들어진 것이 아님을 당장에 알 수 있다. 그렇다면 하물며 우리 자신들에게 주어지는 그 많은 것들이 어찌 나 자신의 힘이나 지식이나 기술에 의해서 주어지며, 사라지고 없어지는 것들 역시 마찬가지인 것이다. 모든 것(있음)들의 발생과 사라짐은 하나님의 손에 달려있다.

　따라서 내가 살아'있다는 것' 내가 여기에 '있다는 것' 생각 감정 느낌과 같은 정신적인 것이든, 집과 자동차, 돈과 소유 재산, 금 은 보석 등 물질적인 것이든 내가 어떤 것들을 소유하고 있는 그 모든 것들은 의미 있고 보람된 삶을 향하여 사용되어져야 한다는 것이 나를 비롯한 모든 '있음'과 '존재'들의 기본명제이며, 더 나아가 그리스도적인 의미에서 내가 살아있고 존재하는 이유는 하나님의 영광과 이 땅에 하나님의 복음을 증거하는 선교에 있는 것이다.

9

크고 많은 것은 질에 달려있다

대부분의 사람들은 '크다 많다'는 것을 생각할 때 더 큰 건물, 더 큰 집, 더 큰 자동차 등 크다 많다는 것을 양과 부피. 높이와 넓이 등 시각적이고 공간적인 개념으로 생각을 한다. 우리의 사고방식은 이러한 것에 깊이 길들여져 있는 실정이다.

유교적 정신, 또는 그리스인들도 우리처럼 '크다 많다'의 개념을 더 넓은 땅에 더 큰 건물이 지어져 있는 상태를 말하는 시각적 공간적 개념으로 생각을 한다. 이러한 사고방식은 지구상의 대부분의 나라들이 가지고 있는 생각들이며, 중국을 비롯한 우리나라의 경우에는 이러한 사고방식에 더 깊이 젖어있다고 할 수 있다.

그러나 예수와 이스라엘 정신은 이와는 전혀 다른 사고방식을 가지고 있다.

이스라엘 정신에 있어서 '크다 많다'의 개념은 시각적이고 공간적인 것이 아니라 질적인 것이다.

우리가 하나님은 높고 크신 분이시다, 라고 했을 때 높다와 크다는 것은 덩치가 무지무지하게 커서 코는 바위같이 커며, 눈은 대포알 같이 큰 그런 괴물 같은 분을 생각하는 자는 아무도 없을 것이다. 하나님의 높고 크심은 질적인 의미에서 높고 크시다는 것이다. "하나님은 영이시다"(요4:24)라는 말씀에서 영은 공간적 또는 물리적 크기와는 어울리지 않는 분이시다. 예를 들어 '더 크신 어머니'라고 했을 때 덩치가 크고 몸집이 거대한 어머니를 생각하는 사람은 아무도 없듯이 '크신 어머니'는 영적인 것과 질적인 것이다.

구약성서와 예수의 정신은 크다, 많다, 높다, 라고 하는 것들에 대해서 철저하게 질적으로 이해하고 파악한다. 이러한 질적인 이해의 내용은 다음과 같다.

1) 크다 많다 높다에 대한 질적인 이해

이스라엘은 역사적 경험을 통하여 질적인 것들이 언제나 양적인 것들보다 훨씬 더 소중하고 귀하며, 또한 믿음과 신앙에 근거하는 질적인 것이 양적인 것을 능가하고 이긴다는 것을 수없이 경험을 하였다. 세상 만사는 질적인 것에 의해서 그 명암(明暗)과 희비(喜悲)가 결정된다는 것을 역사 속에서 반복하여 경험한 것이다.

대부분의 사람들은 시각적 또는 공간적으로 크고 많은 것이 작고 약한 것을 이기고, 그보다 더 우월하다고 생각을 하지만 이스라엘은 역사 속에서 공간적으로 또는 수적으로 더 크고 많은 것이 수적으로 작은 것을 이길 수 있다는 것은 잘못된 생각임을 수없이 경험을 했고, 이것을 또한 입증하고 있다. 따라서 우리가 질적인 삶을 살 수 있으려면 우리는 생활 속에서 질적인 것이 양적인 것을 항상 능가하며 더 가치가 있고 또 이긴다는 사실을 경험을 통하여 배울 수 있어야 한다.

우리에게 잘 알려져 있는 기원전 1050 년경에 벌어졌던 다윗과 골리앗의 전투에서도 이 사실은 잘 나타나고 있다. 당시 골리앗은 최첨단 철갑무기로 완전무장을 하고 있는 반면, 다윗은 단지 물맷돌 하나만 가지고 전투에 임하고 있을 뿐이다. 당시 상황을 성서기자는 이렇게 기록하고 있다.

"그 신장은 여섯 규빗 한 뼘이요, 머리에는 놋 투구를 썼고, 몸에는 어린갑을 입었으며, 그 갑옷의 중수 놋 오천 세겔이며, 다리에는 못 경갑을 쳤고, 어깨 사이에는 놋 단창을 메었으니 그 창 자루는 베틀채 같고, 창 날은 철 육백 세겔이며…"(삼상 17:4~7절)

이 기록을 살펴보면 당시 골리앗의 덩치가 얼마나 컸느냐 하면 한 규빗이 45㎝ 정도이며, 한 뼘은 13㎝정도이니 키가 약 2m 83㎝나 되는 슈퍼거인이었다.

그 큰 체구에다 철갑으로 완전무장을 했으니 그야말로 누구도 당할 자가 없는 자였다. 여기에 비하면 다윗은 아직 나이 어린 소년에 지나지 않으며 비무장 상태로 그를 상대한다. 여기서 골리앗은 공간적으로 덩치가 큰 것, 수와 양적인 면에서 있어서 더 많은 것을 대표하며, 다윗은 그런 것과는 거리가 먼 것, 수와 양적인 면에서 더 작고 보잘 것 없는 것들에 대한 표상이다. 그런데 여기서 성서기자가 다윗의 입을 빌려 말하고 있는 내용 가운데, **"너는 칼과 창과 단창으로 나를 상대하지만 나는 만군의 야훼의 이름으로 너를 상대하겠다."**(삼상 17:45절) 라는 내용이다. 그리고 이 역사적인 사건의 기록자는 **"다윗의 손에는 칼이 없었**

다"는 것을 강조하고 있다.(삼상 17:50절) 그리고 다윗의 손에는 칼이 없는 이유, 더 나아가 칼이 없어야 하는 이유는 전쟁의 승리가 칼과 창 즉 우수한 무기의 힘에 달려있는 것이 아니기 때문이라고 구체적으로 설명을 한다.(삼상 17:47절) 이것이 곧 예수 정신이며 하나님을 믿고 의지하는 이스라엘의 사고방식이다. 결국 이 전투는 무기를 가진 자 즉 물리적인 힘을 가진 자와 믿음과 신앙을 가진 자의 싸움이라는 것을 말하고 있는 데, 좀 더 부가적으로 말하면 이 전투는 무기의 힘과 인간의 내면에 숨 쉬고 있는 영적인 힘과의 대결이라는 것이다. 그 결과 완전무장을 한 골리앗은 수와 양적인 면에서 보잘 것 없는 다윗에게 비참하게 패하고 만다. 질적인 것이 양적인 것을 이긴 것이다. 작은 자가 큰 자를 이긴 것이다. 이 역사적인 사건 속에도 "크다, 많다"라는 것에 대한 이스라엘적 사고방식이 잘 나타나고 있다.

뿐만 아니라 세계 역사가 만약에 물리적인 양과 부피, 더 큰 덩치 규모 이런 것들에 의해서 그 운명이 결정되었다면 이스라엘이라고 하는 민족은 앗시리아 바벨론 로마라고 하는 큰 덩치에 밀려 벌써 오래 전에 역사 속에서 사라졌을 것이다.

하여튼 이스라엘이 크다 많다 높다 라고 했을 때 그 말들은 모두 질적인 의미에서 하는 말들이다.

"모세는 애굽에서 바로의 신하와 백성들에게 아주 크게 보였다"(출11:3)
"욥에게는 … 종도 많이 있었다"(욥1:3)

이 구절에서 말하는 크다 많다는 말은 가돌(גָּדוֹל)인데 이 말은 모세가 에집트 사람들에게 그의 믿음과 신앙, 지식과 지혜, 덕망, 리더쉽 등 질적으로 크게 보였다는 것을 의미하며, 욥이 많은 종들을 거느리고 있다는 말 역시 양이 아닌 질적인 의미에서의 많음을 나타내는 말이다. 그러나 이스라엘도 양과 부피 큰 덩치와 같은 공간적인 크기도 잘 알고 있다. (창7:11;삼상26:13)

또한 숫자에 대한 개념 역시 이스라엘은 양이 아니라 질적으로 생각한다. 기원 전 약 1150 년경에 이스라엘과 미디안의 전쟁이 있었다. 그때 이 전쟁에 참가한 이스라엘의 군사는 3만 2천 명 정도 되었다. 그런데 전쟁을 할 때는 한 사람이라도 군사의 숫자를 더 많이 채우려고 하는 것이 지구상의 모든 사람들이 일반적으로 가지고 있는 생각이다. 그런데 당시 이스라엘은 3만 2천 명 중에서 용기가 부족한 자 2만 2천 명을 추려서 집으로 돌려보내버리고, 그것도 모자라 다시 남은 숫자 1만 명 중에서 다시 9천 700명을 추려서 돌려보내버린다. 이제 남은 자는 고작 300 명뿐이다. 일반적으로 생각할 때 이것은 있을 수 없는 비정상적인 일이라고 할 수 밖에 없다. 그러나 이 소수의 정예부대를 가지고 이스라엘은 미디안 전쟁에서 대승을 거두게 된다.(삿 7장)

2) 크다 많다는 것들에 대한 동(動)적인 이해

앞에서 우리는 이스라엘 정신은 모든 존재하는 것들을 움직이고 활동하는 것으로 파악한다는 것을 살펴보았다. 이러한 동적인 이해는 크다 많다 높다 라고 하는 개념에도 그대로 적용이 된다. 즉 이스라엘 정신에 있어서 크다 많다 높다 라고 하는 것은 양이나 부피나 큰 덩치가 아닌 움직이는 활동과 그 행위에 의해서 정해진다.

"사울의 키는 모든 백성보다

어깨 위는 더 하더라"(삼상 9:2)

여기서 높이를 말하는 '위'라는 말 마알(מַעַל)은 야라(עָלָה)에서 파생된 말인데 그 뜻은, "위로 올라가다, 들어 올리다, 집어 올리다"라는 뜻이다. 따라서 이 말이 의미하는 것 역시 움직이고 활동하는 동적인 의미가 있다.

이스라엘 정신에 있어서 크다 많다 높다는 것은 공간적 개념이 아닌 활동의 범위가 크면 큰 것이고, 활동의 범위가 많으면 많은 것이고, 활동의 범위가 높을 때 높은 것이다.

수(數) 숫자의 개념도 이스라엘은 움직이는 활동에 의해서 파악한다. 앞에서 이미 살펴본 대로 미디안 전쟁에서 300 명이라는 숫자는 활동과 움직임이 그 백배가 되는 3 만 명이 움직이는 것보다 더 크게 움직이고 활동하는 숫자이다. 왜냐하면 이스라엘의 수(數) 개념은 눈에 보이는 숫자 그 자체가 아니라 그 숫자가 움직이는 상태를 보고 이해한다. 예를 들어, "아담과 그 아내 두 사람이 벌거벗었다"(창2:25) "그를 두 번 찌를 것이 없으리이다"(삼상26:8) 여기서도 이스라엘이 말하고 있는 두 번(2)라는 말 세나임(שְׁנַיִם)은 사나(שָׁנָה)에서 파생된 말인데 그 뜻은 "곱하다, 반복하다, 바꾸어지다, 변형되다"라는 뜻이다. 따라서 이스라엘 정신에 있어서 하나가 열 번 움직이면 그것은 열이고, 열(10)이라도 한 번 움직이면 그것은 하나인 것이다. 한 사람이 열 번 움직여 그 활동범위가 크면 그것은 열 사람이 되고, 반대로 열 명이 한 번 밖에 움직이지 않는다면 그것은 한 명이 열 번 움직이는 것과 같은 것이 된다. 이스라엘 정신은 움직임이 크고 많은 것에서 크다 많다의 의미를 결정한다. 앞에서 살펴본 미디안 전쟁에 투입된 용사들의 숫자 300은 그러한 질적인 의미를 가지고 있다.

따라서 이스라엘의 숫자 개념은 숫자 그 자체가 아니며 양과 부피는 더욱 아니다. 그 숫자가 어떻게 움직이는가에 의해서, 어떻게 작용하는가에 따라서, 어떤 상태에 있는가에 따라서, 어떤 힘을 가지고 있으며, 어떤 또는 얼마나 영향력이 있는가에 따라서 정해진다. 일반 시민 천 명이 백 번 소리를 지르는 것보다 대통령의 말 한 마디가 더 힘이 세듯이, 깨알 천 번 구르는 것보다 호박 한 번 구르는 것이 더 크듯이 이스라엘 정신에 있어서 숫자의 개념은 그 질과 힘과 움직임에 의해서 파악된다.

이러한 의미를 돈으로 생각해 볼 때 100만 원은 10만 원보다 열 배 더 '크고 많다'는 것이 아니라 그 돈이 얼마나 유용하게, 값지게, 보람있게, 더 효과적으로 활용되고 있느냐 하는 것에서 크고 많음의 정도가 결정되는 것이다. 아주 작은 돈이라 할지라도 활용 범위가 크게 쓰여진다면 그 돈은 큰 것이고, 아주 큰돈이라 할지라도 활용 범위가 작고 무가치하게 쓰여 진다면 그 돈은 작은 것이다.

물고기 두 마리와 보리떡 다섯 개를 가지고 오천 명이 먹고도 열 두 광주리가 남았다는 (마14:15-21)의 오병이어의 기적 사건이 말해주는 것도 결국은 그 작은 것이 누구의 손에 들려 쓰여지는가? 어떻게 쓰여지고 있는가 하는 것에서 그 크기와 많음이 결정된다는 것을 보여주고 있다.

3) 각 개체의 특징과 개성에 대한 파악

모든 것은 그 나름대로의 특징과 개성을 지니고 있기 마련이다. 이스라엘 정신은 양과 부피가 아닌 그러한 각 개체의 특징과 개성을 통하여 크고 많다는 것을 결정한다. 앞에서 숫자를 살펴보았지만 숫자 역시 개성과 특징에 의해서 파악이 된다. 이러한 개성과 특징에 의한 파악은 야곱이 자기 외삼촌 라반의 집에서 양과 염소를 돌봐준 일한 대가로 받게 되는 품삯을 요청하는 대목에 잘 나타나고 있다. 야곱은 외삼촌에게 품삯을 요청할 때 양과 염소 가운데 얼룩무늬가 있고 아롱진 것, 점이 있는 것을 따로 골라내고 앞으로 얼룩무늬가 있고 점이 있는 양과 염소가 태어나면 그것을 자신의 몫으로 달라고 요청하고 외삼촌과 그렇게 하기로 약속한다.

"그 양 중에 아롱진 자와, 점 있는 자와, 검은 자를 가리어 내며 염소 중에 점 있는 자와 아롱진 자를 가리어 내리니 이같은 것이 태어나면 나의 삯이 될 것입니다"(창30:32)

야곱이 20년 동안 고된 노동을 하고 받게 되는 노임 품삯 계산에 있어서 우리는 그 어디에서도 우리가 생각하는 20 × 200이라든지 혹은 20 × 2000이라고 하는 수학적인 계산법의 흔적을 발견할 수 없다. 다만 돈(품삯) 계산에 적용되고 있는 것은 각 양들과 염소들이 지니고 있는 얼룩무늬와 점이라고 하는 모양의 개성과 특징이다. 각 짐승들이 지니고 있는 모양의 특징을 통하여 야곱이 일을 한 노동의 대가가 정해지고 있다.

한편 이러한 사실은 고대 목축사회에서 유목민들은 자기들의 양떼나 소떼를 기억할 때 숫자나 번호에 의하지 않고도 어느 한 마리가 없어지면 어떤 것이 없어졌는지 정확하게 알아내는 특징에 대한 놀라운 기억력과도 연관되어 있다. 그리고 이러한 각 개체의 특징과 개성에 대한 이해와 파악은 예수의 정신세계까지 그대로 이어져 있다.

예수와 이스라엘 정신은 우리들처럼 개인의 공로나 업적에 따라 그를 평가해 놓은 것은 거의 찾아볼 수 없다. 다만 개인의 인격적 특성, 즉 좋은 성품, 개혁적 성향, 추진력, 양심 등이 큰 사람됨의 기준이다. 큰 일, 큰 사람의 개념이 우리에게는 업적과 관계되어 있지만 예수와 이스라엘 정신에 있어서 큰 일과 큰 사람의 기준은 그의 인격과 영성과 관련되어 있다. 민족의 시조(始祖)인 아브라함은 하나님에 대한 절대적인 믿음과 순종의 사람으로,(창22장) 모세의 온유한 성품은 땅위의 모든 사람들보다 더 탁월했으며,(민12:3) 다윗은 관용과 이해력과 수용성, 그리고 뛰어난 예능적 재능과 도전정신이 아주 크고 좋은 사람으로 부각되고 있으며,(삼하12장; 삼상24:1-7) 예수 정신에 있어서 큰 사람은 언제나 자기를 낮출 줄 알고 고개를 숙일 줄 아는 겸손과 낮은 자세로 상대를 섬기는 것과 직결되어 있다.(마18:4; 23:11)

"너희 모든 사람 가운데

가장 작은 그이가 큰 자니라"(눅9:48)

예수정신에 있어서 큰 사람은 언제나 가장 낮은 곳에서, 가장 작은 자가 되어, 가장 잘 섬기는 자이다.

이상에서 살펴본 대로 이스라엘은 시각적 공간적인 상태의 크고 많은 것에 대해서는 큰 비중을 두지 않는다. 숫자 파악에 있어서도 이것은 마찬가지이다. 10은 1의 열 배, 100은 10의 열 배라는 식으로 생각하지 않는다. 숫자도 이스라엘은 양적으로 생각하지 않고 질적으로 생각을 한다. 우월성의 기준을 양적인 것에서 찾지 않고 질적인 것에서 찾는다. 앞에서 말했지만 대부분의 사람들은 크고 많은 것이 작고 약한 것을 이기고, 그보다 더 우월하다고 생각을 하지만 이스라엘은 역사 속에서 공간적으로 또는 수적으로 더 크고 많은 것이 수적으로 작은 것을 이길 수 있다는 것은 잘못된 생각임을 수없이 경험을 했고 이것을 또한 입증하고 있다.

이러한 크고 많음에 대한 질적인 이해는 1967년 도에 300만 밖에 안되는 이스라엘은 2억이 넘는 아랍을 상대로 전쟁을 하여 그것도 단 6일 만에 승리로 장식을 했다는 사실을 통하여서도 그들이 현재까지도 얼마나 모든 것에서 질적인 것을 파악하려고 정신을 집중하고 있는가를 알 수 있으며, 또한 우리와 얼마나 다른 사고방식을 가지고 있는가를 잘 알 수 있다. 그러면 이스라엘은 왜 우리와는 전혀 다르게 생각을 하는 것일까? 그러한 사고방식을 가지게 된 이유는 무엇일까?

그 대답은 간단하다. 세계의 역사는 크고 많은 것이 작고 약한 것을 이기는 것이 아니라, 오히려 반대로 작은 것, 보잘 것 없는 것이 승리의 주체가 되더라는 것이다. 이것은 어떤 이론이 아니라 그들이 역사 속에서 체득한 역사적 경험에서 얻은 것이다. 살아보니까 양적인 것이 질적인 것을 이기는 것이 아니라, 질적인 것이 양적인 것을 이기더라는 것이다. 더 소중하고 좋더라는 것이다. 어중이떠중이 천만 명 보다도 똑똑한 천재 하나가 더 좋고 소중하더라는 것이다.

한국교회는 일반종교나 세상과 똑같이 크고 많다는 개념을 성서적 예수정신과는 정 반대인 질이 아닌 양(量)적이고 수(數)적인 개념으로 가르치고 있어 보통 심각한 문제가 아니다.

큰 집, 큰 차, 큰 땅덩어리, 큰 백화점, 큰 교회 하면서 무조건 크고 많은 것을 좋아하는 한국적인 사고방식은 이제 예수와 이스라엘 정신을 통하여 새로운 사고방식의 모범으로 삼을 수 있어야 할 것이다.

10

세상에서 가장 아름다운 것

우리에게 있어서 아름다움의 기준은 언제나 각선미, 조형미와 같은 시각적이고 외형적인 것이며, 이러한 것에 우리의 정신과 생각은 또한 깊이 길들여져 있다.

그래서 그리스 같은 경우 조각미술을 발전시켰고, 불교정신은 그리스풍의 간다라 미술을 발전시켰고, 우리나라도 여러 가지 시각적인 미술들을 발전시켰다. 그리고 이러한 미적인 발전은 우리의 일반적 사고 방식에 있어서 현재진행형이다.

세계적 시민정신에 있어서 아름다움의 기준은 언제나 시각적인 각선미가 그 기준이다. 일단 눈에 비치는 것이 화려하고 우아하고 세련된 것들을 아름다움의 기준으로 생각한다.

우리의 일반적 사고에 있어서 꽃이 아름다움의 대명사가 되는 이유는 수십 가지 화려한 색깔의 빛을 내뿜으며 예쁜 모양을 하고 있기 때문이다.

그런데 특이하게도 이스라엘은 그 아름다움이라고 하는 미적 가치와 기준까지도 세계적 시민정신이나 또는 우리들처럼 시각적인 화려함이

나 밖으로 나타나는 피상적 각선미에서 찾지 않고 아주 독특하게 야훼 하나님의 힘(power)과 권능에서 찾고 있다는 사실이다.

예수와 이스라엘 정신에 있어서 가장 아름다운 것은 빈틈없이 잘 갖추어진 각선미와 균형미, 눈부시게 화려한 색상의 조화 등 이런 것들이 아니라, 강하고 위대한 힘과 권능이다.

앞에서 우리는 이스라엘 정신은 활동하고 움직이는 것을 중시한다는 것을 살펴보았다. 이 말은 곧 힘의 작용과 그 힘을 통해 나타나는 움직임을 중시한다는 말이다. 따라서 이스라엘적 사고는 살아 움직이는 것에서 아름다움을 찾는다고 할 수 있다. 그리스인들이나 우리처럼 조각예술에서 또는 밖으로 나타난 외형적 화려함에서 아름다움을 찾는 것과는 상당히 다르다. 겉으로 드러난 외형적인 것에서 아름다움을 찾는 자들의 세계는 그것이 그리스인이든 중국인이든 그들은 조각예술과 건축기술의 발전에 지대한 영향을 끼쳤다. 그러나 이스라엘적 사고에 있어서는 힘이 존재하지 않는 세계는 상상도 하지 못한다. 이스라엘의 야훼 하나님은 힘과 권능의 하나님이시다. 그것도 보통의 힘이 아니라 전지전능하신 힘을 가지고 계신다. 이스라엘적 사고에서 힘이 없는 神은 神이 아니다. 그것은 가짜이거나 잡신일 뿐이다. 그래서 때로는 하나님을 부를 때 호칭 대신에, "나의 힘이시여"라고 부르기도 한다.(시22:19) 이스라엘 정신에 있어서 하나님은 '힘과 권능' 그 자체이시기 때문이다.

한편 이스라엘적 정신과 사고에 근거를 두고 있는 기독교적 사고 역시 힘이 없는 예수는 도저히 생각할 수 없다. 기독교적 사고에 있어서 예수는 각종 불치의 병을 고치심, 귀신과 악령들을 추방함, 죽은 자를 살리심 등을 통하여 이스라엘이 알고 있는 전지전능하신 힘과 권능의 하나님을 인간의 역사 속에서 생생하게 나타내 보여주시는 분이시다.

중요한 것은 예수 정신에 있어서 힘과 권세는 모두 따뜻함과 부드러움에서 나오는 힘이라는 사실이다.

그런데 이스라엘 정신이 아름다움의 극치를 외형적 화려함이나 각선미에서 찾지 않고 위대하고 강한 힘과 권능에서 찾고, 또한 그렇게 생각하는 이유는 다음과 같은 사실 때문이다.

1) 힘과 에너지의 중요성

이스라엘 정신은 삼라만상과 인간의 역사는 철저하게 힘과 에너지에 의해서 움직이고 있음을 일찍부터 깊이 있게 인식을 하였고, 동시에 그러한 인식은 그들 스스로가 역사적 삶의 현장에서 겪은 뼈저린 경험을 바탕으로 한다. 그 경험이란 곧 힘이 없는 나라와 민족 개인까지도 얼마나 비참해지는지 그 쓴맛을 본 것이다. 그러한 쓴 경험 속에서 이스라엘은 힘과 에너지의 소중함과 위대함을 발견하였고 동시에 그 모든 것들의 배후에는 언제나 힘의 작용이 있음을 파악한 것이다.

예를 들면 우리가 『단풍잎이 떨어지는 가을 길을 걷는다』라고 했을 때, 근원적인 것은 길을 걸을 수 있게 하는 다리 근육의 힘이 필요하다. 시원한 바람, 거울처럼 맑고 깨끗한 물소리, 햇빛에 반사되는 오색찬란한 단풍잎을 감상할 수 있는 낭만적인 이야기는 2차적인 것이다. 자동차를 움직이는 것도 힘과 에너지가 필요하고, 권투 씨름 달리기 등 운동의 승패를 좌우하는 것도 힘과 에너지에 의해서 결정되며, 노래를 부르고 그림을 그리는 것도 힘이 필요하며, 우리가 우리의 나라를 지키는 것도, 한 나라가 다른 나라를 지배하는 것도 그 모든 것에는 힘이 작용을 한다. 그래서 이스라엘의 머리 속에는 힘이라는 것이 아주 강하게 새겨져 있다. 그들의 의식 속에 '힘'이라는 개념은 '예쁘다 아름답다' 라고 하는 아름다움(美)의 극치가 곧 '힘과 에너지'인 것이다. 그들에게 있어서 아름다움을 나타내기 위해 가장 많이 쓰이는 말은 토브(טוב -tob)라는 말인데, 이 말은 모든 것의 총집합체 즉 종합적이고 총체적으로 '좋은 것, 아름다운 것을 의미한다. 모든 것을 움직이고, 발생시키고, 나타나게 하는 것의 원동력은 힘과 에너지라는 말이다. 이스라엘 정신이 모든 것을 힘의 논리로 생각하는 이유가 여기에 있다.

그리고 힘과 권능이 아름다움의 기준이 되고 미적 가치의 중심이 되는 이유는 모든 아름다운 것들, 모든 좋은 것들, 모든 삶의 승리, 기쁨과 즐거움, 사랑과 행복도 결국은 그 모든 것들을 발생하게 하고 가능케 하는 것은 곧 힘이기 때문이다.

병마에 시달리며 말라가고 시들어가고 죽어가는 자를 고치는 것도 그 병마를 물리치고 치료하는 힘의 작용이며, 잃어버린 나라를 다시 찾고 재건하는 것도 정치를 비롯한 다양한 힘의 작용이다.

우리가 역사적 예수의 사역 현장을 통하여 알 수 있는 것은 예수는 전지전능하신 하나님 무소불능하신 하나님을 우리 인간의 눈앞에 구체적으로 나타내보여 주고 계신다는 사실이다. 이스라엘 정신이 역사적 삶의 현장에서 힘이 없는 하나님은 상상도 할 수 없었던 것처럼 초대교회와 오늘날 우리 역시 힘이 없는 무능한 예수는 상상도 할 수 없는 일이다.

예수 앞에서는 귀신들이 쫓겨나고 물러가며, 그 어떤 질병도 치료가 되고 고쳐지며, 사울과 같이 아무리 포악한 자라도 녹아지고 온유해 지며, 심지어 죽은 사람까지도 살아나는 것은 그리스도의 힘과 권능이 마귀와 귀신 질병 죽음과 흑암의 세력들보다 더 강하고 세다는 것을 의미한다.

세계적 시민정신이 아름다운 꽃이 피어날 때 밖으로 드러나는 그 꽃의 피상적인 아름다움을 관찰하는데 정신을 집중할 때, 예수와 이스라엘 정신은 그 꽃을 피어나게 하시는 하나님의 에너지와 힘을 관찰하는데 정신을 집중한다. 따라서 활짝 피어난 꽃의 아름다움보다도 그 아름다운 꽃을 활짝 피어나게 하는 힘과 에너지를 이스라엘은 궁극적 의미에서 최고의 아름다움으로 간주한다는 것이다. 시각적인 것 보다는 영적이고 현실적인 것, 나타난 현상보다는 현상을 만들어내는 궁극적인 힘과 에너지, 순간적인 것 보다는 영원한 것을 이스라엘은 더 큰 최고의 아름다움으로 보고 있는 것이다.

2) 제일 강한 영적인 힘

시각적인 아름다움, 밖으로 드러나는 피상적 아름다움, 인간적이고 세상적인 아름다움을 이스라엘도 잘 알고 있다. 그들은 젖과 꿀이 흐르는 가나안 땅이 아름답다는 것을 잘 알고 있으며,(민14:7; 신3:25) 다윗의 외모가 붉고 아름답다는 것과, 라헬은 몸매도 예쁘고 아름답다는 것도 잘 알고 있으며,(삼상17:42; 창29:17) 물질에서 풍겨져 나오는 매혹적인 아름다움도 잘 알고 있다.(수7:21)

이처럼 이스라엘도 산과 바다, 푸른 창공의 구름 등 자연적 아름다움과 또한 인간의 외모 육체미 각선미 등의 아름다움들도 잘 알고 있다. 그러나 이러한 시각적인 아름다움, 밖으로 드러나는 피상적인 아름다움들은 영적이고 정신적인 아름다움에는 비교가 되지 않는다. 밖으로 드러나는 외형적 아름다움과 시각적인 아름다움이 순간적이고 가변적인 반면 영적이고 정신적인 아름다움은 근본적이고 궁극적 아름다움이다. 왜냐하면 눈으로 볼 수 있고 귀로 들을 수 있는 아름다움도 영적이고 정신적인 아름다움이 있을 때 가능하기 때문이다. 영적인 아름다움이 없는 비뚤어진 인격과 사악한 정신 상태에서는 그 어떤 아름다움도 아름답게 볼 수 없으며 보이지도 않는 법이다. 힘의 논리에서도 모든 세상적인 힘과 권능은 영적인 권세 앞에서는 무릎을 꿇기 때문이다.

이러한 신앙정신은 신약의 사도들에게 그대로 이어진다. **"염치와 정절로 자기를 단장하라, 순복함으로 자기를 단장하라"**(딤전2:9; 벧전3:5)의 말씀은 지극히 히브리적인 표현이다.

이스라엘은 역사 속에서 가장 강하고 위대한 힘은 영적이고 정신적인 힘이라는 사실을 반복하여 경험을 하였다. 이러한 경험은 개인과 사회 민족 전체를 총망라하는 경험이었다. 한 개인에게 영적 권능이 임할 때 그는 한 나라를 무너뜨리고 이길 수 있는 놀라운 힘을 발휘할 수 있다는 것을 삼손이라는 사람을 통하여 보았고,(삿13,14장) 기원전 587년 나라가 잿더미가 되고 민족의 생명은 끝장이 나서 말라비틀어진 뼈다귀 해골만이 남아있을 때 그 마른 뼈다귀에 다시 살이 붙고 생명력이 넘쳐나게 되는 것도 영적인 힘의 작용에서 비롯된다는 것을 경험하였다.(겔37장)

한편 이러한 영적인 힘의 중요성은 예수께서 사도들에게 하시는 말씀, **"오직 성령이 너희에게 임하시면 너희가 권능을 받고 예루살렘과 온 유대와 사마리아와 땅 끝까지 이르러 내 증인이 되리라"**(행1:8) 는 내용 속에도 잘 나타나고 있다.

사실 인간에게 있어서 영성(정신)을 빼 버리면 남는 것은 육체적 고 깃덩어리 밖에는 아무것도 없다. 따라서 우리가 진정한 인간으로 살고 더 의미 있고 차원 높은 삶을 살기 위해서는 우리 자신들의 영성을 끊임없이 계발하고 새롭게 할 수 있어야 한다. 왜냐하면 우리의 영적인 힘은 눈에 보이는 육체적이고 현상적인 것들을 모두 다스리고 물리칠 수 있기 때문이다. 우리는 세상의 모든 시련과 역경 그리고 죽음의 문제까지도 자신의 영적인 힘으로 극복하고 이길 수 있는 삶에 익숙해질 수 있어야 한다.

3) 가장 위대하고 아름다운 것

세상의 모든 힘과 아름다움들은 근원적이고 궁극적인 아름다움들이 아니다. 그 힘과 아름다움들은 모두 하나님의 힘과 권능에 의해서 만들어진다. 하나님은 모든 아름다움의 근원이고 주인이시다. 그리고 그 하나님은 영이시다.(요4:24) 고로 예수와 이스라엘 정신이 말하고 있는 아름다움의 기준은 영적인 것이다. 이러한 하나님의 아름다움을 이스라엘은 믿음을 통하여 느끼고 체험한다. 믿음을 통하여 야훼 하나님의 신적인 아름다움을 보고 느끼고 체험한다는 이러한 사실들로 인해서 이스라엘은 세계 美學史에서 특별한 위치를 차지하고 있으며, 또한 세계 美學史에 대한 인간의 정신 속에 새로운 페러다임을 제시하고 새롭고 신선한 바람을 불어넣는 사건이라 할 수 있다. 그리고 믿음을 통하여 하나님의 신적인 아름다움을 아름다움의 극치로 느끼고 체험하는 이들의 신앙정신을 통하여, 하나님을 믿는 믿음의 사람들은 아름다움에 대한 미적 기준과 가치에 대하여 우리 자신들이 지니고 있는 외면적 물체적인 미적 기준과 가치의 틀을 과감히 벗어버리고 더 고차원적인 신적인 아름다움을 믿음으로 받아들일 수 있는 신앙정신의 개혁을 할 수 있어야 할 것이다.

여하간 이스라엘은 모든 미적 가치와 최고의 아름다움을 하나님의 힘과 권능에서 찾는다. 이러한 힘과 권능의 하나님에 대한 내용은 '전능하신 하나님'(엘 쇄따이-אל שדי)이라는 용어 속에 가장 잘 표현되고 있다.

"야훼께서 그에게 이르시되 나는 전능한 하나님이라…전능하신 자 하나님 야훼께서 아시나니…너는 전능자의 경책을 업신여기지 말지니라… 전능하신 자가 열왕을 그 중에서 흩으실 때에는 살몬에 눈이 날림 같도 다"(창17:1;수22:22;욥5:17;시68:14)

전능하신 하나님(엘 쇄따이)이라는 말은 남성 명사로서 이에 대한 고전적 의미는 "폭풍의 하나님"이시다. 고대인들은 폭풍의 위력을 가시적인 힘과 권능의 최고 정점으로 보았기 때문이다. 이 말을 헬라어 70인 역에서는 판토크라톨($\pi\alpha\nu\tau o\kappa\rho\acute{\alpha}\tau o\rho$)이라고 번역을 하고 있는데 이 말은 "전체, 모든 면에서"(행20:35)라는 뜻을 가진 파스($\pi\acute{\alpha}\varsigma$)와 "강하고 위대하다, 능력이 있다"(행19:20;벧전5:6)라는 뜻을 가진 크라토스($\kappa\rho\acute{\alpha}\tau o\varsigma$)의 합성어이다. 따라서 이 말을 직역하면 "모든 면에서 강하고 능력이 있다, 위대하다"라는 뜻이다.

한편 이와 맥을 같이하는 또 하나의 용어는 엘 기보라(אל גבורה)라는 말이다. 쉐따이가 거칠고 강한 힘을 나타내는 남성 명사로 쓰이고 있는 반면 기보라는 섬세하고 부드러운 힘을 나타내는 여성 명사로 사용되고 있다. 그래서 여성 명사인 이 용어는 대부분 아주 구체적이고 부드러운 힘과 능력을 나타내는 데 많이 사용되고 있다. 다음의 성구들은 모두 그 내용들이다.

"한 아기가 우리에게 났고…그 이름은 기묘자라 모사라 전능하신 하나님이라(사9:6) **그 밖에 승리**(출32:18) **권능**(신3:24) **강건하다**(시90:10) **기력을 충전하다"**(전10:17)

이러한 두 용어, 엘 쉐따이 엘 기보라가 남성 명사 여성 명사로 각각 쓰여지고 있음은 거칠고 강한 남성적인 힘과 부드럽고 섬세한 여성적인 힘이라고 하는 표현들을 통하여 결국 때와 장소에 따라 그에 가장 걸맞게 역사하시는 그리고 종잡을 수 없는 변화무상하신 하나님의 권능을 소상하게 말씀 해 주고 있다.

인간적이고 세상적인 아름다움, 자연적 아름다움, 인간의 육체미 각선미 등의 아름다움들은 모두 하나님의 아름다움에 의해서 만들어지는 작품들이고 열매들이다.

이스라엘의 신앙정신이 역사 속에서 단 한 순간도 잊을 수 없었던 출애굽 사건은 하나님의 크신 권능에서 비롯되고 있다는 사실을 계속 반복하여 고백하고 있으며,(출32:11; 민33:3; 신6:21) 인간의 생존이 불가능한 것으로 알려져 있는 광야 사막 40년 동안 만나와 메추라기를 배부르게 먹을 수 있었던 것도 하나님의 크신 힘과 권능에서 비롯되고 있다. 이스라엘이 광야에서 만나와 메추라기를 배부르게 먹을 수 있었던 사실에 대해서 시편 기자는 구체적으로 이렇게 가르쳐 주고 있다.

"저가 동풍으로 하늘에서 일게 하시며 그 권능으로 남풍을 인도하시고 저희에게 고기를 티끌같이 내리시니 곧 바다 모래 같은 나는 새라 그 진중에 떨어지게 하사 …저희가 먹고 배불렀나니…"(시78:26-29)

여기서 시인은 당시 하나님께서 강한 힘과 권능으로 동남풍을 이스라엘 진영 쪽으로 불게 하여 만나와 메추라기를 이스라엘 진중에 떨어지게 하셨다는 것을 구체적으로 진술하고 있다.

해방과 자유의 기쁨, 물 한 방울 구하기 어려운 광야 사막에서의 생존, 나라와 민족의 재건, 전쟁의 승리, 인간적 생사의 문제 등 모든 것은 하나님의 힘과 권능에 의해서 발생하는 것들이다. 그래서 이스라엘은 이렇게 찬양을 한다.

"야훼 우리 주여 주의 이름이 온 땅에 어찌 그리 아름다운지요…"(시8:1)

주의 이름이 아름답다는 말은 그 이름과 명성에서 나타나는 힘과 권능을 의미한다. 이름은 항상 명성과 결부되어 있기 때문이다. 하나님의 힘과 권능이 아름답다는 말은 다음의 말씀들 속에도 잘 나타나고 있다.

"야훼의 손의 아름다운 면류관"(시62:3) "그 능력과 아름다움"(시96:6) 구약에서 '손'은 언제나 힘과 권능을 상징하며,(시20:6) 능력과 아름다움이 같이 표현되고 있음은 전지전능하신 하나님의 힘과 능력을 최고의 아름다운 미적 가치라는 것을 말해주고 있다. 모든 힘과 권능은 하나님으로부터 발생한다.

그러므로 세상의 모든 힘과 권세들은 언제나 하나님께 속해 있다는 것을 이스라엘은 마음속에 분명하게 새기고 있다.

"야훼여 광대하심과 권능과 영광과 이김과 위엄이 다 주께 속하였사오니…"(대상29:11; 시62:11)

모든 영광과 권능과 위엄의 신앙적 자세를 우리가 어떻게 가져야 할 것인지 여기에 그 답이 들어있다. 내게 있는 지식과 기술의 힘, 돈과 권력의 힘, 나의 육신과 영적인 힘, 마음과 정신적인 힘, 내가 살아갈 수 있는 모든 힘, 걸어다닐 수 있는 다리의 힘과 코로 호흡할 수 있는 힘까지도 모두 하나님으로부터 빌려 쓰고 있는 것이다. 믿음의 사람들은 이 사실을 마음에 분명하게 새기고 살아야 한다.

4) 힘과 능력의 근원이신 하나님

강한 힘과 권능이야말로 세상에서 가장 아름다운 미적 가치의 최고라는 사고방식을 가지고 살아가는 이스라엘의 삶이, 그 모든 영역에서 힘이 넘치는 역동적인 삶이 된다는 것은 너무나 당연한 것이라 할 수 있다.

이스라엘은 生, 動, 活에 대한 모든 아름다움을 힘과 권력에서 찾는다.

영적이고 정신적 영역에 속하는 사랑과 정의를 실현하는데 있어서도 힘과 능력은 필수조건이다. 하나님은 우리 죄인들을 죽도록 사랑하신다. 중요한 것은 그 사랑이 질병에서도 고치지 못하며, 위험과 역경 속에서도 건지지 못하는 무능한 사랑, 연약한 사랑, 초라한 사랑이 아니고 그 모든 것에서 우리를 건지시는 강한 힘을 통하여 나타난다는 사실이다. 힘이 없는 무능한 하나님은 죽은 자를 살리지를 못한다. 힘이 없는 무능한 하나님이 말하는 죄의 용서는 있을 수 없는 거짓말이며 종교적 사기에 지나지 않는다. 하나님의 사랑은 십자가를 통하여 나타나고,(롬5:8) 그 사랑의 십자가는 하나님의 힘과 능력이라는 것을 성경은 웅변적으로 우리에게 말해주고 있으며,(고전1:18,24) 더 나아가 죽은 자 가운에서 3일 만에 다시 살아나신 예수의 부활도 하나님의 능력과 힘의 작용이며, 동시에 주의 성도들이 장차 다시 살리심을 받는 것도 하나님의 힘과 능력으로 되는 일들이다.(고전13:4)

예수와 이스라엘 정신과 그 삶의 현장에 있어서 힘이 없는 사랑은 사랑이 아니다. 진정한 사랑은 언제나 강하고 위대한 힘이 있을 때 참된 사랑의 구실을 하며 그 빛을 발할 수 있는 것이다. 그래서 이스라엘 정신에 있어서 하나님의 사랑과 하나님의 권능은 언제나 함께 결부되어 있다.(신4:37) 정의 역시 마찬가지로 힘이 없는 정의는 정의의 이름만 있을 뿐 정의의 구실을 제대로 못한다. 힘이 있을 때 정의도 제 구실을 다 할 수 있는 것이다. 그리고 이러한 삶의 현실은 이스라엘에 있어서 지식의 힘, 기술의 힘, 경제력, 군사력 등 나라와 사회 전반에 퍼져 있기 때문에 오늘 날까지 강한 힘의 이스라엘이 존재할 수 있는 토대가 되고 있는 것이다.

분명한 것은 경제력, 군사력, 지식과 기술의 힘, 삶에 필요한 모든 힘과 에너지를 이스라엘은 항상 힘의 근원이시며 공급자가 되시는 하나님으로부터 구하고 있다는 사실이다.

"야훼는 나의 힘과 방패시니, 주는 나의 힘이 되신 하나님이어늘, 주 야

훼는 나의 힘이시며 나의 노래시며 나의 구원이심이라"(시28:7;사12:2)

그 이유는 하나님의 약한 것이 사람보다 강하기 때문이다.(고전1:25) 우리가 살아가는 삶의 모든 에너지와 힘은 힘의 근원이 되시는 하나님으로부터 온다.

이스라엘은 야훼 하나님을 창조적 구원의 힘과,(사45:7) 윤리와 도덕적인 힘,(신16:20;느9:23) 원수를 물리칠 수 있는 힘,(출15:6)과 세상의 모든 것들을 헤쳐 나갈 수 있는 힘과 능력으로 느끼고 경험하며, 이러한 모든 힘과 능력들은 야훼 하나님에 대한 믿음과 소망, 성령의 역사하심 속에서 현실적으로 구체화 된다. 그리고 이러한 모든 야훼 하나님의 힘과 능력을 누구든지 느끼고 경험할 수 있는 것은 바로 제사(예배)를 통해서이다. 위기를 극복할 수 있는 창조적 힘, 죄책감을 떨쳐버릴 수 있는 사랑과 용서의 힘, 자기 변화와 의식개혁의 힘, 세상을 헤쳐 나갈 수 있는 모든 힘들은 언제나 예배에서부터 시작된다. 이스라엘이 예배에 모든 정신을 집중하는 이유가 바로 여기에 있다.

절망과 탄식을 물리칠 수 있는 힘, 염려와 우울증을 물리칠 수 있는 힘, 슬픔과 고독을 물리칠 수 있는 힘, 이 세상의 것으로는 채워도 채워도 채울 수 없는 정신적 공허와 허전함을 물리칠 수 있는 힘, 물질적 가난을 물리치고 풍요로울 수 있는 힘, 전쟁에서 승리할 수 있는 힘, 모든 어둠의 세력을 물리칠 수 있는 힘 등 인간 현실의 모든 힘은 하나님으로부터 온다. 그래서 성경은 이렇게 증거한다.

"오직 야훼를 앙망하는 자는 새 힘을 얻으리니 독수리의 날개치며 올라 감 같을 것이요 달음박질 하여도 …걸어가도 피곤치 아니하리로다"(사40:31)

모든 움직임들, 모든 작용을 일으키는 것은 힘과 에너지의 의해서 일어나는 현상이다. 이 세상에 힘이 없이 되는 것은 아무것도 없다. 손에 힘이 있어야 작은 물건 하나라도 들어 올릴 수 있으며, 강한 경제력과 군사력이 있어야 나라를 적으로부터 지킬 수 있는 것이다. 상대적으로 힘이 약할 때 힘없는 자가 당하는 고통과 불행과 비참함은 이루 말로 다 표현할 수 없다. 이스라엘은 역사적 삶의 현장에서 이러한 사실을 뼈저리게 경험을 하였다.

우리가 믿는 하나님은 힘과 권능의 하나님, 힘과 권능 그 자체이시며, 예수의 공생애와 그 세계 역시 힘과 권능이 넘쳐나는 세계이다. 따라서 하나님을 믿는 자들은 당연히 이 세상의 현실적 삶에 있어서 힘이 있어야 하고 생동력이 있어야 한다. 그리고 이 세상에서 강한 힘을 가지고 살 수 있으려면 우리는 가장 먼저 우리 자신 속의 영적인 힘을 키울 수 있어야 하고, 그 영적인 힘은 하나님의 성령으로부터 주어진다는 사실을 알고 기도와 찬양과 말씀을 통하여 하나님의 능력을 옷 입을 수 있어야 할 것이다.

보이지 않는 것에서 보이는 것이 나오며,(히 11:3절) 영적이고 정신적인 것에서 물체적인 것이 나온다, 라고 하는 것이 이스라엘이 가지고 있는 기본적인 사고방식이다. 겉으로 나타나 보이는 화려함, 돈의 힘, 군사적인 것을 비롯한 모든 물리적인 힘, 이런 힘들은 피상적인 것들이며 영적이고 정신적인 힘의 졸병들이다. 물론 이스라엘적 사고가 영적인 것과 물체적인 것을 따로 떼어서 생각하지는 않는다. 다만 근원적인 것과 아닌 것, 본질적인 것과 피상적인 것을 정확하게 파악하고 식별하고자 했다는 것이다. 세상을 움직이는 것은 힘이고, 그 힘의 근원은 정신이라면 결국 이스라엘이 아름다움의 극치라고 생각하는 것은 인간의 영과 정신세계인 것이다. **"겸손과 정절로 자기를 단장하라"**(딤전 2:9절)는 바울의 말은 영적이고 정신적인 아름다움을 추구하는 지극히 이스라엘적인 표현이다. 따라서 이스라엘의 사고는 외형적 또는 어떤 물체적인 화려함, 가령 자연미가 넘쳐나는 풍경, 인간적 각선미, 조각예술 등에서 아름다움을 찾고 또 그런 것들을 추구하는 인류의 보편적 사고와는 너무나 다른 사고방식이다.

이스라엘에 있어서 아름다운 것으로 인정받으려면 언제나 그 속에 영적이고 정신적인 것이 포함되어야 한다. 영적이고 정신적인 것이 포함되지 않은 것은 아름다운 것이 되지 못한다. 그들은 음악과 율동까지도 영혼의 운동에서 일어나는 움직임의 한 표현으로 본다. 이스라엘은 그 모든 것에서 영적이고 정신적인 가치와 그 의미를 찾으려 하고, 또 그 세계를 읽으려고 노력한다. 생사가 오고가는 전쟁에 임하는 자세도 상대방보다 군사적인 또는 물리적인 힘으로 앞서려고 하지 않고 어떻게 하든지 그들보다 영적으로 정신적으로 앞서려고 고심에 고심을 거듭한다.

전쟁에서 적의 마음과 정신을 읽을 수 있고, 또한 그들의 정신을 무너뜨리면 그렇게 큰 힘을 들이지 않고 승리할 수 있다는 것을 이스라엘은 너무나 잘 알고 있다. 이러한 사실은 그들의 역사 기록에 수없이 반복하여 나타나고 있다. 이것은 그들이 전쟁 직전의 상황을 어떻게 보도하고 있는가를 통해서 잘 알 수 있는데, 전쟁 직전의 상황에 대한 보도를 보면 자신들에 대해서는,

"두려워 말라, 놀라지 말라, 마음을 강하게 하라 담대히 하라, 하나님이 우리와 함께 하심이라"(수 1:6,9절)는 말들이 자주 언급되고, 적들의 상태

를 보도하는 것에서는, **"마음이 녹았다, 정신을 잃었다, 간담이 녹았다, 심히 두려워 했다"**(수2:9,10,24;민22:3)라는 말이 계속 나타나고 있다. 그런데 이 말들은 모두 영적이고 정신적인 것에 해당되는 용어들이다. 이러한 사실을 통해서 우리는 그들이 전쟁에서 영적으로 또한 정신적으로 상대방보다 더 앞서려고 얼마나 노력했는가를 잘 알 수 있다. 이것은 비단 전쟁에만 해당하는 것은 아니다. 세상을 '경쟁의 장'이라고 볼 때 이스라엘은 세상 모든 것에서 그 정신을 읽으려고 고심하고 정신적 우위를 놓고 고심을 한다.

또한 자연의 모든 것까지도 이스라엘은 정신적 교감의 대상으로 이해를 한다. 높고 푸른 산, 끝없이 펼쳐진 푸른 바다, 셀 수 없는 수많은 별들이 빛을 발하고 있는 밤하늘, 아름다운 꽃과 각종 나무들 이런 모든 자연들도 정신적인 교감을 통하여 접촉할 때 인간과 자연의 진정한 만남이 이루어진다는 것이다.

"산들과 언덕들이 너희 앞에서 환호성을 지르고, 들의 모든 나무들이 손뼉을 치리라, 너희 하늘들아 환성을 울려라, 너희 땅의 깊은 곳들아 기뻐하며 춤을 추어라, 너희 산들아 환호하며 소리를 발하라, 그 안에 있는 숲들과 모든 나무들아 소리를 높여 합창으로 노래를 불러라, 초원의 목장들이 흠뻑 젖어있고, 초장들은 양들로 옷을 입고…(사55:12; 44:23; 52:9;시65:12,13)

위의 내용들은 이스라엘의 축제를 자연이 노래한다는 의미들이다. 그러나 이것은 낭만성이나 감상적인 어떤 느낌을 말하는 것보다도 이스라엘은 자연과의 영적이고 정신적인 교감에 더 무게를 두고 있다. 그리고 이러한 자연과의 정신적인 교감을 통하여 도달하고자 하는 궁극적인 목적은 자연의 그 모든 것을 있게 하신 분, 그것을 지으신 창조주의 성품을 찾아 읽으려는 것과 그 분께 영광을 돌리려는 것이다.

돈의 힘을 의지하려는 물질만능의 사고방식, 물리적인 힘을 의지하려는 고정관념의 틀을 깨고 이제 우리는 영과 정신의 힘을 계속하여 계발하고 발휘할 수 있어야 하겠다. 돈과 물질의 힘이 찰나적이고 제한적인 것이라면 영과 정신적인 힘은 영구적이고 무한한 것이니까 말이다. 그리고 세계 역사에서 히브리 이스라엘적 사고에 근거를 두고 있는 미국을 비롯한 서구 유럽 국가들이 강력한 힘과 권력의 나라들이라는 사실은 우리에게 시사하는 바가 매우 크다고 할 수 있다.

5) 그리스도적인 힘과 권능

이스라엘은 삶의 현장에서 야훼 하나님을 항상 실제적이고 아주 구체적인 힘과 권능으로 알고 느끼고 경험하면서 살았던 것처럼, 그 신앙 정신을 공유하고 있는 그리스도인이라면 당연히 예수 그리스도를 힘과 권능의 예수로 알고 느끼고 경험할 수 있어야 한다.

왜냐하면 복음서 기자들이 이구동성으로 입을 열어 말하는 내용은 바로 힘과 권능의 예수를 외치고 있으며, 동시에 초대교회는 모두가 하나같이 예수의 그 신비롭고 놀라운 힘과 권능을 경험하고 그 경험을 바탕으로 자신들 또한 그 놀라운 힘과 능력을 나타내고 발휘하는 삶을 살았기 때문이다. 역사적 이스라엘의 삶의 현장이 그랬던 것처럼 역사적 예수의 삶의 현장은 놀라운 힘과 권능 그 자체이다. 따라서 그리스도인들은 이 세상에서 모든 어둠의 세력들을 이기고 몰아내는 영적인 힘, 온갖 종류의 죄와 질병들을 이기고 물리칠 수 있는 힘, 가장 높은 차원의 도덕적인 힘을 나타내는 삶을 살 수 있어야 한다. 그렇게 하려면 우선적으로 우리 자신들이 먼저 지금 내가 믿고 섬기는 예수의 그 모든 것들을 힘과 권능으로 알고 느끼고 경험할 수 있어야 한다. 믿음도 그 믿음을 실제화 구체화 할 수 있는 힘이 없는 믿음은 아무런 소용이 없다. 우리가 예수의 그 모든 것들을 힘과 능력으로 경험한다고 할 때 가장 핵심적인 것은 예수의 십자가 죽으심과 부활 사건이다. 그리스도적인 힘과 능력의 극치는 바로 십자가의 죽으심과 3일 만에 다시 살아나신 부활 사건이며, 십자가와 부활 사건을 중심으로 하는 그리스도적인 힘과 권세가 목표하는 것은 이 땅에 죄와 죽음의 세력, 온갖 종류의 흑암의 세력들을 몰아내고 소멸하는 것이다. 죽음의 세력은 우리 자신들의 심령 한 가운데와 삶의 현장에 구체적으로 영향력을 행사하고 있다. 탐욕과 교만, 염려와 불안, 배신과 증오, 거짓과 사기, 의심과 질투, 나태함과 책임전가 등 온갖 종류의 죄와 잘못들은 모두 죽음의 씨앗들로써 우리 자신들의 심령과 삶의 현장에서 일어나는 일들이다. 중요한 것은 우리 자신들의 의식과 삶의 현장에서 이러한 죽음의 세력들을 몰아내고 소멸시킬 수 있으려면 그것을 몰아낼 수 있는 힘, 소멸시킬 수 있는 능력이 있어야 한다는 것이다.

그런데 그 놀라운 힘과 능력은 바로 십자가의 죽으심과 부활 사건에서 온다는 사실이다.

바울의 성서적 증언은 이를 반복해서 강조한다.

십자가의 도가… 구원을 얻는 우리에게는 하나님의 능력이라… 그리스도는 하나님의 능력이요 지혜니라. (고전1:18)

**내가 그리스도와 그 부활의 권능과 그 고난에 참예함을 알려하여 그의
죽음심을 본받아 어찌하든지 죽은 자 가운데서 부활에 이르려 하노니…**
(빌3:10-11)

위의 말씀은 바울과 초대교회가 그랬듯이 십자가의 죽으심과 부활하
심을 힘과 능력으로 경험하라는 것이다. 그리고 그 놀라운 경험을 바탕
으로 하여 나에게 욕을 해대는 욕설 자 앞에서 참을 수 있는 능력, 뺨을
치는 자 앞에서 참을 수 있는 능력, 원수를 사랑하고 용서할 수 있는 능
력, 나 자신의 실패와 좌절 앞에서 찬송을 부를 수 있는 능력 등 모든 어
둠의 세력들을 몰아낼 수 있는 힘과 능력의 사람이 되라는 것이다.

위에서 말씀하고 있는 "하나님의 능력, 부활의 권능"이라는 말 두나
미스($\delta\acute{v}\nu\alpha\mu\iota\varsigma$)는 말 그대로 신적인 힘과 능력을 의미한다.

작금의 한국교회가 저급한 종교로 추락하고 급속도로 허약해져 가는
이유는 십자가의 죽으심과 부활 사건을 바울처럼 성령의 놀라운 힘과
능력으로 경험하지 못하고 있기 때문이라 할 수 있다. 십자가와 부활의
능력자가 단 몇 사람만 있어도 한국교회는 희망이 있을 것이다. 그러나
그것이 안 된다면 우리는 공멸할 수밖에 없을 것이다. 그리고 우리가
모두 십자가의 힘과 능력의 사람들이 되기 위하여 한 가지 알아야 할
것은, 예수의 십자가의 고난과 죽으심은 상처를 통하여 상처를, 아픔을
통하여 아픔을, 슬픔을 통하여 슬픔을 치유한다는 사실이다. 십자가의
죽으심은 죽음을 통하여 죽은 자와 죽어가는 자를 살린다는 것이다. 상
처를 통하여 상처를 치유하고 죽음을 통하여 죽은 자를 살린다는 이
역설적 교훈의 뜻은 곧 십자가의 고난과 죽으심은 세속적인 것이 아니
라 성령의 역사에 의한 신(神)적인 의미의 고난과 죽으심이라는 것이

다. 인간의 아픔은 인간적 아픔으로는 치료되지 않는다. 인간의 고통은 인간적 고통으로는 치료되지 않는다. 인간의 상처, 우리 자신들의 아픔, 인간의 죽음은 모두 신적인 상처와 아픔을 통해서만이 치유가 되고 새로워질 수 있다. 그리고 성령 안에서 경험하는 그 신적인 고통과 아픔은 그 가해자가 누구이고 무엇이든 간에 그에 대하여 용서하고 사랑할 수 있는 영적 여유를 가질 수 있게 된다. 바로 이것이 성령 안에서 경험하는 신적인 고난과 그것이 전혀 없는 인간적 고난의 차이점이다. 그래서 바울은 증거 한다. **"그의 죽으심을 본받아 어찌하든지 죽은 자 가운데서 부활에 이르려 하노니…"**

여기서 "본받다"라는 말 숨모르포호($\sigma\upsilon\mu\mu\rho\phi\acute{o}\omega$)는, "함께, 똑같은 방법으로"를 뜻하는 순($\sigma\acute{\upsilon}\nu$)이라는 말과 "모양을 만들다, 용모를 갖추다"를 뜻하는 모를훼($\mu\rho\phi\acute{\eta}$)라는 말의 합성어로 직역하면, 예수 그리스도와 똑같은 방법을 통하여, 예수와 똑같은 모양, 똑같은 용모를 갖춘다는 뜻이다. 그리고 "어찌하든지"가 의미하는 것은 예수와 똑같은 삶을 살기를 원하는 바울의 간절한 소원이 담겨 있다. 바울은 왜 그토록 십자가의 고난과 죽음, 그리고 부활의 권능을 소원했을까? 그 이유는 간단하다. 그것은 그리스도적인 고난과 아픔 속에는 인간의 이성적 지식이나 과학으로는 결코 파악할 수 없는 병든 자를 고치고 죽어가는 자를 살리는 너무나 신비로운 힘과 능력이 나타나기 때문이다.

고난을 이기는 고난, 아픔을 이기는 아픔, 죽음을 이기는 죽음이라고 하는 너무나 신비로운 것이었기 때문이다. 죽음의 세력을 물리치는 생명의 승리, 삶의 승리가 바울에게는 삶의 현장 속에서 계속 일어나고 있었다. 우리는 십자가와 부활 사건을 하나님의 신적인 힘과 능력으로 경험할 수 있어야 한다. 우리 자신들이 십자가를 배신 또는 회피하는 그곳에 예수께서는 다시 십자가의 피눈물을 흘리고 계신다는 사실을 잊어서는 안 된다. 따라서 우리에게 있어서 가장 큰 문제와 두려움은 2천 년 전 당시 예수를 십자가에 매달고 온갖 독설로 욕을 하며 창과 칼을 휘둘러대던 자들이 아니라 오늘 지금 현재 우리 자신들의 삶의 현장에서 불순종, 시기와 질투, 비판과 단죄, 비방과 욕설, 음란과 폭력 등의 창과 칼을 휘둘러대며 예수를 십자가에 못 박고 있는 자들이다. 현실적 십자가의 폭군들이 더 큰 문제라는 말이다.

십자가와 부활사건을 현실 속에서 하나님의 신적인 힘과 능력으로 경험할 수 있도록, 바울이 그랬던 것처럼 간절한 마음으로 사모하고 소원할 때, 우리는 그에 대한 놀라운 능력을 체험하게 될 것이다.

예수 그리스도의 권세와, 십자가의 죽으심과, 부활의 생명 속에 담겨 있는 신적인 힘과 능력은 그를 믿고 섬기는 우리 모두의 영적 물질적인 힘과 권능의 근원이 된다.

예수의 영성과 정신세계

1

하나님과의 동행

이스라엘의 신앙정신 가운데 보편적이면서도 아주 특이한 빛을 발하는 것이 하나 있다. 그것은 **"하나님이 우리(나)와 함께 하신다"**라고 하는 임마누엘의 신앙정신이다. 임마누엘은 그리스도의 상징적이면서 동시에 예표적인 이름이기도 한데,(사7:14; 마1:23) 하나님이 우리(나)와 함께 하신 다는 이 믿음 역시 추상적 논리나 지식에 근거하지 않고 철저하게 역사적 삶의 현장에서 일어난 사건들에 대한 생생한 경험을 바탕으로 한다.

생생한 경험이란 곧 출애굽 사건, 광야의 생활, 가나안 정복사업 등이 그 중심을 이루고 있다. 따라서 구약적인 의미에서 하나님이 우리(나)와 함께 하신다는 믿음은 하나님의 역사 개입과 그 속에서 나타나는 실제적이고 구체적인 사건들이다.

낮에는 구름기둥 밤에는 불기둥의 역사,(출13:21-22) 바다물의 갈라짐과 모아짐,(출14:21-31) 만나와 메추라기의 기적,(출16:13-14) 메마른 사막 생활에서의 오아시스 체험,(출17:6; 민20:8-11) 요단강물의 멈춤과 끊어짐,(수3:13-17) 가나안 전쟁의 승리 등을 통하여 이스라엘은 하나님께서 삶의 현장에서 아주 구체적으로 자기들과 함께 하고 계신다는 것을 실감나게 경험을 하였다.

이러한 생생한 역사적 경험을 근거로 하여 이스라엘은 하나님이 우리(나)와 함께하심을 역사적 삶의 현장에서 인간으로서 또는 인간이기 때문에 부딪히고 깨질 수 밖에 없는 온갖 종류의 인간적인 문제들, 다툼과 전쟁, 인간적 고독과 슬픔, 사회적 상황에서 발생하는 마음의 상처와 고통, 가난과 질병의 문제, 더 나아가 누구든 생의 끝에서 직면할 수밖에 없는 여러 가지 죽음의 문제 등 온갖 종류의 수많은 인간적인 문제들을 풀 수 있는 신앙정신과 신학적 지성으로 간직하게 된 것이다.

하나님이 우리(나)와 함께하신다는 이 확고한 믿음은 그들의 정신세계, 의식과 마음의 영역, 그리고 역사적이고 현실적인 모든 문제들을 봄눈 녹이듯이 녹아내리게 하는 아주 따뜻한 햇살과 같은 것이었다. 인간적 고독과 외로움을 물리칠 수 있는 비장의 카드는 하나님이 우리(나)와 함께하고 계셨기 때문이며, 사회적 상황에서 발생하는 갈등 대립 다툼 등을 고요히 잠재울 수 있는 비결도 하나님이 우리(나)와 함께하심에 대한 믿음이었으며,(창31:5,42) 가난과 질병의 아픔 속에서 위로를 받고 새 힘과 용기를 낼 수 있었던 것도 하나님이 우리(나)와 함께하고 계신다는 것 때문이었다.(신10:18; 시10:14; 68:5)

이러한 생생한 경험을 토대로 이스라엘의 신앙정신은 하나님께서 함께 하시지 않는 역사와 시간은 쭉정이처럼 아무런 의미가 없다는 것을 우리에게 말해주고 있으며, 그리고 하나님과 동행하는 삶 속에서만 역사와 시간은 참된 의미를 가진다는 사실에 대한 신앙정신과 영성은 예수와 이스라엘 정신은 함께 공유하고 있다.

한편 예수정신에 있어서 하나님이 우리(나)와 함께하심에 대한 임마누엘의 믿음은 인간적이고 세상적인 모든 것들을 거뜬히 이기고 극복할 수 있는 놀라운 신적 권세와 힘으로 나타나고 있다. 예수의 임마누엘 정신을 가장 잘 나타내주고 있는 성서적 증거는 이렇게 가르쳐주고 있다.

"너희가 다 각각 제 곳으로 흩어지고 나를 혼자 둘 때가 오나니 벌써 왔도다 그러나 내가 혼자 있는 것이 아니라 아버지께서 나와 함께 계시느니라."(요16:32)

위의 말씀은 십자가 사건 때, 나타나게 될 제자들의 배신과 버림으로 인하여 철저하게 혼자만의 무서운 고독과 처절한 외로움을 예언적으로 말씀하고 있는 내용이다. 그러나 예수의 정신세계는 아버지께서 나와 함께 계신다는 것으로 충만해 있고, 그 임마누엘의 신앙정신의 충만함 앞에서는 인간적인 배신과 굴욕, 그로 인하여 발생하는 고독과 외로움은 아무런 문제가 되지 않는다는 것이다. 하나님께서 우리(나)와 함께하고 계신다는 확고한 믿음이 있는 사람은 인간적 외로움과 우울증에 결코 빠지지 않는다는 그리스도적인 이 진리를 통하여, 우리는 세상의 인간적인 그 어떤 고독과 외로움이라도 하나님이 우리(나)와 함께하고 계신다는 확고한 믿음으로 담대하게 물리칠 수 있어야 한다.

내가 아는 김00 목사는 미국에 있는 자녀의 일로 인하여 사모님이 3개월 동안 집을 떠나 미국으로 가게 되었다. 그런데 어느 날 깊은 밤중에 혼자 잠을 자고 있는데, 어떤 손이 잠자고 있는 자기의 이불을 살며시 덮어주더라는 것이다. 분명 아내는 몇일 전 미국으로 가고 혼자 잠자고 있는데… 그는 두려운 마음으로 "누구십니까?" 하고 물었다고 한다. 그러자 "사랑하는 나의 종아…"하는 소리가 들리고 그 소리의 여운 앞에 그의 마음은 압도되었다는 것이다. 이러한 신비를 체험하면서 그 날 밤 김 목사는 밤이 새도록 감격의 눈물을 흘렸다고 한다.

　그리고 목사님은 주변 사람들이, "요즘 혼자 어떻게 지내십니까?" 라고 물으면 "아니 나는 혼자가 아닙니다, 내가 왜 혼자입니까? 주님이 늘 제 곁에 계시지 않습니까?"라고 대답을 한다는 것이었다.

　아버지께서 나와 함께하고 계신다는 이 내용 속에는 역설적이게도 인간적인 배신과 버림 속에 하나님이 나와 함께하고 계신다는 사실은 곧 인간적 고독과 외로움이 깊어갈수록 예수의 정신세계는 오히려 하나님과의 더 깊은 사귐과 교제가 이루어지고 있음을 의미한다.(마14:23절 참고) 다시 반복하는 것이지만 이러한 그리스도적인 상황은 모든 인간적인 배신감과 외로움들은 하나님이 우리(나)와 함께하심에 대한 신앙정신 앞에서는 전혀 문제가 되지 않는다는 사실을 분명하게 가르쳐주고 있다.

　앞에서 살펴본 대로 하나님이 우리(나)와 함께하신다는 임마누엘의 신앙정신은 세상의 모든 문제들을 풀 수 있는 마스터 키와 같은 것이라고 말했다. 그러면 이제 세상의 인간적인 모든 문제들을 풀 수 있는 이 마스터 키를 우리는 어떻게 구할 수 있으며, 그리고 하나님과의 동행이 우리에게 어떤 신앙정신을 요구하며, 우리가 가져야 할 자세는 어떤 것인가?

1) 동행의 조건과 방식

　하나님과 이스라엘의 관계는 이스라엘이 광야생활을 할 때 거기서 결혼한 남편과 아내라고 하는 부부관계로 비유가 된다.(렘2:2 호2:2) 결혼을 한 자들은 누구이며 무엇인가? 라고 하는 질문에 대한 성서적 대답은 "**하나, 한 몸**"이라는 것이다.

　　"**남녀가 부모를 떠나 그 아내와 연합하여 둘이 한 몸을 이룰지로다**"(창 2:24; 마 19:5-6)

　　연합하여 한 몸을 이룬다는 것이 곧 결혼을 한 자들의 자기 정체성과 그들이 어떤 모양과 상태여야 하는가를 말해주는 존재양식이면서 동시에 어떻게 살아야 하는가를 말해주는 존재방식이기도 하다. 위의 말씀에서 "연합하다"는 말 다바크(דבק)는 "밀착하여 찰싹 달라붙다, 가까이 하여 확고하게 머물다"라는 뜻으로 결혼을 한 부부가 어떻게 살아야 하는가를 말해주는 현실적인 삶의 모양새를 나타내주고 있지만 "한 몸"이 지시해주는 더 중요한 것은 앞에 나타나는 "둘"이라는 개념이 서로 다른 성분을 가진 이질적인 둘을 가리키는 것이 아니라 이 둘은 원래 본질적으로 서로가 같은 성분을 가진 "하나"라는 것이다. 이러한 사실은 아담이 하와에게 하는 말, "**이는 내 뼈 중의 뼈요 살 중의 살이로다**"(창2:23)라는 말 속에도 잘 드러나고 있다. 아담의 이 말이 의미하는 것은 아담과 하와는 원래 본질적으로 다른 것이 아니라 서로 같은 하나였다는 것이다. 본래적으로 아담과 하와는 둘이 아니라 그 전에 먼저 하나였다는 사실이다. 그리고 여기서 하나는 물론 몸과 마음, 정신적인 것과 육체적인 것 모두를 가리킨다. "함께"를 뜻하는 히브리어 임(עם)이라는 말은 "결합하다, 곁에 또는 안에 같이 있다, 더불어 살다"라는 뜻인데 이 말은 영적이고 정신적인 것에 더 무게를 두고 있다.

예수정신에 있어서 '하나'라는 개념은 삼위일체론적 의미에서 우리에게 이렇게 가르쳐주고 있다.

"저희를 주신 내 아버지는 만유보다 크시다… 나와 아버지는 하나이다"(요10:29-30)

여기서도 예수정신이 말해주고 있는 '하나'는 서로 다른 것이 합쳐진 하나가 아니라 본래적으로 또는 본질적으로 같은 하나임을 의미한다. 만약에 예수께서 말씀하시는 아버지와 아들의 하나와 일체성이 서로 다른 것이 합쳐진 하나라고 한다면 우리는 초대교회 소수의 교부들이 하나님을 두 조각 세 조각으로 나누어서 이신론(二神論) 삼신론(三神論)이라는 엄청난 실수를 저질렀던 그 전철을 다시 밟게 된다. 예수의 영성과 신앙정신이 우리에게 가르쳐주는 것은 질과 내용에 있어서 똑같은 동질적 의미의 '하나'라는 것이다. 고로 예수정신에 있어서 하나님과 함께하심은 곧 원래 아버지와 아들은 하나이기 때문이라는 것에서 출발하며, 인간적 상황에서 나와 너, 당신과 나, 타인과 이웃이 함께 더불어 살아야 하고 같은 운명공동체로 살아가야 하는 근본적인 이유도 아담과 하와는 원래 서로 다른 둘이 아니라 똑같은 한 몸, 하나라는 사실에서 출발하기 때문이다. 따라서 하나님과의 동행에 있어서 필수조건은 서로 "같음"그리고 서로 "하나"가 되는 신앙정신이다. 생각의 같음, 같은 마음, 같은 사고방식, 뜻이 같음, 행동양식의 같음 등 모든 것에서 같아야 한다는 것이다. 부부관계를 가장 명확하게 표현할 수 있는 말은, "마음이 맞아야 같이 살지…"라는 말일 것이다.

그런데 "함께 같이, 또는 같음"의 그리스도적인 교훈은 하나님이 우리와 똑같이 되신 예수의 성육신 사건이다.

"말씀이 육신이 되어… 그는 근본 하나님의 본체시나 하나님과 동등됨을 취할 것으로 여기지 아니하시고 오히려 자기를 비어 종의 형체를 가져 사람들과 같이 되었고 사람의 모양으로 나타나셨다…"(요1:14;빌2:6-8)

우리는 여기서 하나님과 똑같은 자이면서 동시에 사람과 똑같이 되신 예수의 모습을 발견할 수 있고, 이 연결고리는 인간인 우리의 삶은 하나님을 닮아가야 하는 삶을 살아야 한다는 강력한 교훈을 말해주고 있다. 위의 말씀에 있는 "같이"라는 말 호모이오마($\delta\mu o\acute{\iota}\omega\mu\alpha$)가 의미하는 것은 유사한 것, 닮은 것이 아니고 완전히 똑같은 상태와 모양을 가리킨다. 예수는 사람과 유사하게 닮은 자, 우리와 비슷하게 닮은 자가 아니다. 우리와 완전히 똑같은 사람이 된 것이다. "제자"라는 말 마데튜오($\mu\alpha\Theta\eta\tau\epsilon\acute{\upsilon}\omega$).(마28:19)가 의미하는 것도 그냥 주님을 닮은 자를 가리키지 않고 완전히 똑같이 빼어 닮은 자를 가리킨다. 이처럼 주님께서 우리와 똑같은 인간 예수가 되셨다는 것은 곧 우리 자신들이 주님과 똑같은 자가 될 것을 촉구하는 역설적 메시지가 그 속에 담겨져 있다. 고로 하나님과의 동행에 있어서 첫 번째 조건은 "같음"이다. 모든 것에서 주님과 똑같은 모양과 상태가 되어야 한다는 것이다.

그리고 "같아짐"의 비결은 겸손에 있다.

예수는 자기를 땅 끝까지 낮아지는 겸손이라는 방식을 통하여 우리와 똑같은 인간이 되셨고, 우리와 함께하고 계시기 때문이다. 따라서 우리가 진정으로 하나님과 함께 또는 이웃과 함께 더 나아가 나를 해치려는 가해자들과 원수들과도 함께할 수 있으려면 철저하게 먼저 자기를 낮추는 겸손이 선행되어야 한다. 그리고 우리 인간적 삶의 가장 확실한 행복과 평안의 비결도 자기를 낮추는 겸손에서부터 비롯된다는 사실을 기억해야 한다. 예수는 겸손의 방식을 통하여 하나님과 함께 그리고 우리 죄인들과 함께하고 계신다는 사실을 잊지 말아야 한다.

그리고 이제 결혼을 하여 함께 부부생활을 하는 자들은 혼자가 아니다. 결혼한 여자는 남편이 있고, 결혼한 남자는 아내가 있는 몸이다. 따라서 결혼을 한 자는 독단적인 사고방식을 버려야 한다. 인간의 의식 속에는 무엇이든 자기 마음대로 하고 싶은 독단적 사고방식이라고 하는 욕망의 뱀이 꿈틀거리고 있다. 그래서 하나님의 신부로서의 이스라엘의 경우 독단적인 사고방식과 행동을 사전에 막기 위한 예방책으로 그들은 언제나 하나님께 물어보는 질문이 항상 우선시 되었다. (창18:22-34; 삿1:1) 우리가 인간적 상황의 부부생활에서 이처럼 서로가 서로에게 항상 물어보고 행동하는 삶에 익숙해질 수 있다면 그 부부는 훨씬 더 질적으로 행복할 수 있을 것이다.

그리고 "함께 한다, 같이 된다"는 것에 있어서 제일 중요한 것은 영적이고 정신적인 결합이다. 우리 자신들의 정신과 마음을 예수의 영성과 정신에 결합시킬 때 우리는 궁극적인 하나님의 마음에까지 도달하는 놀라운 영광을 맛보게 될 것이다.

두 번째, 하나님과의 동행의 조건은 윤리와 도덕적 성향이 같아야 한다. 물과 기름은 섞일 수가 없으며, 알곡과 가라지의 운명도 같을 수가 없고, 선과 악이 공존할 수는 없는 법이다. 이에 대한 성서적 증거와 교훈은 확고하다.

"야훼여 주의 장막에 유(留)할 자 누구이며 주의 성산에 거할 자 누구입니까? 주는 죄악을 기뻐하는 神이 아니시니 악이 주와 함께 유(留)하지 못하며 오만한 자는 주 앞에 서지 못하리이다."(시15:1; 5:3-4)

"야훼의 산에 오를 자, 그 거룩한 곳에 설 자가 누군고 곧 손이 깨끗하며 마음이 청결하며 거짓 맹세치 않는 자로다"(시24:3)

여기서 "유하다"라는 말 구르(גור)는 "묵다, 머무르다, 체류하여 살다"라는 뜻으로 이는 곧 함께 동거하면서 사는 것을 가리키는 말이다. 그러나 하나님과 함께 동거할 수 없는 자가 있다. 성품이 악하고 오만한 자가 바로 그들이다. 하나님과의 동거와 동행에 있어서 우리가 항상 조심하고 경계해야 할 것은 순간순간 우리 자신들의 악한 생각과 교만한 마음이다. 그리고 성경이 증거하는 악과 교만은 인간의 역사적 무대 위에서 벌어지는 현실적이고 실제적인 악과 교만을 가리킨다.(시15:1-5) 따라서 신앙정신 뿐만 아니라 윤리적이고 도덕적인 성향도 같아야 하나님과의 동거와 동행이 가능한 것이다.

세 번째, 우리는 어떤 방식으로 하나님과의 동행을 실현할 수 있는가? 하는 것이다. 이 대답 역시 우리는 예수정신의 교훈을 통하여 명쾌하게 들을 수 있다. 예수께서는 제자들을 세상에 내보내는 파송식에서 이렇게 말씀하고 계신다.

"너희는 가서 모든 족속으로 제자를 삼아 …가르쳐 지키게 하라 내가 세상 끝날 까지 너희와 항상 함께 있으리라"(마28:19-20)

"세상 끝날 까지 너희와 항상 함께 있으리라"는 주님의 이 말씀 속에는 하나님이 우리(나)와 함께 하시는 방법과 함께 인간인 우리가 어떻게 하나님과 함께 동행 할 수 있는가 하는 것에 대한 대답이 동시에 담겨져 있다. 그것은 예수 안에는 하나님이 인간인 우리와 함께 하시는 방법과 인간인 우리가 하나님과 함께할 수 있는 방법이 동시에 같이 작용하고 있기 때문이다.

즉 하나님이 우리(나)와 함께하신다는 모든 성서적 증거들은 예수 그리스도를 통하여 함께하신다는 것을 의미하며, 예수를 통하여 함께하신다는 것은 곧 그리스도적인 방식으로 함께하신다는 것을 의미한다. 이것은 인간인 우리가 하나님과 함께 동거하고 동행할 수 있는 방식에도 똑같이 적용이 된다. 우리가 진정으로 하나님과 함께 동거 동행할 수 있으려면 그리스도를 통하여 그리스도와 같은 삶의 모양과 방식으로 함께할 수 있다는 것이다. 고로 우리가 '너'라고 하는 이웃과 함께 동행 할 수 있으려면 그리스도와 같은 삶의 방식이 필요하다. 그리고 그리스도적인 삶의 모양과 방식을 아주 소상하고 명백하게 보여주고 있는 것은 십자가 사건이다. 그리스도적인 삶의 모양과 방식에 있어서 핵심적인 것은 십자가 사건이다. 십자가 사건은 인간에 대한 하나님의 아픔과 눈물, 그리고 세상에서 우리 인간이 죄로 인하여 겪어야 하는 모든 아픔과 눈물이 함께 담겨져 있다. 십자가 사건은 극한의 고통과 슬픔 속에서 하나님이 우리(나)와 어떻게 함께하고 계시며, 우리 또한 극한의 고통과 슬픔 속에서 어떻게 하나님과 함께 동거하고 동행할 수 있는가 하는 것에 대해서 아주 소상하게 가르쳐주고 있다. 십자가 사건 속에는 배신과 굴욕, 버림당함, 냉대와 조롱과 멸시, 극한의 고통과 아픔, 고독과 슬픔 등 우리 인간이 당할 수 있는 온갖 종류의 모든 고통과 슬픔이 다 집약되어 있다. 그러나 그 온갖 종류의 고통과 슬픔 속에서도 예수는 그 고통의 가해자들을 향하여, "아버지 저들을 용서하여 주소서"라고 기도를 드리면서 영적 평정심을 잃지 않고 계신다.(눅 23:34) 배신과 버림당함 속에서의 용서와 사랑, 매 맞음과 창칼에 찔려 천 갈래 만 갈래 찢어지는 극한의 고통과 슬픔 속에서의 여유로운 인내와 희망의 정신, 이것이 곧 우리가 진정으로 하나님과 함께 할 수 있는 가장 확실한 동행의 방식이다.

우리 자신들의 인간적 상황에서 우리는 사기를 당하기도 하고, 돈을 떼이기도 하며, 믿었던 자에게 배신을 당하기도 하고, 폭행을 당하여 몸과 마음에 큰 상처를 입기도 하며, 정신적 우울함과 좌절감 등 여러 가지 세상의 풍파를 겪을 수 있다. 그 때 우리는 그 현장에서 눈을 크게 뜨고 하나님의 고통과 슬픔과 탄식의 소리를 듣고 볼 수 있어야 한다. 내가 당하는 배신감 속에서 하나님께서 당하고 계시는 배신을, 내가 당하는 사기와 억울함 속에서 하나님이 당하시는 사기와 억울함을, 나의 돈을 사기 당하고 떼어먹히는 아픔 속에서 하나님께서 사기당하고 계심을, 내가 뺨을 맞고 폭행을 당하여 고통하며 눈물짓는 그 속에서 하나님께서 겪고 계시는 신적인 슬픔의 눈물을 보고 느낄 줄 알아야 한다. 그리고 이 모든 고통 속에서 웃으면서 인내하고 가해자를 불쌍히 여길 때 하나님께서 나와 함께하고 계심과, 내가 하나님과 함께하고 있음을 동시에 느끼고 경험할 수 있게 되며, 우리(나)와 함께하고 계시는 그 하나님으로부터 우리는 그 고통의 아픔과는 비교가 되지 않는 더 놀라운 기쁨과 희열을 맛볼 수 있게 될 것이다.(롬8:18) 이것이 대신 당하는 고난의 진정한 의미이며,(사53:1-6) 동시에 내가 있는 그 삶의 현장에 하나님의 살아계심을 확실하게 증거 하는 것이 된다.

따라서 우리 자신들의 고통과 아픔이 곧 하나님의 고통과 슬픔이라는 성서적 증거를 통하여 우리가 알아야 할 것은 우리가 타인을 버리고 배신하며 사기를 치고 해를 입히는 것은 곧 하나님을 배신하고 버리는 행위이며, 누군가의 뺨을 때리고 폭력을 행사하는 것은 곧 하나님에 대한 폭력이라는 사실이다. 우리가 예수의 십자가 사건에 대하여 조금만 관심을 가진다면 우리는 이 사실을 당장에 알아차릴 수 있다. 고로 하나님과 인간적 사건을 동시에 보여주고 있는 예수의 십자가 사건과 성육신 사건은 우리에게 모든 인간적인 일들을 통하여 하나님의 역사를 볼 줄 알아야 한다는 것이다.

그 이유는 나의 하나님은 동시에 너의 하나님이시기 때문이다. 고로 우리는 너의 고난과 슬픔의 눈물을 통하여 하나님의 아픔과 슬픔의 눈물을 볼 줄 알아야 한다. 그것이 곧 너를 비롯한 모든 타인과 이웃을 가장 깊이 있게, 넓고 크게 바라보는 것이며 동시에 가장 정확하게 이해하고 파악하는 것이다. 또한 나의 하나님은 너의 하나님이라는 말은 곧 나의 하나님은 나에게 역사하실 때 너를 통하여 역사하시며, 나를 단련하실 때, 나를 깨우치실 때, 나의 죄와 허물에 대하여 징계를 하고 매를 치실 때, 하나님은 너의 손을 통하여 징계를 하신다.(신4:20; 사10:5) 이것은 개인적인 것, 사회적인 것, 국제적인 것에도 똑같은 원리로 작용한다. 물론 너를 통한 하나님의 징계와 매의 쓴맛 속에는 나를 너무나 사랑하시는 하나님의 사랑과 은총이라는 구원의 의미도 함께 포함되어 있다.(잠3:12)

나는 나의 죄와 허물로 인하여 어떤 사람의 손에 폭력을 당하면서 하나님의 징계의 채찍과 함께 그 무섭고도 더러운 죄로부터 나를 건져

내시는 구원의 손길을 동시에 경험을 한 적이 있다.

너를 통하여 역사하시는 하나님의 손길은 축복과 영광에 있어서도 마찬가지이다. 우리가 조금만 생각을 해 본다면 나의 모든 행복과 영광은 바로 너를 통하여 온다는 것을 알 수 있다. 나의 대한 관심보다 너에 대한 나의 관심이 더 크고 많을 때, 나에 대한 염려와 고민보다 너에 대한 염려와 고민이 더 많고 깊어질 때, 나에 대한 감정보다 너에 대한 나의 감정이 더 풍부할 때, 나는 더 큰 기쁨과 감동, 더 놀라운 힘과 능력, 더 새로운 생각과 창의력을 얻을 수 있게 된다. 사랑의 힘도 너에 대한 나의 사랑이 크고 많을 때 생기는 법이지 너에 대한 사랑이 식어질 때 나의 정신적 에너지와 힘이 생기는 법은 결코 일어나지 않는다. 그럼에도 불구하고 우리는 평소에 '너'라고 하는 타인과 이웃을 너무 가볍게 무관심하면서 영적인 감각을 잃은 체 살아갈 때가 많다. 다시 강조하지만 모든 것은 '너'를 통해서 온다는 사실을 결코 잊어서는 안 된다. 돈 벌어서 성공하고 싶다면 저쪽에 있는 '너'를 아름답게 생각할 수 있어야 한다. 이유는 부와 명예도 너를 통하여 나에게 주어지기 때문이다.

따라서 너에 대한 나의 관심과 배려, 인내와 겸손, 용서와 사랑과 헌신은 곧 나 자신의 행복과 기쁨과 복을 받을 수 있는 가장 확실한 비결인 것이다. 너의 증오에 대한 나의 사랑, 너의 분노와 혈기에 대한 나의 참음과 이해, 너의 배신과 버림에 대한 나의 사랑과 용서에 대해서 예수의 십자가의 사건과 연결되어 있는 부활사건은 그것이 바로 가장 위대한 승리라는 것을 확실하게 증거 해 주고 있으며, 동시에 이러한 그리스도적인 정신과 행위들은 진정한 승리와 이김이 무엇인지, 진정한 용기가 무엇인지, 인간에게 있어서 가장 고차원적인 삶이 무엇인지 너무도 명백하게 말해주고 있다.

그러면 우리가 진정으로 '너'라고 하는 타인을 깊이 있게 이해할 수 있는 길은 무엇일까? 그 대답 역시 예수의 성육신 사건과 그 신앙정신 속에 담겨져 있다. 하나님이 우리와 똑같은 인간이 되셨다, 라고 하는 예수의 성육신 사건은 우리에게 내가 '너'라고 하는 타인과 이웃을 대할 때 내가 아닌 '너'가 되는 것, 즉 나의 입장이 아닌 너의 입장에서 너를 대하고, 너는 나의 입장에서 나를 대하라는 하나님의 역사적 외침을 말해주고 있다. 나는 너가 되고 너는 나가 될 때 우리는 온전히 하나님이 우리와 똑같은 인간이 되신 예수의 성육신의 정신을 배우고 이해하게 될 것이다.

2) 동행의 목적

하나님이 우리(나)와 함께하심은 분명한 이유와 목적이 있다. 목적이 없는 동행은 함께 살아가는 공존의 가치와 의미를 상실하게 된다. 성서적 증거에 의한 하나님과의 동행의 목적 가운데 하나는 가나안 정복전쟁에 나가기 전에, "두려워하지 말라, 놀라지 말라, 마음을 강하게 하라, 담대히 하라"는 것이다. 우리 자신들의 모든 삶의 현장에 항상 우리(나)와 함께하신다는 임마누엘의 신앙정신은 생사의 문제가 걸려있고 위기와 긴장감이 감도는 전쟁터에서 가장 크게 작용하면서 놀라운 위력의 빛을 발하게 된다.

"내가 모세와 함께 있던 것 같이 너와 함께 있을 것이라, 내가 너를 떠나지 아니하리라… 마음을 강하게 하라 담대히 하라, 마음을 강하게 하고 극히 담대히 하라, 두려워 말며 놀라지 말라"(수1:6-9)

히브리어에서 '용기'라는 말 하자크(חזק)는, "굳게 조이다, 묶어 매다, 힘써 …을 하다, 강하게 하다, 견고케 하다"라는 뜻을 지니고 있다.(신12:23;겔30:21;수1:6)

이스라엘은 정신적 무장을 할 때, 또는 마음의 준비를 할 때 굳게 조이다, 단단히 묶어 매다, 라는 표현을 즐겨 사용한다. 시련과 역경 속에 처해있는 욥을 영적으로 무장시키고 마음의 준비를 시킬 때에도 하나님께서는, "너는 대장부처럼 허리를 묶어라"(욥38:3; 40:7절)고 두 번 말씀하고 계신다. "묶어라"라는 말씀은 "대장부"라는 말씀과 연결되어 있고, "허리를 묶어 맨다"는 것은 어떤 어려운 임무를 떠맡을 준비를 하거나 전쟁터에서 싸울 준비를 한다는 의미의 히브리적 표현이다. 고로 이것 역시 영적인 무장, 마음의 준비를 가리키는 말씀인 것이다.

또 하나는 BC 587년 이후 이스라엘 백성들이 바벨론 포로가 되어 이국땅에서 종살이를 할 때 하나님이 주시는 새로운 희망과 용기를 가지라는 의미에서 주어지고 있다.

"너는 두려워 말라… 네가 물 가운데 지날 때에 물이 너를 침몰치 못할 것이며, 불 가운데 행할 때에 타지도 아니할 것이요 불꽃이 너를 사르지도 못하리라 내가 함께 할 것이라"(사43:2)

하나님과의 동행은 곧 그를 믿고 의지하는 것이며, 믿고 의지하는 자에게는 힘과 용기가 생겨나는 법이다. 의지할 곳이 없을 때 인간은 힘을 잃을 뿐만 아니라 모든 것을 잃게 된다. 전쟁터에서 뿐만 아니라 모든 삶의 현장에서 사기가 떨어지게 된다. 정처 없이 떠도는 방황, 무기력함, 혼돈과 무질서한 생활 이런 것들은 모두 믿고 의지할 곳이 없는 정신적 빈곤현상에서 일어나는 일들이다.

그러나 진정으로 하나님을 믿고 의지하는 자에게는 그 어떤 경우에라도 염려를 하거나 또는 놀라거나 두려워하는 마음이 생기지 않는다. 생사의 문제가 걸려있는 전쟁의 위기 속에서도, 산더미처럼 밀려오는 거대한 폭풍 앞에서도, 거친 파도와 폭풍이나 죽음이 문제가 아니라 중요한 것은 믿고 의지하는 마음인 것이다.

큰 폭풍 앞에서 사시나무 떨 듯이 떨고 있는 제자들에게 주님께서 당부하시는 말씀은, **"너희가 왜 이렇게 무서워하느냐? 너희가 어찌 믿음이 없느냐?"**(막4:35-41)라는 말씀이다.

주의 영이 있는 자들에게는 그 누구를 막론하고 세상의 모든 것들에 대하여 염려하지 않음, 놀라지 않음, 두려워하지 않는다, 라고 하는 공통점이 있다. 다윗은 거인 골리앗 앞에서 놀라는 기색이 전혀 없으며, (삼상17:45) 다니엘은 용광로와 같은 불구덩이 속에서도 태연자약 하며, (단3:20-23) 바울은 빌립보 감옥에 갇혀서도 찬송을 부르고 있고,(행 16:24-26) 히틀러의 손에 붙잡혀 사형선고를 받은 본 훼퍼 목사는 오히려 감사의 기도를 드렸다. 이는 곧 주의 영이 있는 자들은 의롭고 선한 일을 위한 거룩한 용기와 담대함이 있음을 증명해주고 있다. 이스라엘이 역사 속에서 서로를 신뢰하는 믿음을 바탕으로 하는 동행을 통하여 얻을 수 있었던 결과들은 바로 강하고 담대함, 희망과 용기, 넘쳐나는 사랑과 행복이었다.

그런가 하면 그리스도적인 의미에서 하나님이 우리(나)와 함께 하시는 동행의 목적은 땅 끝까지 복음을 증거하는 선교와 사명 감당이다.(마 28:19-20)

앞에서 살펴본 참 이스라엘적인 것과 그리스도적인 것을 합치면 염려하지 말며 두려워하지 말고 담대하게 복음을 전하라는 것이다. 사도들과 우리가 복음을 전해야 하는 그 선교현장은 가난과 질병, 시기와 질투, 증오와 핍박 등 온갖 죄악이 득실거리는 곳이다. 그 온갖 종류의 핍박과 죽음의 세력들이 판을 치는 가운데서도 염려하거나 두려워하지 말라는 것이다. 그 이유는 그곳에 하나님께서 함께하고 계시기 때문이다. 따라서 우리가 관심을 가지고 정신을 집중해야 할 것은 우리 자신들의 삶의 현장에서 우리가 경험하게 되는 가난과 질병, 증오와 핍박 같은 죄와 죽음의 세력이 아니라 그곳에 하나님께서 우리(나)와 함께하고 계신다, 라고 하는 임마누엘의 하나님에 대해서 눈을 뜨는 것이다.

선교와 목회에 있어서 제일 중요한 것은 그 현장에 하나님께서 함께하고 계신다는 사실이다.

동시에 우리 자신들의 삶의 현장 또는 선교현장에 주님께서 함께하신다는 임마누엘의 신앙정신이 우리에게 교훈하는 것은 그곳 그 삶의 현장에 내가 있지만 그곳이 어떤 장소이든지 그곳에 있는 나는 내가 아닌 예수의 모습으로서의 내가 되어 있어야 한다는 것이다. 예수 그리스도의 모양으로서의 '나'가 구체적으로 의미하는 것은 인간을 비롯한 모든 것을 예수의 눈으로 보고, 예수의 귀로 듣고, 예수의 마음으로 느끼고, 예수의 마음으로 생각하고 판단하는 것을 의미한다. 나의 사고방식과 생활스타일 전부가 예수와 같아야 함을 의미한다. 자기 혼자서 모든 것을 생각하고 행동하는 자는 예수와 함께 하나님과 함께하지 못한다.

또 하나 하나님과의 동행에 있어서 명심해야 할 것은 그 동행의 주체는 내가 아닌 하나님이라는 사실이다. 따라서 주님이 우리와 함께 하신다는 동행의식에 있어서 중요한 것은 나는 항상 주님의 종이이라는 생각을 잠시라도 잊어서는 안 된다는 것이다. 다시 말해서 하나님과의 동행은 우리에게 누가 주인이고 종인지 주종관계를 분명히 하라는 것이다. 이것은 선교와 목회에 있어서 사사로운 생각, 사적인 감정은 버려야 하며 그 어떤 것이라도 사적으로 판단해서는 안 된다는 것을 의미한다. 그리고 종은 주인의 명령에 순종하는 생활에 익숙해져 있어야 한다. 또한 종은 모든 일에 내 생각과 하나님의 뜻을 분별할 줄 아는 높은 수준의 영적 분별력이 있어야 한다. 내 생각과 하나님의 뜻 그리고 흑백과 옳고 그름에 대한 분별력이 없는 선교와 목회는 혼돈과 무질서 그 자체이며, 사탄의 속임수에 놀아날 가능성이 매우 크다고 할 수 있다. 이것은 비단 선교와 목회뿐만 아니라 인간적 삶의 모든 영역에 똑같이 적용이 된다.

끝으로 이스라엘의 하나님은 완전한 힘과 권능의 하나님이시다. 따라서 이스라엘이 역사 속에서 믿고 의지하는 것은 오직 하나님의 힘과 권능이다. 따라서 두려워 말라, 놀라지 말라, 힘을 내라고 하는 이 메시지는 곧 신적인 힘과 용기를 가지라는 것이다. 그것은 하나님께서 우리와 함께하실 때, 우리 자신들의 삶의 현장에 나타날 때에는 언제나 힘과 권능으로 나타나기 때문이다.

2

해맑은 신앙의 정신
(이성과 신앙의 관계)

우리가 이성과 신앙의 관계를 생각할 때, 정신없는 또는 정신이 빠진 비이성적인 신앙은 있어서도 안 되는 것이고, 또한 있을 수 없는 일인 것처럼 하나님에 대한 믿음이 없는 인간의 이성 또한 본인이 알아차리든 못 알아차리든 그것은 병적인 것이고 비참한 것이라 할 수 있다.

이처럼 신앙과 이성의 관계는 떼려야 뗄 수 없는 불가분의 관계에 있는 것처럼 우리 자들의 정신 상태와 성령의 역사 또한 결코 분리해서 생각할 수 없는 것이다. 영적인 것과 정신적인 것, 이 두 수레바퀴는 항상 같이 굴러가도록 되어 있다. 그럼에도 불구하고 많은 사람들은 이 둘을 따로 분리해서 별개의 것으로 생각하는 데 깊이 빠져있는 것이 우리 한국교회의 실정이다.

창조주 하나님이 없는 인간이 없듯이, 인간이 없는 하나님 역시 적어도 그 인간에게는 그것이 올바른 하나님이 될 수 없는 것이다. 여기서 인간 없는 하나님은 물론 비이성적인 정신없는 인간을 의미한다.

칸트의 말처럼, "비이성적인 신앙이 있을 수는 있지만 그것은 오래가지 못 한다" 따라서 이성과 신앙의 관계는 항상 동시적으로 생각할 수 있어야 한다.

"**곤고한 날에는 생각하라**"(전7:14) 고 말씀하시는 하나님은 동시에 "**환난 날에 나를 부르라**"(시50:15)고 말씀하고 계신다. 생각하는 것은 이성의 영역이고 부르짖어 기도하는 것은 믿음과 신앙의 영역이다.

"**하나님은 영이시니**"(요4:24)라는 말씀의 인간적인 적용은, 생각하고 사색하는 심성과 이성적 판단을 지니고 있다는 것을 의미한다.

성경을 근거로 하는 기독교적 신앙의 열정과 이교적인 또는 미신적인 열정의 차이점은 이성적인 것과 비이성적이라는 점이다. 말씀과 기도와 찬양을 통하여 뛰고 설치는 기독교적 열정이 만약에 방울이나 대나무를 흔들어대며 뛰고 설치는 무당이나 이교도와 같이 비이성적인 것이 될 때, 그와 같은 저급한 종류의 것으로 전락하고 만다는 것을 잊어서는 안 된다. 성서적 역사 속에서 이성적인 신앙과 비이성적인 신앙의 형태를 명확하게 구별지어주는 한 모델을 우리는 엘리야의 신앙과 바알숭배자들의 신앙형태를 통하여 자세히 알 수 있다.

거기에는 피를 흘리며 뛰고 설치는 디오니소스적인 바알숭배자들의 모습은 완전히 정신이 빠져버린 비이성적인 신앙의 모습을 적나라하게 보여주는 반면, 엘리야의 야훼 신앙의 열정은 그와는 대조적으로 너무나 차분하게 역사적 야훼 하나님과의 말씀의 소통을 통하여 나타나고 있다는 점이다. (왕상18:25-40절 참조)

따라서 오늘날 우리 한국교회에서 일어나고 있는 기도와 찬양의 열정을 통한 박수소리와 춤을 추는 행위들은 반드시 카오스(chaos)적인 무질서와 혼란 속에서가 아니라 코스모스(cosmos)적인 질서 가운데 이성적이고 맑은 신앙의 정신 가운데서 행해져야 함을 잊어서는 안 된다.

예수와 이스라엘의 신앙정신 속에는 디오니소스(Dionisos)가 지배하는 비이성적인 신앙의 모습은 그 어디에도 찾아볼 수 없다.

예수를 무너뜨리기 위한 사탄의 시험과 유혹의 내용이 담긴, **"돌이 떡이 되게 하라, 네가 만일 하나님의 아들이이라면 성전 꼭대기에서 뛰어 내리라, 네게 절을 하면 천하 만국의 모든 것을 네게 주리라"**(마4:1-11)

이 말씀이 우리에게 교훈하는 것도 그 어떤 상황 속에서라도 우리에게 필요한 것은 내가 그것을 해도 옳은 것인지 아닌지 명확한 논리적 판단과 분별력이라는 것이다.

우리의 신앙생활과 한국교회의 질적 성장에 가장 큰 걸림돌 가운데 하나는 바로 우리 자신들의 정신 상태와 성령의 역사를 별개로 생각한다는데 있다. 이 둘을 따로 분리해서 별개의 것으로 생각하고 행동하기 때문에 우리는 저급한 싸구려 성령의 역사에 빠지게 되고, 제대로 된 성령의 역사를 경험하지도 못하며, 뿐만 아니라 또한 성숙한 신앙적 인격의 열매를 맛보지 못하는 것이다. 따라서 우리는 가장 이상적이고 바른 이성적 판단과 맑은 정신, 그리고 참된 마음가짐을 통하여 성령의 역사하심과 조화를 이룰 수 있는 방법을 찾도록 해야 한다. 그 방법을 찾기 위해서 가장 먼저 알아야 할 것은 우리 자신들의 이성적 판단과 정신적 능력, 그리고 지식과 경험, 합리적 생각과 논리적 사고 등 이 모든 것들의 위대한 가치를 생각함과 동시에 약점과 단점을 함께 파악하는 것이다.

하나님은 우리 자신들의 이성적 판단, 의지와 노력, 합리적 생각과 논리적 사고를 아주 크게 존중해 주고 계신다. 우리에게 이성과 정신을 주신 하나님은 우리의 이성적 판단과 논리적 사고를 결코 무시하시지 않는다. 이성적 판단에 대한 존중은 태초부터 우리 인간에게 주어지는 선물이다. 에덴동산에서 하나님은 금단의 열매 선악과에 대하여 아담이 먹을 수 없도록 끈으로 아담의 손과 발을 묶어 두지 않는다. 인간의 자유의지와 이성적 판단을 존중해 주고 계신다.

우리 자신들의 자유의지와 이성적 판단 그리고 논리적 사고에 대한 존중과 그 가치의 소중함에 대해서는 구약의 이스라엘 정신뿐만 아니라 예수의 정신은 함께 공유하고 있다. 태초에 아담과 하와의 자유의지와 이성적 판단을 존중하시는 그 하나님은 그리스도적인 계시를 통하여 이렇게 말씀하고 계신다.

"너희 중에 누가 망대를 세우고자 한다면 자기가 가지고 있는 것이 준공하기까지 족할는지 먼저 앉아 그 비용을 예산하지 않겠느냐?"(눅14:28)

"생베 조각을 낡은 옷에 붙이는 자가 없나니 그러면 기운 것이 그 옷을 당기어 해어짐이 더하게 됨이요, 새 포도주를 낡은 가죽부대에 넣지 아니하나니 그렇게 하면 부대가 터져 포도주도 쏟아지고 부대도 버리게 됨이라."(마9:16-17)

하나님의 역사와 우리 자신들의 좀 더 풍요로운 삶을 위해서는 냉철한 이성적 판단, 합리적인 생각과 논리적 사고, 오차 없는 과학적 사고와 정확한 계산을 필요로 한다. 그러기 위하여 우리는 먼저 인간적 예수와 성서적 사고의 골격이라 할 수 있는 고대 히브리인들과 이스라엘의 세밀하고 분석적인 사고방식의 깊이와 넓이를 먼저 이해할 수 있어야 한다.

1) 이스라엘의 맞춤식 사고

이성과 신앙의 관계를 더 폭넓고 명확하게 이해하기 위해서 먼저 우리는 역사적 예수와 히브리적 사고의 깊이를 배워야 하고, 그러기 위해서 우선적으로 우리가 알아야 할 것은 그들의 사고는 각 종류별로 그 상황에 따라 다르게 맞춤식 사고를 가지고 있다는 사실이다. 이스라엘에 있어서 이성적 사고의 폭이 넓고 깊다는 것은 다양한 생각을 가지고 있다는 것을 뜻하며, 다양한 생각을 가지고 있다는 것은 곧 아주 세밀하게 분석적이고 그 사건과 상황에 어울리는 조화로운 생각을 가진다는 것을 의미한다.

우리에게 있어서 "생각 한다"라는 말은 단조롭게 내가 생각하고자 하는 대상과 종류에 대하여 생각하는 것, 예를 들면 미래를 → 생각한다, 과거를 → 생각한다, 아름다운 것을 → 생각한다, 가족들을 → 생각한다, 라는 방식으로 그 어떤 종류든 생각하는 대상들이 나의 생각의 틀 속에서 느껴지고 이해되고 납득이 된다.

생각이라는 하나의 말을 가지고 수천 수 만 가지를 생각할 수 있다. 이것이 우리의 의식구조이고 생각의 체계이다. 그러나 히브리인들과 이스라엘이 가지고 있는 생각의 체계는 이와는 반대로 생각하는 대상과 종류에 따라서 각각 다른 생각의 개념을 가지고 있다. 예를 들면 미래를 ← 생각한다, 과거를 ← 생각한다, 아름다운 것을 ← 생각한다, 가족들을 ← 생각한다, 라는 생각의 체계이다. 우리는 생각의 대상과 종류를 나의 생각의 초점에 맞추지만, 이스라엘은 자신들이 생각하고자 하는 대상과 종류에 자기들의 생각의 초점을 맞춘다. 우리는 생각의 초점이 나 자신의 생각에 있고, 그들의 생각의 초점은 생각하고자 하는 대상에 있다. 우리는 생각이라는 말이 하나밖에 없지만 그들은 생각이라는 여러 개의 용어를 가지고 상황에 따라 그기에 맞는 맞춤식으로 사용한다. 이러한 사고방식은 그들이 모든 것들을 얼마나 세밀하게 그리고 자기중심적이거나 독단적이 아닌 객관적으로 파악하려 했는가를 말해주고 있다. 이처럼 우리와는 판이하게 다른 생각의 체계를 이제 성서적 용어와 교훈을 통하여 살펴보도록 한다.

① 빈(בין)이다, 이 말은 분별하다, 식별하다, 는 뜻으로 현명한 생각에 주로 사용된다. "나는 주의 일을 생각 하겠나이다, 너희는 이전 일을 기억하지 말며 옛적 일을 생각하지 말라, 지혜 없는 자(분별없는 자)를 보았다, 엘리가 하나님의 부르심을 깨닫다,(분별하다)"(시119:95;사43:18;잠7:7;삼상3:8)

② 하캄(חכם), 이 말은 판단하다, 알만하다, 익숙해지다, 슬기롭다, 영리하다의 뜻을 지니고 있다.

"너는 마음에 지혜 있는 자 곧 내가 지혜로운 영으로 채운 자들에게… 귀인과 모사와 공교한 장인과 능란한…저는 심히 간교한 자라… 가장 지혜로운 모사의 모략은 우준하였으니…"(출28:3;사3:3;19:11;삼하13:3)

③ 자카르(זכר), 이 말은 기억하다, 회상하다의 뜻이지만 그 회상은 과거와 미래를 동시에 회상하는 것을 의미한다. 과거에 대한 회상과 미래를 내다본다는 동시성을 가지고 있다. "내가 영영히 주모가 되리라 이 일을 네 마음에 두지도 아니하며 그 종말을 생각지 아니하였다… 이스라엘을 기억하소서… 너희의 자손에게 주어 영영한 기업이 되게 하리라, 내 생명이 한 호흡 같음을 생각하옵소서… 생각지 않으며 기억

지 않으며 찾지 아니할 것이며, 저의 더러움이 그 치마에 있으나 결국을 생각지 아니함이여…"(사47:7;출32:13;욥7:7;렘3:16;애1:9)

④ 라아(ראה), 이 말은 바라보다, 쳐다보다, 라고 하는 시각적 의미를 가지고 있지만 "생각하다"라고 하는 의식적 의미로 쓰일 때는 "마음으로 느끼고 인식하다, …에 관심을 가지다"라는 의미로 사용되기도 한다.

"곤고한 날에는 생각하라… 야훼께서 그 고난을 감찰하셨다… 야훼의 위엄을 돌아보지 않는도다."(전7:14;출4:31;사26:10)

⑤ 하쇄브(חשב), 계획하다, 추측하다, 전가시키다, …탓으로 돌리다, 라는 뜻으로 대부분 악한 의도가 담긴 부정적인 의미로 많이 사용되고 있다.

"그 마음의 생각의 모든 계획이 항상 악할 뿐임을 보시고… 사울이 다윗을 블레셋 사람의 손에 죽이기로 생각하다… 땅에 거하는 자들을 거짓말로 모해하다… 야훼께서 사람의 생각의 허무함을 아신다…악인은 그 길을 불의한 자는 그 생각을 버려라…네 악한 생각이 네 속에 얼마나 오래 머물겠느냐."(창6:5;삼상18:25;시35:20;94:11;사55:7;렘4:14)

그 밖에 "그는 그녀를 창녀로 여겼다, 생각했다, 추측했다.(창38:15)

"엘리는 그가 술에 취한 줄로 생각했다."(삼상1:13) "나를 원수같이 보시는구나, 여기는구나.(추측)"(욥19:11) "대로가 황폐하여 행인이 끊어지며… 사람을 생각지 아니하며."(사33:8)

⑥ 하가(הגה), 이 말은 "속삭이다, 연구하다, 깊이 생각하다"라는 뜻으로 어떤 것을 깊이 생각할 때, 신중하게 생각할 때, 또는 묵상할 때, 주로 사용되는 용어이다.

"이 율법책을… 주야로 묵상하며… 그 율법을 주야로 묵상하는 자로다, 주의 모든 행하신 것을 묵상하며… 의인의 마음은 대답할 말을 깊

이 생각한다."(수1:8;시1:2;143:5; 잠15:28)

⑦ 싸르아프(שְׂרַעֵף), 이 말의 어근은 싸아프(סעף)인데 그 뜻은 "가지를 자르다, 조각을 내다, 큰 가지에서 쪼갈라지다, 나누어지다, 분할하다."(사10:33)라는 뜻인데 이는 곧 "잘게 나누어진 마음, 흩어진 생각"을 의미한다.

"내 속에 생각이 많을 때에 주의 위안이 내 영혼을 즐겁게 하신다, 내 생각이 내게 대답하나니 이는 내 중심이 조급함이니라, 내가 두 마음을 품는 자를 미워하나니…"(시94:19;욥20:2; 시119:113)

여기서 "생각이 많을 때에"의 생각은 "다양성, 세밀함, 분석적"임을 나타내는 긍정적 의미로 쓰여 지고 있고 '두 마음'은 부정적인 의미로 "분열된 생각, 의심하는 회의주의자"를 가리킨다.

⑧ 쑤아흐(שׂוח), 이 말은 "생각하다"라는 뜻이나 이 말의 동사 씨아흐(שׂיח)는 "자신과 더불어 이야기 하다, 묵상하다, 명상하다"라는 뜻으로 하나님과 세상과 자신에 대한 깊은 묵상 또는 명상할 때 많이 사용된다.

"이삭이 저물 때에 들에 나가 묵상하다가… 내가 주의 법도를 묵상하며…"(창24:63;시119:15) 그 밖에 하나님 앞에서의 명상(욥15:4)

이상에서 살펴본 대로 이스라엘의 이성적 판단과 사고방식의 체계는 주관성과 객관성의 절묘한 조화, 세밀하고 분석적이라는 것, 생각이라는 다양한 용어를 통하여 그 상황에 맞게 유효적절하게 사용하고 있으며 이것은 그들이 인간의 이성적 가치를 소중하게 여기고 그 능력을 최대한 계발하고 발휘하려 했음을 말해준다.

2) 이성주의자들의 문제들

그러나 문제는 그리고 우리가 조심해야 할 것은, 우리 자신들의 냉철한 이성적 판단과 합리적인 생각 논리적 사고는 항상 악마의 덫이라고 하는 위험한 그물에 노출되어 있다는 사실이다. 자유의지, 이성적 판단, 논리적 사고, 지식과 경험은 우리 인간만이 부여받은 특권이지만 그 특권은 항상 악마의 덫에 노출되어있는 특권임을 잊어서는 안 된다. 우리 자신들의 이성적 능력과 논리적 사고라고 하는 위대함이 동시에 약점과 단점이 될 수 있는 이유, 그리고 인간의 이성적 판단과 모든 지식과 경험이 창조주 하나님을 믿고 의지해야 하는 이유가 바로 여기에 있다.

금단의 열매 앞에 서 있는 태초의 사람에게 있어서 이성적 판단과 지적 능력 더 나아가 그들의 시각적 아름다움과 맛을 느끼게 하는 미각적 감각까지도 탐욕이라는 그물에 노출되어 있고,(창3:1-6) 가인의 제사는 분노와 혈기 앞에 노출되어 있으며,(창4:1-6) 백성들로부터 부여받은 다윗의 공적 권력은 사적 욕구충족을 위한 밧세바의 성적 매력에 노출되어 있고,(삼하11:2-5) 사회적 정의 실현에 모범이 되어야 할 법관들의 양심은 뇌물과 여러 가지 이권 청탁이라는 그물에 노출되어 있으며,(사5:23) 선량한 봉사정신과 구제 심지어 하나님께 기도드리는 것까지도 자기 과시욕이라는 사탄의 그물에 노출되어 있다고 성경은 충고해주고 있다.(마6:1-8)

악마는 우리의 자유의지와 이성적 판단, 논리적 사고, 지식과 경험, 재능과 소질, 심지어는 우리의 신앙정신 그리고 선한 양심까지도 자신이 쳐 놓은 그물에 걸려들기만을 항상 기다리고 있다. 그 그물에 걸려드는 고기는 영락없이 악마의 먹잇감이 되고 마는 것이다.

인간의 역사는 냉철한 이성적 판단과 논리적 사고, 그리고 오차 없는 과학과 정확한 계산을 못해서 불행과 멸망의 절벽으로 추락하는 것이 아니라, 그 모든 것들이 악마의 도구로 변질되거나 악마화 되기 때문에 불행해지고 멸망한다는 것을 보여주고 있다.

하나님의 역사에는 우리 자신들의 이성적 능력을 통한 합리성과 논리적 사고를 필요로 한다. 그러나 우리가 조심해야 할 것은 아무리 똑똑한 사고와 정확한 계산을 한다 하더라도 우리의 이성적 사고, 합리성, 정확한 논리와 계산 이 모든 것들은 하나님의 약속의 말씀과 배치된다든지 또는 조화가 되지 않을 때 우리 자신들의 지식과 경험, 논리적 사고, 재능과 소질 이 모든 것들은 오히려 다윗의 참모들과 주변인들이 그랬던 것처럼 불행과 멸망의 덫이 되고 함정이 된다는 사실이다. 다윗의 경우 자신의 정적인 사울을 제거할 수 있는 절호의 기회가 찾아온다. 환경과 조건 모든 것이 다 갖추어지고 설득력 있는 명분도 분명하다. 그러나 사울을 제거할 수 있는 모든 환경과 조건이 다 갖추어지고 뚜렷한 명분도 있고 평생에 한 번 올까 말까 할 정도의 절호의 기회라 할지라도 그 모든 것들이 하나님과의 공적인 약속의 말씀에 기초하고 그 약속의 말씀과 조화가 되지 않기 때문에 다윗은 그 좋은 조건과 절호의 기회를 과감하게 포기하는 결단력을 보여주고 있다.

"다윗의 마음이 찔려 자기 사람들에게 이르되 내가 손을 들어 여호와의 기름 부음을 받은 내 주를 치는 것은 여호와의 금하시는 것이니… 사람

들을 금하여 사울을 해하지 못하게 하니라"(삼상24:1-7)

1980년 당시 우리나라의 몇몇 잡배 군인들이 자신들의 사적인 야망을 이루기 위해 나라전체를 쑥대밭으로 만들어버린 것과는 달리, 다윗은 하나님과의 공적인 약속을 깨뜨리고 배신하면서까지 자신의 야망과 욕구충족을 위해 정적 제거의 칼을 휘두르지 않는다는 것이다.

최고의 조건과 환경, 안성맞춤, 절호의 기회 등은 우리로 하여금 거기에 빠져들 수밖에 없는 집착을 불러일으키고 또한 목적하는 바를 이룰 수 있는 황금의 시기라고 하는 논리를 만들어 전개하지만, 그 이성적 판단과 논리적 사고가 사람을 해치고 죽이는 악한 것과 맞물려 있을 때 최고의 조건과 환경, 안성맞춤, 절호의 기회는 모두 악마의 덫이고 함정이라는 것이다. 그래서 성경은 우리가 아무리 좋은 계획을 세운다 하더라도 결과는 다르게 나타날 수 있다는 것을 알아야 한다고 충고해주고 있다.

"마음의 경영은 사람에게 있어도 말의 응답은 여호와께로서 나느니라, 사람의 마음에는 많은 계획이 있어도 오직 여호와의 뜻이 완전히 서리라"(잠 16:1; 19:21)

우리는 냉철한 이성적 판단과 논리적 사고를 통하여 미래를 계획하고 설계하며, 다가 올 미래에 대하여 예상하고 추측하며 상상은 얼마든지 할 수 있지만 그에 대한 확실한 결과에는 도달하지 못한다. 농부가 씨앗을 심는 계획을 세울 수는 있지만 그 열매와 수확에 대해서는 전혀 알 수 없는 것처럼 말이다. 그래서 예수께서는 우리가 생각하는 미래에 대한 예상과 결심도 헛것이 될 수 있으며, 현실을 좀 더 명확하게 파악하기 위해서 자료를 수집하고 새로운 지식과 정보를 얻어 연구하고 분석하지만, 지금 현재 일어나고 있는 현실에 대해서 명확하게 다 알 수도 없고 파악할 수 없는 일들이 많이 있다고 가르쳐주고 계신다. (마26:33-35; 요13:7)

그리고 우리 자신들의 이성적 판단에 있어서 문제점은 우리가 모두 죄인들이며 따라서 우리의 인간적 사고는 죄의 포로가 되어있기 때문에 항상 바르게 생각하지 못한다는 것이다. (롬3:10) **"내 생각은 너희 생각과 다르다"**(사55:8)는 말씀 속에는 우리 인간의 이성적 판단은 불완전한 것이며, 또한 얼마나 많은 문제를 가지고 있는가를 웅변적으로 말해주는 내용이다.

인간이 불완전한 존재라는 말의 핵심은 바로 인간의 정신과 이성적 판단이 불완전하다는 것이다.

현실에서 경험하는 정신을 잃음, 불안과 염려, 탐욕과 거짓, 질투와 분노, 착각과 망각 흥분 등 다양한 감정의 굴곡, 온갖 종류의 죄악들이 바로 그 구체적인 증거들이다.

그리고 인간의 이성적 판단과 논리적 사고 지식과 경험의 총체는 과학적 사고방식이다. 그러나 인간이 과학적 사고방식만 고집할 때, 거기에 남는 것은 세련된 기술과 그 기술로 만들어지는 화려하고 웅장한 것들이지만 그 화려함과 웅장함은 인간의 타락을 부추기는 환상적 현실을 만들어내기 때문에, 그 환상은 결국 우리 자신들에게 공허함과 패망의 결과만 남길 뿐이다.

역사적으로 화려하고 웅장한 과학의 발전이 인간의 영혼을 만족하게 채워준 적은 단 한 번도 없었다. 오히려 더 심각한 공허와 허무함, 그리고 인간의 가슴에 욕망의 불을 지르기만 했을 뿐이다. 이러한 사실은 지금 우리의 현실 속에서도 그대로 적중되고 있다. 눈부신 과학의 발전과 물질적으로 풍요로운 경제대국들이 오히려 더 심각한 정신적 빈곤에 시달리고 있다는 사실이 이를 잘 뒷받침해주고 있다. 그럼에도 불구하고 인간은 항상 저 고대인들이 하늘 꼭대기까지 올라가는 바벨탑을 바라보면서 그랬던 것처럼 눈부신 과학의 발전만을 고집하고 선호하며 감격하고 경탄한다. 하늘 꼭대기까지 치솟은 바벨탑이 무너져 내린 것처럼 영성 없는 과학의 결국은 비참한 것인 줄 알아차리지도 못하면서 말이다.

역사적 이스라엘과 예수의 공생애 사역 현장은 둘 다 인간을 비롯한 세상 모든 것들에 대하여 과학적 설명을 접어두고 신학적 사고방식과 그 의미를 캐내려고 정신을 집중하고 있다. 역사적 예수와 이스라엘의 신앙정신은 다 같이 하나님이 없는 과학이나 인간의 이성에 대해서는 단 한 번도 말한 적이 없다는 사실을 주목해야 한다. 그래서 과학의 거성 아인슈타인도 "신앙이 없는 과학은 절름발이와 같다"고 하지 않았던가! 즉 다시 말하면 창조주 하나님에 대한 경외와 인간적 도덕과 윤리가 없는 과학의 발전과 세련된 기술은 어떤 방향으로 나아갈 것인지, 그것은 악마의 도구가 되는 것은 불을 보듯 명약관화한 사실이라는 것이다.

따라서 우리의 이성적 판단과 논리적 사고는 항상 하나님의 은혜와 성령의 역사를 통한 지도와 인도하심을 필요로 하며, 성령의 역사하심 또한 우리 자신들의 참되고 바른 이성적 사고를 필요로 한다. 물론 우리 자신들의 이성적 사고와 관계없이 성령의 일방적 역사도 있지만 이성과 신앙, 우리의 영과 성령의 상호관계성은 너무나 중요하다. 비이성적인 정신이 나간 사람을 하나님은 사용하시지 않으며, 그런 자는 성령의 역사와 결코 조화를 이루지 못한다. 고로 우리는 세상에서 또는 우리 자신들에게서 일어나는 모든 사건들, 하나님께서 우리에게 보여주시는 꿈과 환상 계시의 역사들을 포함하여 일어나는 모든 일들이 하나님의 뜻인지 아니면 사탄의 장난인지, 그 모든 것들을 분별할 수 있는 냉철한 이성적 판단을 하나님은 우리에게 요구하신다. 즉 신앙적 행위를 통하여 나타나는 일들과 되어지는 일들은 모두 이성적 판단과 분별을 필요로 한다는 말이다.

3) 이성적 판단의 범위와 한계

구약성서의 무대 위에서 활동했던 장본인들인 이스라엘은 하나님의 초자연적인 역사들에 대해서 이성적 판단을 통하여 그것을 과학적으로 조명하고 해석하는 일에 있어서 최선을 다한다.

창조의 역사와 출애굽에서 경험했던 바다 갈라짐의 기적과 광야 40년 생활 속에서 경험했던 만나와 메추라기의 초자연적인 기적의 역사들에 대해서, 이스라엘은 자신들의 이성적 판단을 통하여 과학적으로 조명하고 해석하는 것을 결코 잊지 않는다. 창조의 역사를 통해서 해와 달과 별들의 위치와 기능 그리고 천문학적 지식과 기후와 땅의 오묘한 조화를 알아냈으며,(창1:11-23) 출애굽 사건의 핵심인 바다 갈라짐의 기적은 거센 바람 즉 강력한 동풍(東風)에 의한 것이며, 광야에서 먹었던 만나와 메추라기는 동남풍(東南風)의 기류를 따라 들어온 것임을 파악하고 있으며, 애굽에 내려진 메뚜기 재앙에 사용된 메뚜기 떼들 역시 동풍의 기류와 관계가 있음을 말씀하고 있다.

"모세가 바다 위로 손을 내어민대 야훼께서 큰 동풍으로 밤새도록 바닷물을 물러가게 하시니 물리 갈라져 바다가 마른 땅이 된지라"(출14:21;사27:8;렘18:17)

"모세가 애굽 땅 위에 지팡이를 들매 야훼께서 동풍을 일으켜 온 낮과 온 밤에 불게 하시니 아침에 미쳐 동풍이 메뚜기를 불어 들인지라"(출10:13)

"저희에게 만나를 비같이 내려 먹이시며… 하늘 양식으로 주셨나니… 저가 동풍으로 하늘에서 일게 하시며 그 권능으로 남풍을 인도하시고 저희에게 고기를 티끌같이 내리시니 곧 바다 모래 같은 나는 새라 그 진중에 떨어지게 하사…"(시78:24-28)

이스라엘은 역사 속에서 경험한 하나님의 기적과 신비적 사건들에 대해서 맹목적으로 아멘~ 하지 않고 냉철한 이성적 판단과 분별을 통하여 그것을 과학적으로 조명하고 납득했다는 것이다. 여기서 우리는 참 신앙의 모습이 어떤 것인지 잘 알 수 있다. 그 신앙이 미신적인 것일수록 비이성적이고 맹목적인 것이 된다.

신앙적인 행위와 그 영역에서 일어난 일들은 우리 자신들의 이성적 판단과 분별력을 필요로 한다. 물론 인간의 이성과 지식으로는 도저히 파악할 수 없는 초이성적인 것도 있다. 한국교회의 경우 여기에 가장 많이 해당되는 것은 기도의 응답이라 할 수 있다. 우리 주변에는 기도의 응답을 비롯한 많은 신앙적 행위들 또는 나타나는 일들에 대해서 이성적 여과장치를 거치지 않기 때문에 많은 부작용과 폐단이 발생하는 것을 볼 수 있다. 이스라엘의 신앙정신은 인간의 이성과 지식의 한계를 벗어난 것이 아닌 이상 기이하고 신비로운 일들을 이성적 판단을 통하여 파악하고 이해하고 납득하려고 최선을 다한다. 물론 그들의 이성은 당연히 믿음에 근거하는 신앙적 이성이다. 동시에 그들은 이성적인 것을 통하여 초이성적인 것을 생각한다. 좀 더 구체적으로 말하면 이스라엘 신앙정신에 있어서 인간의 이성적 판단이 가능한 것과 불가능한 것은 별개이면서 동시에 언제나 함께 같이 생각한다. 즉 그들은 일상적이고 평범한 것에서 특이한 것을, 물질적인 것에서 영적인 것을, 보이는 것에서 보이지 않는 것을, 유한한 것에서 무한한 것을, 찰나적인 것에서 영원한 것을 파악하고 이해를 하는 것에도 익숙해져 있다.

"하나님은 크고 측량할 수 없는 일을 셀 수 없이 행하시나니 비를 땅에 내리시고 물을 밭에 보내시며… 주의 손가락으로 만드신 주의 하늘과 베풀어 두신 달과 별들을 내가 봅니다."(욥5:9-10;시8:3)

쏟아지는 비와 그 비에 땅이 젖어드는 것을 보면서 동시에 그 배후에서 역사하시는 전능하신 하나님의 신비로우신 손길을 함께 생각한다.

그러나 이스라엘이 아주 탁월한 이성주의자들이라 하더라도 그들의 탁월한 이성적 판단은 다 알 수 있는 것이 아닌 한계를 가지고 있다는 것이다. 인간의 이성은 모든 것에서 완전한 것이 아니라 불완전하고 한계가 있는 법이다. 이 한계에 대한 성서적 표현은 "기이하다, 놀랍다, 희한하다"라는 말들이다. 그래서 세상은 초이성적인 것과 이성적인 것, 알 수 있는 것과 알 수 없는 것들이 공존하는 세상이라는 것을 성경은 교훈하고 있다.

4) 다 알 수 없는 하나님의 역사

이스라엘은 역사 속에서 일어나는 하나님의 역사에 대하여 알 수 있는 것과 알 수 없는 것이 있음을 명확하게 구분하기 위하여 많은 노력을 기울인다. 즉 하나님께서 하시는 일은 인간이 결코 다 알 수 없다는 것이다. 하나님께서 하시는 일에 대하여 인간은 처음도 알 수 없고 끝도 알 수 없다.

"하나님의 하시는 일의 시종(始終)을 사람으로 측량할 수 없게 하셨도다"(전3:11)

알 수 없고 종잡을 수 없는 하나님의 섭리에 대하여 자기중심적 사고와 신앙적 자기도취에 빠져있는 욥이라는 사람을 하나님께서 설득하시는 내용 속에 가장 구체적으로 잘 나타나고 있다. 홍수처럼 쏟아지는 욥에 대한 하나님의 질문은 모두가 비꼬는 듯 한 풍자적인 언어로 되어 있다.

"욥이여 이것을 듣고 가만히 서서 하나님의 기묘하신 일을 궁구하라⋯ 번개 빛이 번쩍번쩍 하는지 네가 아느냐? 남풍으로 하여 땅이 고요할 때에 네 의복이 따뜻한 까닭을 네가 아느냐? 네가 거울 같은 견고한 궁창을 펼 수 있느냐? 땅의 기초를 놓을 때에⋯ 그 주초는 무엇이며 모퉁이돌은 누가 놓았었느냐? 산 염소 새끼 치는 때를 네가 아느냐"(욥37:14,15,18;39:1)

홍수처럼 쏟아지는 이 질문에 욥은 한 마디도 대답하지 못하고 코가 납작해져서 그때서야 다 알 수도 없고 다 알지도 못하는 것들에 대하여 알 수 있다고 착각했던 자기중심적 사고방식에 대하여 진심으로 티끌과 재 가운데서 회개하게 된다.(욥42:6)

이처럼 도저히 헤아릴 수 없고 이해할 수 없고 납득할 수 없는 불가지론적인 일들에 대하여 구약성서는 "숨어계시는 하나님"이라고 말씀하고 있지만 그러나 숨어계시는 하나님의 의미는 대부분 전혀 알 수 없는 불가지론적인 하나님에 대한 것만이 아니고 기도 응답의 지연에 따른 하나님의 침묵과 외면, 진노와 징벌, 또는 구원의 신비에 대한 감격 등의 의미로 사용되고 있다.

"내가 진노하여 내 얼굴을 숨겨 보이지 않게 할 것인즉 그들이 삼킴을 당하여… 그들이 다른 신을 좇는 악행을 인하여… 내 얼굴을 숨기리라"(신 31:17-18)

"주의 얼굴을 내게서 숨기지 마시고 종을 노하여 버리지 마소서… 얼굴을 종에게서 숨기지 마소서 내가 환난 중에 있사오니 속히 내게 응답하소서"(시27:9;69:17)

그 밖에 외면 징벌 기도의 호소 등의 의미로 많이 나타난다.(시10:11;51:11; 102:2;104:29;사45:15;64:7)

숨어계시는 하나님에 대한 이스라엘 신앙정신이 의미하는 것은 세상의 온갖 고난과 시련의 아픔 속에서도 오직 야훼 하나님만을 의지하며 살았던 당신의 백성과 자녀들인 이스라엘이 극한의 고난과 아픔 속에서 애절한 심정으로 찾고 부르짖을 때 돌연 갑자기 깊은 곳에 숨어버리고 대답이 없는 것을 의미하면서, 동시에 구원의 축복은 전혀 꿈도 꾸지 않았는데 어느 날 갑자기 나타나서 놀랍고 신비로운 역사를 일으키시는 전혀 예측 불가능한 하나님의 모습에 대한 역설을 동반한 동시적 의미를 말해주는 것이다. 전혀 생각지도 못하는 상황에서 구원의 놀라운 선물 보따리를 가져다주시는 하나님에 대해서 이사야는 이렇게 고백하고 있다.

"구원자 이스라엘의 하나님이여 진실로 주는 스스로 숨어계시는 하나님이십니다."(사45:15)

이사야의 이 고백은 전혀 예측하지 못한 상황의 새롭고 놀라운 대반전에 대한 환희의 감격에 찬 고백이다.

그런데 욥기를 중심으로 살펴볼 때 인간의 이성적 판단과 지식으로 전혀 알 수 없는 그 하나님은 간절히 찾고 부르짖는 자에게는 "알게 해주시는 하나님, 또는 알려주시는 하나님"이기도 하다는 것이다.

욥의 경우 그의 친구들은 인과응보의 교리를 주장하고 있지만 현실적으로는 전혀 그 반대라는 것이다. 욥에게 있어서 그것은 가장 큰 고통과 고민이었다.

"나도 그 생각만 하면 미칠 것 같네, 몸에 소름이 다 끼치네, 악한 자들이 오래 살며, 늙을수록 점점 더 건강하니 어찌된 일인가? 그 후손들이 잘 사는 것을 보며 흐뭇해하지 않는가? 그들의 집은 무사태평하여 두려워할 일이 없고 하나님에게 매를 맞는 일도 없지 않는가?"(욥21:6-9)

이러한 욥의 극한 마음의 고통과 고민은 기도로 이어지고 마침내 욥은 아래와 같은 내용이 담긴 하나님의 응답을 듣게 된다.

"내가 악어의 지체와 큰 힘과 훌륭한 구조에 대하여 잠잠치 아니하리라"
(욥41:12)

악어의 큰 힘은 거대 권력을 가진 악하고 불의한 자들을 뜻하고, '구조'라는 말은 사회 제도적 또는 구조적인 사회악을 의미한다.

욥기의 이러한 메시지는 결국 알 수 없는 것이라 할지라도 우리가 기도의 무릎을 꿇을 때 하나님은 알려주시는 분이시며, 그럼에도 불구하고 인간의 이성적 판단으로 도저히 알 수 없고 도달할 수 없는 것에 대해서는 우리 자신들의 이성적 판단의 한계를 인정하는 것, 다 알 수 없는 신비의 세계가 존재한다는 것을 알아차리고 역사적 이스라엘이 히틀러의 손에 600 만 명이 죽어갈 때, "우리가 왜 이런 고통과 시련을 겪어야 하는지 모르겠습니다, 그러나 우리는 여기에도 하나님의 뜻이 있는 줄 믿습니다."라고 했던 것처럼 그것을 믿음으로 아멘 하면서 받아들이는 것이 곧 신앙정신에 입각한 믿음이라는 것이다.

5) 이성과 신앙의 상호관계성

예수와 이스라엘의 신앙정신을 통하여 우리가 배워야 할 것은 이스라엘은 성령의 역사와 임재를 인간의 더 맑은 이성적 판단과 아름다운 신앙정신, 그리고 윤리와 도덕적 현실을 헤쳐 나갈 수 있는 희망과 용기의 바탕과 원동력으로 삼고 있다는 점이다.

"새 영을 너희 속에 두고 새 마음을 너희에게 주되 너희 육신에서 굳은 마음을 제하고 부드러운 마음을 줄 것이며 또 내 신을 너희 속에 두어 너희로 내 율례를 행하게 하리니…"(겔36:26-27)

위의 내용은 한 예에 불과하지만 여기서도 성령의 임재는 새 마음, 부드러운 마음, 굳은 마음 제거, 계명에 대한 실천과 직결되어 있다. 성령의 임재를 통한 은사를 자기자랑과 탐욕을 채우는 수단으로 여기는 자들은 깊이 반성하면서 새겨보아야 할 내용이다.

믿음과 신앙의 필수조건은 성령 받음이다.(고전12:3) 그런데 인간으로서의 예수는 성령의 사람 그 자체이다. 성령의 사람 그 자체이신 예수의 마음은 겸손과 온유함이다.(마11:29) 따라서 성령 받음의 기본적인 증거는 맑고 깨끗한 정신과 아름다운 심령이라 할 수 있다.

탕자가 아버지께로 돌아왔다는 것과,(눅15장) 사울이 바울로 변하여 예수께로 돌아왔다는 것은 모두 이제야 그들이 제정신으로 돌아왔다는 것을 의미한다.

그러므로 믿음과 신앙이 우리의 정신과 의식의 영역에 요구하고 목적하는 것은 맑고 아름다운 정신, 냉철한 판단과 분별력, 어떤 경우에라도 잃지 말아야 할 희망과 용기, 겸손과 온유함, 더 나아가 그리스도적인 사고와 정신에까지 도달하는 것이다. 그 정신세계까지 도달할 때 믿음은 흔들림이 없는 확고한 삶이 되며,(사7:9) 회개의 은총을 경험하게 되고,(욘3:5;막1:15) 믿음은 현실과 직결되어 있고,(마8:13) 능력이 나타나며,(막9:23) 기적의 역사가 따르게 된다.(막16:17) 따라서 믿음은 예수께서 백부장에게 말씀하시는 대로, **"네 믿은 대로 될지어다"**(마8:13) 라는 말씀처럼 내가 무엇이 되느냐? 어떻게 되느냐? 하는 것과 더 나아가 내 앞에 일어나는 모든 일들이 무엇이 되느냐? 어떻게 되느냐? 라고 하는 '되어짐'들을 결정짓는다. 즉 모든 되어짐들의 결과는 믿음에 따라 정해진다는 것이다. 그리고 예수의 영성에 있어서 믿음은 말과 언어를 통하여 구체화 되며 그 말과 언어의 형태는 명령 선포 꾸짖음 고백의 모양으로 나타난다.

"예수께서 그 더러운 귀신을 꾸짖어 가라사대 벙어리 되고 귀먹은 귀신아 내가 네게 명하노니 그 아이에게서 나오고 다시는 들어가지 말라, 예수께서 중풍병자에게 이르시되 소자야 안심하라 네 죄 사함을 받았느니라, 예수께서 바람과 바다를 꾸짖어시니 아주 잔잔하여지거늘… 이 말씀을 하시고 큰 소리로 나사로야 나오라 부르시니 죽은 자가 수족을 베로 동인채로 나오는데…"(막9:25; 마9:2; 마8:26눅8:24; 요11:43)

이러한 말씀의 명령 선포 꾸짖음과 고백이 바로 오늘날 우리 자신들의 신앙적 삶의 현장에 적용할 수 있어야 할 것이다. 왜냐하면 하나님께서는 분명히 우리가 하는 말대로 되게 하시겠다고 약속을 하셨기 때문이다.

"야훼의 말씀에.. 삶을 가리켜 맹세하노라 너희 말이 내 귀에 들린 대로 내가 너희에게 행하리니"(민14:28)

그리스 헬라정신에 있어서 말씀 로고스는 앞뒤를 질서있게 연결하는 논리적 조화이지만, 헤브라이즘과 이스라엘 신앙정신에 있어서 말씀은 '실제적 사건'이라는 의미를 가지고 있다. 말씀을 통한 천지창조의 역사

에 이것은 아주 웅장하게 잘 나타나고 있다. (창세기 1~2장)

보편적으로 우리 자신들의 이성적 판단과 합리적이고 논리적인 사고 지식과 경험은 모두 하나님과의 약속의 말씀, 진실과 선함, 생명과 치유, 희망과 용기, 나눔과 도와줌 등과 관련되어 있느냐 반대로 악하고 거짓됨, 빼앗고 해치고 죽이는 것, 탐욕과 이기심 등과 관련이 있느냐에 따라서 우리의 이성적 판단과 논리적 사고의 진위를 알아볼 수 있는 잣대가 될 수 있다. 이에 대하여 더 구체적으로 파악할 수 있으려면 우리는 육신을 입은 인간으로서의 예수 정신과 성령의 상호관계성을 살펴보면 알 수 있다.

우리는 다 신이 아니고 인간이다. 고로 우리가 인간인 이상 성령의 역사도 중요하지만 그보다 먼저 완전한 인간성을 지니고 계시는 예수께서 어떤 인간성 어떤 정신의 소유자이신지 관심을 가져야 하고 동시에 우리 자신들의 정신 상태가 어떠한지 내가 어떤 심보를 가지고 있는지 관심을 가지고 살필 수 있어야 한다. 왜냐하면 우리 자신들의 이성적 사고와 정신 상태를 비롯한 모든 인간성과 성령의 역사 이 둘은 항상 상호작용을 하기 때문이다. 물론 하나님의 일방적인 은총에 의한 것도 많이 있지만 성서적 증언은 많은 곳에서 이 둘의 상호관계성을 말씀하고 있다.

예수의 십자가 사건은 성령의 역사로 되어진 사건이다. 예수는 자신을 하나님께 제물로 드릴 때 성령의 역사하심으로 드렸다고 가르쳐주고 있다.

"영원하신 성령으로 말미암아 흠 없는 자기를 하나님께 드린 그리스도의 피가 어찌…(히9:14)

　그러나 우리가 알아야 할 것은 그 십자가의 고난과 죽으심 전에 순수한 인간으로서의 예수 그리고 그 인간 예수의 정신 상태, 감정의 흐름, 심리 상태 등 인간으로서의 예수를 읽을 수 있어야 한다. 십자가 위에서의 고통스러운 죽음이 초읽기에 들어갔을 때 겟세마네 동산에서 예수는 땀이 피가 될 정도로 깊은 고뇌의 기도를 드리고 있다.

"아버지여 만일 아버지의 뜻이라면 이 잔을 내게서 옮기시옵소서 그러나 내 원대로 마옵시고 아버지의 원대로 되기를 원하나이다… 예수께서 힘쓰고 애써 더욱 간절히 기도하시니 땀이 땅에 떨어지는 핏방울 같이 되더라"
(눅22:44)

　이 기도 속에는 극한 고난과 죽음의 문턱에 서 있는 예수의 인간적 고뇌가 한 점 가감 없이 적나라하게 나타나 있다. 이러한 인간적 고뇌와 아버지 하나님에 대한 절대적 순종이 십자가의 죽음이라는 것으로 이어지고 있는 것이다. 따라서 성령의 역사하심으로 자신을 산 제물로 하나님께 바쳐지는 십자가 사건은 그 쓴 잔을 마셔야 하는지 말아야 하는지 아버지 하나님의 뜻을 찾기 위하여 몸부림치는 겟세마네동산의 고뇌에 찬 기도와 결부되어 있고 거기서 태동하고 있음을 잊어서는 안 된다.
　예수 정신에 있어서 십자가 사건은 그것이 아버지의 뜻임을 알았을 때 기꺼이 자기를 바치려는 희생정신과 순종심으로 충만해 있다는 사실이다. 이기적이고 약삭빠른 어떤 인간들처럼 하나님의 뜻인 줄을 알면서도 끝까지 자기 고집대로 하고야 마는 것과는 판이하게 다른 모습이다.

예수의 생애 전체는 성령의 역사하심으로 가득 채워져 있다. 그런데 그 성령의 충만함은 항상 예수의 겸손과 온유하심, 이해와 용서, 사랑과 희생정신 등과 함께 동시성을 지니고 있으며 같이 연관 지어져 있다는 사실을 잊어서는 안 된다. 한 마디로 인간적 예수의 판단과 논리적 사고는 항상 그리고 모든 것이 자기중심적이 아니라 하나님 중심적이고 상대방 중심적 사고를 가지고 있다는 것이다. 내가 간절하게 원하는 것이 있어도 그것을 상대방이 원하는 것 앞에 포기할 줄 알고 버린다는 것이 인간적 예수의 성품이고 그런 생각으로 가득 차 있다. 그에 비하면 우리는 모든 것에서 얼마나 자기중심적인 자들인가! 인간적 현실에서 우리는 진작 그리고 정말 죽어야 할 자는 자기 자신임에도 불구하고 남을 해치고 죽이려 하는 것이 인간의 무지와 어리석은 죄악이다. 그 시간 그 장소에서 나를 십자가에 매달아 죽일 수 있다면 더 놀랍고 위대한 삶을 맛 볼 수 있을 것인데,(마10:39;고전15:31) 우리는 항상 상대방을 향하여 그 죽음의 화살을 겨누고 있지 않는가? 분명한 것은 인간적 예수의 겸손과 온유, 사랑과 헌신, 이해와 용서 등의 사고와 성령의 역사는 항상 동시성을 지니고 있다는 사실이다.

이러한 사실은 우리의 인간적 상황에 있어서도 마찬가지이다. 이스라엘 초대 왕이었던 사울에게 있어서도 성령의 역사는 그의 인간성 속의 정신 상태와 밀접한 관계를 가지고 있다는 것이 성서적 증언이다.

그가 겸손하게 자기를 낮출 줄 알고,(삼상9:21) 관용과 도량이 넓은 마음을 가질 때,(삼상11:12-13;24:16-18) 여호와의 신이 그에게 크게 역사하였다.(삼상10:6)

사도적 선포에서도 자신의 잘못을 반성하고 회개할 때 우리는 성령을 선물로 받게 된다는 것이다.(행2:38)

비이성적이고 비도덕적이며 비인간적인 행동을 밥 먹듯이 해대면서도 성령을 운운하는 자들이 우리 주변에는 너무나 많이 있다. 교회 지도자들도 예외가 아니다. 그러나 그것은 모두 큰 착각이며 심각한 자기 도취라는 것을 알아야 한다. 사랑의 마인드, 기쁨과 화평의 얼굴, 모든 것에서 자기를 낮추는 겸손과 인내의 정신적 소유자에게 성령은 임하시고 역사하신다.

이러한 이성과 신앙의 상호 관계성은 예수의 치유 사역에서도 많이 나타나고 있다.

38년 된 병자 치유에서는, **"네가 낫고자 하느냐?"**(요5:6) 날 때부터 소경된 자를 치유하는 곳에서는, **"실로암 못에 가서 씻으라"**(요9:7) 중풍병자 치유에서는 사람들이 중풍병자를 메고 지붕으로 올라가, **"기와를 벗기고 병자를 침상채 예수 앞에 달아내리니"**(눅5:19)라고 말씀하고 있다. 여기서 알 수 있는 것은 치유 사역의 신비적인 것에는 동시에 비록 병들어 고통과 아픔 속에 있을지라도 그 아픈 자들의 의지와 열정, 믿음과 순종 등 우리 자신들의 이성적이고 정신적인 것이 같이 요구되고 있다는 사실이다. 중요한 것은 치유의 은혜를 받은 자들의 공통점은 모두가 하나같이 하나님의 권세와 능력을 확신하는 신앙에 근거하고 신앙중심적인 사고방식의 사람들이라는 것이다. 이러한 사실을 통해서 다시 우리가 확인할 수 있는 것은 하나님의 은혜와 성령의 교훈이 없는 가운데서의 이성적 판단은 오판이 될 수 있으며, 하나님의 말씀과 보편적 진리에 집중하기보다 자신에게만 집착할 때 그 집착은 심각한 자기도취가 되고 만다는 사실을 우리는 역사적 사건들과 예수의 치유

사역을 통하여 배울 수 있어야 할 것이다. 분명한 것은 하나님(神)으로서의 예수는 인간 없는 예수가 아니고 참 인간이면서 동시에 참 하나님(神)이시다. 인간은 생각하고 분별하고 판단할 수 있는 이성적 의무와 권리를 가진 존재이다. 따라서 역사적 예수가 참 하나님이면서 동시에 참 사람이라는 것은 그 속에 신앙과 이성, 이성과 신앙이 동시에 존재한다는 것을 의미하며, 동시에 이것은 우리의 이성과 신앙은 항상 동시적으로 조화로운 관계여야 함을 지시해주고 있다.앞에서도 말한바 우리는 역사적 예수의 삶 속에서 비이성적인 모습은 그 어디에도 찾아볼 수 없다. 따라서 우리에게 있어서 참된 영성은 인간으로서의 예수와 그 고상하고 거룩한 인격과 성품과 성령의 절묘한 조화 속에서 찾을 수 있어야 할 것이다.

예수와 이스라엘 공동체가 지니고 있는 신앙정신은 하나님을 믿고 의지하며 거기에 근거하는 신앙적 이성이며, 동시에 인간의 역사적 무대를 통하여 펼쳐 보이시는 하나님의 역사 운행과 섭리에 대하여 이성적 판단과 분별력을 통하여 이해하고 납득하며 이해 불가능하고 납득할 수 없는 것까지도 믿음의 그릇에 담을 줄 아는 철저하게 이성적 신앙과 동시에 신앙적 이성이라는 것이다. 이러한 모범은 결국 가장 이상적인 믿음이란 곧 신앙적 이성과 동시에 이성적 신앙의 절묘한 조화라는 것이다. 믿음은 우리의 사리판단 분별력 지식과 경험 등 모든 이성적인 것을 참 이성적일 수 있게 해 주고, 동시에 우리의 이성은 참된 믿음과 신앙이 무엇인가를 판단하고 분별하게 해 준다. 따라서 이스라엘의 이성주의는 철학적 또는 세속적 이성주의를 철저하게 배격한다. 히브리적 사고와 이스라엘의 이성과 지식과 경험 모든 것은 철저하게 그것을 통하여 야훼 하나님을 알고 배우고 경험하고 실천하고 나타내기 위하여 존재한다. 따라서 참된 이성적 판단과 분별력 지식과 경험은 모두 신앙의 영역 즉 하나님의 말씀에 부합하는 것이냐를 살펴야 한다. 즉 나의 이성적 판단에 의한 행위가 하나님의 말씀과 계명에 어긋나거나 벗어나는 행위는 아닌지 살피는 것이다. 따라서 올바른 이성적 판단의 기준은 신앙 즉 하나님의 말씀이다.

예수와 이스라엘 정신에 있어서 하나님 없는 인간은 인간이 아니며 하나님이 없는 생명은 살아있는 것이 아니다. 그것은 하나의 고깃덩어리에 불과한 것이다. 야훼 하나님의 은혜와 그 능력 안에서만이 인간은 참된 이성적 판단과 사고를 할 수 있다는 것을 성경은 교훈해 주고 있다.

3

사랑의 영성과 그 정신

앞에서 우리는 예수의 영성과 정신세계가 구약의 이스라엘 정신과 연결되어 있다는 여러 가지 사실들을 성서적 증거를 토대로 하여 살펴보았고, 또한 올바른 이성적 사고와 정신상태가 성령의 역사와 같이 결부되어 있다는 것을 살펴보았다.

그러나 이스라엘에 대한 하나님의 사랑과 용서, 그리고 모든 인간적 죄와 허물에 대한 하나님의 사랑과 용서는 예수 그리스도의 영성과 정신 속에 집약되어 있고 또한 거기서 완성되고 있다는 점에서 우리는 사랑과 용서의 정신을 바르게 이해하고 파악하기 위해서는 예수께서 지니고 계시며 또한 몸소 행동으로 보여주신 그 사랑과 용서의 정신을 깊이 있게 파악할 수 있어야 할 것이다.

예수의 사랑은 인간에 대한 하나님의 사랑과, 동시에 하나님을 향한 인간의 사랑, 그리고 인간 대 인간의 사랑을 비롯한 세상 만물들 이 세 가지에 대한 사랑의 기준과 본질적인 내용이 함께 담겨져 있다. 즉 하나님께서 인간을 어떤 방식으로 사랑하고 계시며, 인간인 우리는 하나님을 어떤 방식으로 사랑해야 하는지, 또한 우리는 우리 자신들의 이웃과 타인과 세상 만물들을 어떻게 사랑해야 하는지 이 세 가지 물음에 대한 대답과 방식이 다 나타나 있다. 따라서 이제 예수의 사랑을 중심으로 해서 이 세 가지를 살펴볼 것이다.

1) 인간에 대한 하나님의 사랑

인간에 대한 하나님의 사랑에 있어서 근본적인 것은 그 사랑은 조건 없는 선택적 사랑이라는 것이다. 이에 대한 구약적인 한 모델은 이스라엘에 대한 하나님의 사랑 속에 구체적으로 잘 나타나고 있다.

"네 하나님 야훼께서 지상 만민 중에서 너를 자기 기업의 백성으로 택하셨나니 야훼께서 너희를 기뻐하시고 너희를 택하심은 너희가 다른 민족보다 수효가 많은 연고가 아니라 너희는 모든 민족 중에 가장 작으니라."(신 7:6-7)

하나님께서 이스라엘 백성들을 선택하는 선택의 조건은 그들이 약하고 보잘 것 없는 자들이기 때문이라는 것이다. 조건이 갖추어진 자들이 아니라 오히려 모자라고 부족한 자들이기 때문이라는 것이다. 그러면 왜 하나님께서는 무자격한 자들, 조건이 전혀 되지 않는 자들을 선택하시는 것일까? 그것은 두 가지인데 하나는 약속을 지키기 위해서, 그리고 또 하나는 그들을 사랑하기 때문이다. 즉 약속 이행과 사랑하기 때문에 모자라고 보잘것없는 그들을 선택한다는 것이다. 선택의 조건에서 사랑은 야훼께서 이스라엘을 선택하는 선택의 원동력으로 작용하고 있다.

"야훼께서 너희를 택하심은… 다만 너희를 사랑하심을 인하여 또한 너희 열조에게 하신 맹세를 지키려 하심을 인하여…"(신7:-7-8)

"열조에게 하신 맹세"란 곧 이스라엘 조상들과 맺은 약속을 의미한다. 사랑의 맹세와 약속은 사랑의 모양과 그 사랑이 어떤 성격을 띠고 있는지를 말해준다. 즉 하나님과 이스라엘의 사랑은 약속으로 맺어진 사랑이라는 것이다. 따라서 이러한 사랑의 정신 속에는 그 어떤 경우에라도 약속을 지켜야 한다는 계약 실천의 정신이 함께 결부되어 있다. 따라서 사랑은 서로 약속의 소중한 가치를 알고 그 어떤 경우에라도 약속을 지키는 것이다. 사랑의 당사자끼리 처음 맺은 그 약속을 지키는 것은 곧 서로의 사랑을 지키는 중심축이 된다. 약속이 깨지면 사랑도 깨지게 되고, 동시에 사랑이 식어지면 약속 또한 깨지게 된다. 그리고 여기서 중요한 것은 이스라엘이 하나님의 사랑을 받을 수 있는 자격과 조건이 전혀 되어있지 않은 자들이라는 것이다.

이 세상의 인간적인 사랑은 모두 조건과 자격, 갖춤, 화려한 외모 등이 고려되지만 하나님께서 우리 인간을 사랑하실 때에는 그러한 인간적인 조건은 전혀 고려하시지 않는다는 의미가 이스라엘에 대한 하나님의 사랑 속에 함축되어 있다. 축복과 행복은 조건을 필요로 할 때가 있지만,(마5:3-10) 예수께서 지니고 계시는 사랑의 정신 속에는 조건 없는 이러한 아가페적인 사랑으로 넘쳐나고 있다. 예수의 다양한 사역과 치유현장에는 남녀노소 빈부귀천 등 인간적 신분이 고려된 적은 한 번도 없다. 따라서 우리가 신앙적 삶의 현장에서 진정 하나님의 사랑을 실천하고 그 사랑을 누리고 즐길 수 있으려면 사랑의 대상에 대하여 화려한 외모와 갖춤 등 인간적인 조건들을 최대한 보지 않거나 줄일 수 있는 영적인 힘을 길러야 한다.

하나님께서 우리 죄인들을 사랑하실 때 그 사랑이 조건과 이유를 따지지 않는 무조건적인 사랑이 될 수 있는 것은 하나님에게 있어서 사랑은 언제나 인간적 조건 앞에 있고 또한 그러한 무조건적인 사랑을 통하여 하나님께서는 사랑의 새로운 조건과 이유를 만들어내고 창조하시기 때문이다.

조건과 이유가 앞서는 사랑은 그 조건과 이유가 깨어지거나, 약해지거나, 사라질 때 그 사랑은 함께 깨어지고 사라지기 마련이다. 그 사랑의 운명은 언제나 조건과 이유에 의해서 결정이 된다. 예를 들면 아름답고 예쁘고 화려한 외모가 사랑의 조건과 이유라면 그 사랑은 외모의 아름다움이 약해지거나 사라질 때 함께 사라질 것이며, 많은 재물과 돈이 사랑의 조건과 이유가 될 때 그 사랑은 재물과 돈이 없어질 때 그 재물과 함께 사라지기 마련인 것이다.

그리고 중요한 것은 조건과 이유가 앞서는 사랑은 사랑의 본질을 말해주는 세상과 인간들에 대한 하나님의 사랑이 아니라 사라지고 소멸할 수밖에 없는 세속적 사랑에 기초하고 있다는 사실이다.

그러나 조건과 이유보다 먼저 사랑 그 자체를 귀하게 여기고 앞세울 수 있다면 우리는 그 사랑을 통하여 사랑의 조건과 이유를 만들어낼 수 있을 것이다. 따라서 사랑의 조건보다 사랑 그 자체를 중시해야 하는 것은 사랑 그 자체 속에 사랑의 조건과 이유가 다 포함되어 있기 때문이다. 예를 들면 이 양자의 차이점은 이런 것이다. 조건적인 사랑은,

"아름답기 때문에, 가진 재물과 소유가 많기 때문에 사랑하는 것이고" 무조건적인 사랑은, "사랑하기 때문에 아름다우며 좋은 것이다" 예수께서 지니고 계시는 그 사랑의 정신은 바로 죄인 된 우리를 사랑하기 때문에 좋은 것이지 우리에게 좋은 조건이 갖추어져 있어서 사랑하는 것이 아니라는 것이다.

사랑을 앞세우고 중요시하면 더 좋은 삶의 조건과 환경은 만들어지지만 조건과 환경을 앞세우면 그 사랑의 운명은 언제 끝장이 날지 모른다.

우리 자신들의 믿음이 정말 깊은 경지 속에서 예수의 사랑과 용서의 정신을 체험할 수 있으려면 나의 믿음이 내 자신의 환경과 주어진 어떤 조건에 끌려가는 믿음이 아니라 반대로 나의 믿음이 나의 환경과 인간적 조건을 다스리며 끌고 가는 믿음이 될 수 있도록 해야 한다. 정신적인 감정의 문제도 마찬가지이다. 나의 믿음이 감정에 의해서 좌우되거나 감정에 끌려가는 믿음이 아니라 나의 마음과 감정을 다스리고 끌고 가는 믿음이 될 수 있어야 한다. 그래서 일상 속에서 나 자신이 감정의 노예로 살 것이 아니라 오히려 성령에 이끌리고 또한 그에 의하여 나의 감정이 다스려지는 주의 종의 의식을 회복해야 한다. 감정의 노예와 주의 종의 개념은 영적으로 상반된 것이며 결과적으로 엄청난 차이를 가지고 있다.

그래서 성경은 상대적인 것과 절대적인 것에 대하여 이렇게 교훈하고 있다.

"항상 기뻐하라, 쉬지 말고 기도하라, 범사에 감사하라"(살전 5:16-17절)

이러한 성서적 증거는 우리의 기쁨이 찰나적이거나 한시적인 것이 아니라 계속되어져야 하는 주님의 불변적인 기쁨이 되어야 한다는 것을 말씀하고 있다.

기쁨과 감사와 기도, 이 세 가지를 성서는 어떤 인간적 조건이나 환경에 좌우되지 말고, 또는 상대적 가치로 이해하지 말고 절대적 가치로 이해하고 실천하라는 것이다. 조건 없는 사랑과 용서, 환경과 조건에 매이지 않는 사랑과 용서, 자기 기분과 감정에 매이지 않는 사랑과 용서 역시 우리는 절대적 가치로 이해하고 받아들일 수 있어야 한다. 나의 인간적 조건이나 환경이 사랑을 만드는 것이 아니라 사랑이 내가 필요로 하는 환경과 조건을 만들어낼 수 있도록 해야 한다. 그것이 바로 사랑의 힘과 능력이기 때문이다.

예수께서 지니고 계시는 그 사랑의 정신은 정치적 이념과 사상, 종교와 철학, 남녀노소 빈부귀천을 총망라하는 모든 인간적인 조건이 배제된다. 세상과 인간에 대한 하나님의 사랑이 만약에 조건이 따르거나 특정 다수에 대한 사랑이라면 그 사랑은 일부 계층을 위한 국한되고 협소한 사랑이 될 것이며, 따라서 그 사랑은 그리스도적인 사랑이 될 수 없을 것이다. 우리들에 대한 하나님의 사랑이 조건 없는 사랑이라는 말은 결국 우리가 하나님의 사랑을 만나고 체험하기 위해서 우리는 어떤 인간적인 자격과 조건을 갖추어서 하나님과의 만남과 사랑의 체험을 가지려 해서는 안 된다는 것을 의미한다. 우리가 어떤 인간적인 공로나 화려한 업적으로 꾸미고 치장을 한다 해도 그것이 하나님에 대한 만남과 사랑의 체험을 할 수 있도록 해 주는 자격이나 조건이 될 수는 없는 것이다. 많은 믿음의 선진들이나 오늘의 우리가 하나님의 사랑에 감격하고 눈물을 흘리는 것은 우리 자신들을 돌이켜볼 때 우리는 저 이스라엘백성들처럼 전혀 하나님의 그 놀라우신 사랑을 받을 자격이나 조건이 갖추어져 있지 않을 뿐만 아니라 오히려 심판과 멸망의 조건으로 가득 차 있는 자들임에도 불구하고 하나님께서는 그 악취가 풍겨나는 우리의 죄와 허물을 다 덮으시고 우리를 사랑해 주시기 때문이다. 망할 조건, 불행의 조건, 죽음의 조건으로 가득 차 있는 우리를 하나님께서는 흥할 수 있고 축복으로 넘칠 수 있고 새 생명과 새로운 삶으로 가득 채워주고 계신다는 사실이다.

　두 번째, 우리를 향하신 하나님의 사랑은 창조적 사랑이다. 창조적 사랑이란 곧 사랑하는 대상을 비롯한 모든 것을 새롭게 만들어내는 것을 의미한다. 새로운 사람, 새로운 정신, 새로운 삶을 만들어내는 것이다. 믿음이 없는 자는 믿음을 주어서, 약한 자는 강하게 해 주어서, 어리석은 자는 지혜롭게 해 주어서, 각자의 처한 환경에 따라 적절한 은혜를 베풀어주어서 그 대상을 새롭게 만들어가는 것이 하나님의 창조적 사랑이다.

　인간적 의미에서 창조적 사랑이란 곧 관계가 없는 서로 다른 것들이 사랑이라는 관계를 맺고 유지하고 발전시킴으로써 더 새롭고 놀라운 삶을 만들어내는 것을 의미한다. 가령 A라는 사람과 B라는 사람은 서로를 전혀 모르는 사람, 관계가 전혀 없는 사람이지만 어떤 방식으로든 알게 되어 그 관계가 사랑의 관계가 되었을 때 두 사람은 모두 자신들의 삶의 영역에서 새롭고 놀라운 삶을 만들어내기 마련이다. 서로 다른 것들이 결합하여 새로운 것을 제작하고 만들어내는 것은 과학적 영역에서는 아주 중요한 원리로 작용을 한다.

　　우리의 생각과 하나님의 생각의 차이점은 우리는 사랑의 가치와 기쁨과 행복을 사랑 밖에서 찾으려 하는 반면 하나님께서는 그것을 사랑 안에서 찾으신다는 것이다. 인간적 사랑은 화려한 외모, 많은 소유, 지식과 철학, 권력과 명예 등 참 사랑의 본질을 떠나 밖을 떠도는 습성이 있다. 그러나 예수정신은 사랑 그 자체의 가치와 기쁨과 행복과 희망을 잘 알고 계시며 또한 그 사랑을 실천하기 때문에 그 사랑 안에는 항상 기쁨과 행복이 가득 차 있다. 사랑을 통하여 계속하여 새로운 것을 창조하고 만들어가는 것이 하나님의 사랑이라고 말한바, 따라서 하나님의 사랑을 받는 사람, 또는 그 사랑을 실천하는 사람은 자신도 새롭게 창조되고 타인과 이웃을 또한 새롭게 만들어가는 창조적 삶의 중심에 서게 된다. 그런데 모든 것을 새롭게 만들어내는 하나님의 창조적 사랑은 상대방을 믿어주는 믿음과 또한 시련과 역경의 방법을 통하여서이다. 그리고 그 믿음은 믿음과 신뢰의 가능성이 전혀 없는 자를 믿어준다는 데 그 깊은 의미가 있다. 이러한 사실은 예수께서 사랑하는 제자 베드로를 믿고 신뢰함으로 인하여 사도로서의 새롭고 아주 위대한 인물 베드로가 만들어지는 사실 속에 잘 나타나고 있다.

　　예수께서는, **"네가 나를 사랑하느냐?"**라고 하시면서 세 번씩이나 베드로에게 묻고 계신다.(요21:15-17) 그러자 베드로는, **"내가 주를 사랑하는 줄 주께서 아십니다"**라고 대답을 한다. 그러나 여기서 중요한 것은 예수께서 베드로에게 묻고 계시는 사랑은 하나님께서 인간을 사랑하시는 조건 없는 절대적 가치의 사랑인 아가페인데 반해 베드로의 대답은 세속적이고 인간적인 사랑 필레오라는 것이다. 묻는 자와 대답하는 자가 다 같이 답답하기는 마찬가지이다. 세 번씩이나 쏟아지는 질문에 베드로는 자기 나름대로 답답하고, 하나님께서 우리를 사랑하시는 절대적 가치, 조건 없는 신적인 사랑을 묻고 있는데 세속적이고 상대적인 사랑의 대답을 듣고 계시는 예수께서는 더 안타까워하신다. 그러나 중요한 것은 예수께서 아직 조건 없는 절대적 가치의 사랑이 무엇인지 그 개념조차 모르고 있는 베드로를 철석같이 믿어주고 있다는 사실이다. 즉 베드로가 그 깊은 사랑의 경지에까지 도달하게 될 것을 믿어주고 있다는 것이다. 그 믿음이 어느 정도냐 하면 베드로의 순교적 죽음을 예언할 정도이다. 즉 예수는 베드로가 앞으로 그 깊은 경지의 사랑으로 순교까지 할 것임을 말씀하고 있다는 것이다.

"내가 진실로 네게 이르노니 젊어서는 네가 스스로 띠 띠고 원하는 곳으로 다녔거니와 늙어서는 네 팔을 벌리리니 남이 네게 띠 띠우고 원치 아니하는 곳으로 데려가리라"(요21:18)

예수께서 보실 때 아직 베드로라고 하는 사람은 그 인격이나 성품이 전혀 믿을 수 없는 사람이다. 그럼에도 불구하고 예수께서는 그러한 제자를 철석같이 믿어주고 계시는 것이다. 위의 말씀에서 "네 팔을 벌리고"는 십자가의 형틀에 매달림을 의미하고, "원치 아니하는 곳"은 베드로가 당하게 될 모진 핍박과 고문을 가리키고 있다.

절대적 가치의 사랑, 아무것도 묻지도 않고 따지지도 않는 무조건적인 사랑의 가치와 능력과 그 의미를 잘 모르고 있는 베드로, 그 자격 없는 자를 믿어주는 것, 배신과 실패로 얼룩져버릴 수밖에 없는 그 미숙하고 불완전한 사랑의 개념을 지니고 있는 자를 예수는 믿어주고 있다는 사실이다.

우리 역시 마찬가지로 아직 조건 없는 절대적 사랑의 가치를 전혀 모르는 우리를 하나님은 믿어주고 계신다. 이것이 의미하는 것은, 참 사랑은 전혀 믿을 수 없는 자를 믿어줌으로써 상대방을 새로운 자리에 설 수 있도록 도와주는 것이다. 이것이 곧 창조적 사랑이다.

물론 깊이 사랑하고 믿어주어도 새로움을 기대할 수 없는 요지부동의 사람이 있을 수 있다. 따라서 사랑과 믿음에도 긍정적 사고방식이 필요하다. 부정적 사고에서는 새로운 것을 만들어낼 수 있는 창조적 사랑과 창조적 믿음이 생겨나지 않는다. 따라서 나의 사랑을 통하여 무엇인가 새로운 것을 만들어낼 수 있으려면 사랑하는 대상에 대하여, …변화될 수 있을까? 이루어질 수 있을까? 성공할 수 있을까? 라고 하는 의심 불신 등 부정적인 생각을 버려야 한다. 믿을 수 없는 가운데 믿는 것, 그렇게 믿는 믿음은 실제적 현실을 만들어낸다는 것이 성서적 증언이다. (히11:1-17)

한편 이러한 하나님의 창조적 사랑은 BC 740년 경 하나님께서 이스라엘을 사랑하신 그 사랑 속에 구체적으로 잘 나타나고 있다. 그 당시 이스라엘은 정치 경제 사회 문화 심지어 종교에 이르기까지 타락의 극을 향해 치닫고 있었다. 나라의 법과 질서가 완전히 무너져 생명도 재산도 그 어느 것 하나라도 지킬 수 없는 혼란과 흑암 천지였다. 백주 대낮에 예루살렘 한 복판에서 술판이 벌어지고, 종교의 비호 아래 음란한 행위가 자행되었다. 당시 상황에 대하여 호세아는 이렇게 절규하고 있다.

"음행과 묵은 포도주와 새 포도주가 마음을 빼앗느니라 내 백성이 나무를 향하여 묻고 그 막대기는 저희에게 고하나니 이는 저희가 음란한 마음에 미혹되어 그 하나님의 수하를 음란하듯 떠났음이니라… 너희 딸들이 행음하며 너희 며느리들이 간음을 행하는도다…. 너희 딸들이 행음하고…"
(호4:11-14; 왕하15장)

이런 상황임에도 불구하고 하나님께서는 호세아를 통하여 이렇게 말씀하고 계신다.

"야훼께서 호세아에게 이르시되 너는 가서 음란한 아내를 취하여 음란한 자식들을 낳으라 이 나라가 야훼를 떠나 크게 행음함이니라."(호1:2)

호세아의 이 신탁은 이스라엘을 향한 야훼 하나님 자신의 찢어지는 가슴, 창자가 끊어지는 아픔을 대변하는 말씀이다. 이 남자(여자) 저 남자(여자) 물불을 가리지 않고 음란한 짓을 행하며 허랑방탕한 저 이스라엘을 향하여 하나님께서는 그럼에도 불구하고 또 다시 사랑의 손짓을 하시면서 그들을 아내로 맞이하시겠다는 것이다. 술독에 빠져 인사불성이 된 자들, 폭력과 음란이 극에 달하여 악취가 진동하여 가까이 가기는커녕 코로 숨조차 제대로 쉴 수 없는 그들을 다시 야훼 하나님께서는 아내로 맞이하시겠다는 것이다. 우리는 창자가 끊어지고 가슴이 찢어지는 마음으로 다가오시는 하나님의 이 경이로운 사랑 앞에 고개를 숙이고 감격의 눈물을 쏟을 수 있어야 할 것이다. 앞에서 본 대로 예수의 그 놀라운 사랑을 통하여 일개 어부였던 베드로가 위대한 사도가 된 것처럼, 참 이스라엘, 위대한 이스라엘은 하나님의 이러한 희생적인 사랑 속에서 만들어지고 있음에 주목해야 한다.

이러한 구약적 이미지 속에 들어있는 하나님의 희생적 사랑을 요한

은 그리스도적인 것과 결부하여 이렇게 선포하고 있다.

"하나님이 세상을 이처럼 사랑하사 독생자를 주셨으니 이는 저를 믿는 자마다 멸망치 않고 영생을 얻게하려 하심이니라."(요3:16)

세 번째, 하나님의 사랑은 관계개념이다.

우리의 인간적 사랑은 항상 사랑하는 대상을 내 것으로 가지려는 소유욕에 사로잡혀 있다. 결혼을 하면 이제 저 여자는 내 것, 저 남자는 내 것이라는 소유적 사고방식이 지배적인 현실에 우리는 깊이 젖어있다. 이것은 유교적 사상이 뿌려놓은 가라지라 할 수 있다. 사랑의 대상을 내 것으로 취하고 가지려는 소유적 사고방식에서는 필연적으로 욕망과 집착의 감정에 빠져들 수밖에 없는 현상이 나타난다. 더 나아가 심각한 물리적 폭력의 사태까지 벌어지게 된다. 우리 사회에서 문제가 되고 있는 가정폭력의 배후에는 상대방을 내 것으로 생각하는 소유적 사고방식이 깔려있다. 따라서 사랑의 대상을 내 것으로 취하고 가지려 하면 할수록 우리의 인간적 욕망과 집착의 감정은 거품처럼 더 부풀고 증폭되기 마련이다. 욕망과 집착의 감정에서 의부증 의처증 같은 정신 병적인 현상이 일어나는 것이다. 하나님께 근거하는 참된 사랑은 상대방에 대한 집착이 아니라 애정 어린 눈으로 바라보는 관심이다.

하나님께서는 우리 인간을 비롯한 모든 것들을 자신의 것으로 소유하려고 하시지 않는다.

"너는 내 것이라… 너는 내 백성이라…(사43:1;시60:3)는 성서적 표현들을 우리는 소유적 개념으로 이해해서는 안 된다. 하나님에게는 무엇을 취하고 가지려 하는 소유개념이 존재할 필요가 없다. 왜냐하면 앞에서 이미 살펴본 대로 하나님은 '있음' 그 자체이시며, 이미 그 자신 안에 모든 것이 충만하시기 때문이다. 따라서 하나님에게 있어서 소유개념은 아무런 의미가 없는 것이다. 우리들 역시도 막연히 무엇을 내 것으로 가진다는 소유적 사고방식에서 되는 것은 아무 것도 없다. 그것은 무의미와 공허함과 허무하게 될 뿐이다. 예를 들어 내가 집 한 채를 나의 소유로 가지고 있다고 하자, 그 집과 소유 그 자체로서는 아무런 의미가 없는 것이다. 그 집에서 내가 잠자고, 휴식하고, 식사도 하고, 가족끼리 모여 대화도 나눌 수 있으며, 세월 속에서 부서지고 녹이 쓸 때 수리하고 고치기도 하는 등 상호 의존적으로 교류하면서 그 집이 지니고 있는 다양한 기능들과 내가 다양한 관계를 가지고 그 속에서 삶의 의미를 만들어가기 때문에 중요한 것이다. 여기 아주 값진 옷 한 벌이 있다고 하자 아무리 값진 옷이라 하더라도 내가 그것을 그냥 가지고만 있다면 그 옷은 얼마 못가서 곰팡이가 생기고 좀이 썰어 다 해지고 구멍이 뚫리는 신세가 되고 말 것이다. 소유개념 또는 소유적 사고방식에서는 모든 것이 다 그렇게 될 뿐이다.

고로 하나님께서 말씀하시는 "너는 내 것이라, 너는 내 백성이라"는 말씀은 "너는 나에게 지음을 받은 피조물, 너는 나에게 속한 자"라는 의미를 지니고 있다. 더 구체적인 의미로서의 "너는 내 것"이란 곧 하나님을 닮아가는 자로서의 '너' 하나님께 속해 있는 자로서의 '너'는 곧 하나님의 약속의 말씀을 근거로 하여 살아가는 이스라엘 계약공동체 (교회 공동체)에 속해 있는 자로서의 '너'를 가리킨다.

하나님과 이스라엘, 하나님과 우리들과의 관계는 피조물과 창조주,

통치적 의미에서는 왕과 그 백성, 주인과 종, 아버지와 그 자녀, 전쟁에 있어서는 군사령관과 군사들, 교육적인 의미에서는 스승과 제자 등의 당양하고 광범위한 관계망을 형성하고 있으며, 동시에 "내 것"이라는 것은 너의 출생과 죽음. 행복과 불행, 성공과 실패 등 모든 생사고락의 문제가 하나님의 손에 달려있다 라고 하는 생사여탈권의 주권자로서의 하나님과 그 주권과 통치 밑에 있는 자로서의 '너'와의 관계를 말씀해 주는 것이다. 특히 우리가 이스라엘의 신앙정신을 통하여 배워야 할 것은 그들에게는 사적인 소유개념 자체가 없다는 사실이다. 그들의 언어인 히브리어에는 소유격이 없다. 있다면 오직 창조주 하나님께 의존하는 방식으로 있을 뿐이다. 즉 그들의 소유개념은 철저하게 하나님께 의존하고 있다는 말이다. 의존한다는 것은 모든 것은 하나님의 것이며, 모든 것은 하나님께서 주실 때에만 진정한 소유의 의미를 가진다는 것이다. (욥1:21)

우리의 많은 인간적 불행은 여러 가지 물질과 돈, 심지어 내가 사랑하는 사랑의 대상까지도 내 것으로 가지려고만 하는 소유적 사고방식에 너무 깊이 빠져있기 때문이다. 태초의 사람 아담과 하와를 통하여 알 수 있듯이 선악과를 내 것으로 취하려는 소유적 사고방식에서는 파멸과 죽음이 있을 뿐이다.

따라서 우리가 진정 인간을 비롯한 돈과 물질을 소유가 아닌 관계의 의미를 중시한다면 많은 불행들을 예방할 수 있을 것이다. 관계란? 곧 있음과 없음 가난과 부, 많음과 적음 등에 대하여 내가 어떤 방식으로 이들을 대하고 관계를 맺을 것인가 하는 것에 초점을 맞추는 것을 의미한다. 그리고 그 관계성의 발전을 통하여 참된 보람과 기쁨, 행복과 만족함, 긍지, 새로움, 희망, 가치와 진실 등을 얻게 될 것이다.

E. 프롬은 사회심리학적 의미에서 소유적인 사랑과 비소유적 사랑을 말하고 있는데 비소유적 사랑은 상대방을 가지려 하지 않고, 상대방에게 요구하지 않고, 상대방을 지배하려 하지 않는 장점들을 지니고 있다는 것을 말하고 있다. 분명한 것은 내가 사랑하는 상대방은 나의 소유물이 아니라 나와 똑같은 인격체라는 사실이다. 소유물이라는 사고방식은 악마가 우리의 마음속에 설치해놓은 덫이며 올가미라는 것을 알아차려야 한다.

2) 하나님을 향한 인간의 사랑

인간인 우리가 육안으로는 보이지 않는 하나님을 사랑하는 데 있어서 우선 되어야 할 것은 그 사랑은 영적인 차원의 사랑이라는 것이다. 영적 차원의 사랑이란 즉 하나님에 대한 사랑은 먼저 우리 자신들의 내면세계 영적인 것에서 일어나야 한다는 것을 의미한다. 우리의 정신과 마음속에서 일어나야 한다. 왜냐하면 하나님은 영이시기 때문이다. (요4:24) 하나님이 영적인 분이시라는 것은 곧 우리가 하나님과의 만남의 교제를 가지려 할 때, 우리는 무엇보다 나의 영과 마음이 하나님을 향할 수 있어야 하고, 나의 의식의 세계가 하나님에 대한 신의식(神意識)으로 충만해 있어야 한다는 것을 의미한다.

우리의 인간적 삶의 모든 것은 영적인 것, 마음에서부터 시작된다는 것을 생각할 때 이것은 대단히 중요한 의미를 가진다. 그 이유는 하나님과의 영적 사랑의 교제는 세상과 인간적 사랑의 근원이며 기준이고 바탕이 되기 때문이며, 동시에 현실 속에서 그대로 실현되기 때문이다.

즉 하나님에 대한 사랑의 정신이 충만할 때 그 사랑의 정신은 세상과 이웃 사랑 뿐만 아니라 다른 모든 삶의 영역에까지 파급효과가 나타나기 마련이다. 인간은 하나님에 대한 진정한 사랑의 바탕이 없이는 타인과 이웃 그리고 나 자신과 세상 만물에 대한 진정한 사랑의 삶을 살아갈 수 없는 법이다. 뿌리가 없는 나무는 가지도 잎도 열매도 있을 수 없는 것처럼 하나님에 대한 사랑의 뿌리가 없거나 튼튼하지 못한 사람은 자신과 이웃과 세상에 대한 사랑의 열매를 맺을 수 없는 것이다. 따라서 슈바이처가 그랬듯이 우리는 이 세상에 속한 지렁이 한 마리를 사랑하는 데 있어서도 하나님과의 깊은 영적 사랑의 교제가 필요한 것이다.

보이지 않는 하나님을 보이는 것처럼 믿고 사랑하는 것, 들리지 않는 하나님의 음성을 들을 수 있는 비결, 알 수 없는 신비로운 세계를 알게 되는 것들은 모두 우리의 심령 속에서 일어나는 믿음의 결과들이다. 심령 속에서 일어나는 이러한 믿음의 결과들은 우리 자신들의 삶을 놀랍게 변화시켜주는 원동력으로 작용한다.

이스라엘의 위대한 출애굽의 지도자 모세의 그 탁월한 지도력은 바로 보이지 않는 하나님을 보는 것처럼 믿고 살았던 그의 믿음의 결과들임을 성서는 증거하고 있다. 그에 대한 한 예를 성서는 이렇게 말씀해주고 있다.

"믿음으로 애굽을 떠나 임금의 노함을 무서워 아니하고 곧 보이지 아니하는 자를 보는 것 같이 하여 참았으며…"(히11:27)

모세가 보이지 아니하는 하나님을 보는 것 같이 했다는 것은 보이지 않는 하나님을 말하는 것이 아니라 곧 그가 믿음과 심령의 눈으로 하나님을 똑똑히 보고 있다는 것을 말하는 것이다. 보이지 않는 세계를 보는 것은 바로 우리 자신들의 심령과 정신적 영역에서 일어나는 일이기 때문이다. 따라서 보이지 않는 자를 보는 것처럼 생각할 수 있는 영적 작용이 우리의 심령 속에서 일어나야만 하나님과의 진정한 사랑의 교제도 가능한 것이다.

그리고 우리의 의식 속에서 일으켜야 할 심령의 작용 가운데 가장 핵심적인 것은 하나님의 경이로운 사랑 앞에 감격하는 것이다. 죄악의 악취가 진동하는 우리를 조건 없이 사랑하시는 그 눈물겨운 사랑, 자신의 아들을 십자가에 버리면서까지 우리를 사랑하시는 그 희생적인 사랑 앞에 우리의 심령이 감격할 수 있어야 한다. 우리의 심령 속에 뜨거운 눈물과 감격의 작용이 일어날 때 옛 사람은 녹아지고 새 사람의 역사가 일어나게 되며 새 사람으로 재창조 될 때 거기서 새로운 힘과 능력이 나타나게 되는 것이다. 인간의 새로운 역사는 언제나 뜨거운 열정과 감격적인 심령운동에서 시작되는 것임을 잊지 말아야 한다.(삼상 10:26; 에스1:5)

이스라엘과 초대교회와 사도들의 인간 정신에 대한 위대한 발견은 우리 자신들의 정신과 마음, 의식의 세계가 하나님의 사랑에 대하여 눈이 열릴 때 나 자신을 비롯한 세상 모든 것들에 대하여 눈이 뜨여지게 된다는 것이다. 고대 히브리 신학자들과 예언자들, 이스라엘의 시민정신, 초대교회 사도들이 모두 하나님의 사랑에 주목하고 그 사랑에 관심을 집중한 이유는 바로 그 때문이며, 그로 인하여 그들이 느끼고 깨달은 것은 인간은 항상 변함없는 하나님의 사랑을 듬뿍 받고 있다는 것이었다. 그래서 구약시대 이스라엘과 신약시대 사도들의 "내가 주를 사랑하나이다"(시18:1;요21:16-18)라는 신앙고백은 다 같이 하나님께서 먼저 우리를 사랑하신 그 사랑에 근거하고, 그 사랑이 기준이고, 그 사랑을 출발점으로 한다는 것이다. 하나님의 사랑이 모든 인간적 사랑의 근원이며 기준이라는 것을 성서는 분명하게 증거하고 있다.(요1서 4:19)

인간은 남녀노소 빈부귀천을 막론하고 모두가 하나님의 사랑의 수애자(受愛者)들이다. 고로 우리는 성서적 증언을 통하여 항상 하나님의 사랑의 수애자(受愛者)로서의 나를 발견할 줄 알아야 한다.

예수정신에 있어서 내가 아버지의 사랑을 듬뿍 받고 있다는 수애자(受愛者)적인 정신과 사고는 항상 그 의식 속에 충만해 있다.

"아버지께서 나를 사랑하시는 것은… 아버지께서 나를 사랑하신 것 같이… 나를 사랑하신 사랑이 저희 안에 있고 나도 저희 안에…"(요10:17; 15:9; 17:26)

예수는 인간적으로 밀려오는 십자가의 고통과 죽음까지도 하나님께서 나를 사랑하고 있다는 사랑의 확신과 그 사랑의 힘을 통하여 십자가의 고난과 죽음을 당당하게 맞이하고 있다.(요10:17) 이러한 성서적 케리그마가 우리에게 가르쳐주는 것은 내가 하나님의 사랑을 듬뿍 받고 있다는 신적 사랑에 대한 감정과 느낌, 더 나아가 그 사랑에 대한 포만감은 세상의 모든 인간적 상처의 아픔과 고통을 물리칠 수 있는 힘과 능력이 될 뿐만 아니라 동시에 그것을 치유하는 원동력이라는 것이다. 인간적 고독과 외로움, 배신과 버려짐, 가난과 질병, 우울함과 피해망상 등 그 어떤 상처의 아픔도 내가 하나님의 사랑을 듬뿍 받고 있다는 신적 사랑의 체험 앞에서는 모두 연기처럼 사라지게 된다. 역사적 이스라엘과 그들의 조상인 히브리인들이 바로 그러한 신적 사랑의 혜택을 톡톡히 받은 자들이었다. 지구상에서 가장 불쌍하고 보잘 것 없는 자들, 오갈 곳이 없어 항상 거리를 떠돌며 노숙생활을 하면서 사람들에게 멸시와 천대를 받으면서 마음에 상처투성인 그들이 오히려 역사 속에서 전 세계에 정신적 빛의 역할을 담당하고 있다는 것은 그들의 생각과 의식 속에는 항상 하나님의 사랑으로 넘쳐나고 있기 때문이라 할 수 있다.

어린 시절 이복형제라는 이유로 늘 집에서 쫓겨나 길가 담벼락에 기대어 심한 폐결핵으로 피를 쏟으며 죽을 날만 기다리던 일본의 가가와 도요히꼬 역시 어느 날 나팔을 불며 지나가던 전도대원을 통하여 하나님의 사랑을 발견한 후 폐결핵이 깨끗이 치유됨은 물론 빈민가에 들어가 90여세가 되도록 오래 살면서 많은 저작과 구제의 일들을 할 수 있었다고 말하고 있다.

우리는 하나님의 사랑을 통하여 우리 인간들이 극복하지 못하고 있는 상대적 사랑의 현실을 극복하고, 부족하고 모자라는 인간적 사랑을 완성시킬 수 있는 힘과 능력, 지식과 지혜 등 다양한 사랑의 방법들을 배우고 터득할 수 있다. 하나님의 경이적인 사랑을 통하여 참된 사랑의 가치와 그 사랑에서 오는 지고의 행복이 무엇이며 어떤 것인지 배우게 된다. 보이지 않는 영적인 사랑, 하늘의 사랑을 통하여 우리의 눈에 보이는 가시적이고 현실적인 사랑, 이 땅에 속한 세상적인 사랑의 삶을 어떻게 살아야 하는가를 배우는 것이다. 하나님에게서 오는 그 놀랍고 위대한 사랑의 파장에서 느껴지는 감동과 기쁨과 충격을 통하여 우리 자신들의 모자라고 불완전한 사랑을 새롭게 가꿀 수 있는 힘과 에너지를 얻는 것이다.

또 한 가지 하나님에 대한 사랑은 눈에 보이는 가시적인 방법을 통하여 할 수 있다. 앞에서 눈으로 볼 수 없는 하나님을 우리가 영적으로 사랑할 뿐만 아니라 눈에 보이는 방법으로 현실적이고 구체적으로 사랑할 수 있는 길이 있다. 그것이 곧 역사적 예수를 통하는 방법이다. 이에 대한 성서적 증언은 베드로가 주님을 향하여 세 번씩이나, "내가 주를 사랑하나이다"(요21:15-17)라고 말하는 그 사랑의 고백 속에 잘 나타나고 있다.

우리 자신들의 인간적 삶의 현장에서 우리가 보고 듣고 느끼는 역사적 예수는 보이지 않는 하나님을 우리에게 소상하게 보여주시는 계시적 의미가 있다는 것은 신구약성서의 일관된 증언이다.

"본래 하나님을 본 사람이 없으되 아버지 품 속에 있는 독생하신 하나님이 나타내셨느니라, 나를 본 자는 아버지를 보았거늘…"(요1:18;14:9)

우리의 눈으로 볼 수 있는 역사적 예수의 나타나심이 의미하는 것은 우리의 인간적 삶의 현실에서 가시적이면서 동시에 구체적으로 우리가 하나님을 사랑할 수 있도록 우리를 도우실 뿐만 아니라 동시에 현실과 삶의 현장에서 구체적으로 하나님을 사랑하라는 요구가 함께 포함되어 있다. 우리는 역사적 예수를 통하여 인간인 우리가 하나님을 어떻게 사랑할 수 있는지 구체적으로 보고 듣고 느끼고 배울 수 있다는 것이다.

그 대표적인 것이 십자가 사건이다. 십자가의 고난과 죽음 앞에서도 하나님께 순종하신 순종의 신앙정신은 하나님을 사랑하는 사랑의 극치라고 성경은 증거하고 있다.(롬5:8) 아버지에 대한 아들의 사랑은 '순종'이라는 방식을 통하여 증명되고 구체적으로 실현된다. 그런데 예수에게 있어서 하나님 아버지에 대한 순종은 절대적 가치라는 것이다. 순종에 대한 이러한 예수의 모범을 통하여 우리는 하나님에 대한 순종을 상대적 가치가 아니라 타협의 여지가 없는 절대적 가치로 이해하고 파악할 수 있어야 한다. 그리고 구약의 이스라엘이나 역사적 예수에게 있어서 그 순종의 내용은 하나님의 말씀과 뜻을 따르고 순종하는 것이다. 고로 우리는 성경 말씀을 대할 때 한 구절 한 구절마다 그 말씀 속에서 하나님께서 내게 주시는 절대적 가치의 향기를 맡을 수 있도록 마음을 집중해야 한다.

우리가 하나님을 사랑한다는 것은 그의 법과 계명을 사랑하는 것이다. 그래서 역사적 이스라엘은 이렇게 고백을 한다.

"내가 주의 법을 사랑하나이다…주의 법을 사랑하는 자에게는 큰 평안이 있으니…"(시119:113,165)

하나님은 법과 계명 말씀을 통하여 자신을 나타내시기 때문에 그의 법과 계명에 대한 사랑은 곧 하나님을 사랑하는 것과 직결된다. 동시에 이것은 앞에서 말한바 보이지 않는 영적 존재이신 하나님을 현존방식으로 사랑한다는 의미를 가진다. 왜냐하면 하나님의 법과 계명은 역사 속에서 구체성을 가지고 있기 때문이다.

　　그러면 우리는 하나님의 말씀과 계명을 어떻게 순종할 수 있으며 완전한 순종에 이를 수 있으려면 어떻게 해야 하는 것일까? 그 비결은 자기의 모든 것을 버리는 "버림의 신앙정신" 에 달려있고, 버림의 영성과 신앙정신의 근거와 기준은 예수의 영성에서 찾을 수 있어야 한다. 하나님은 아들이신 예수를 십자가의 고난과 죽음의 냉혹한 현실 속에 버렸고, 아들이신 예수는 아버지로부터 버림을 받는다.(마27:46) 그리고 아버지로부터 버려지는 그 버림받음은 역사적 현실 속에서 모든 인간들에게 버려지고 배신당하는 것으로 이어지게 되고, 결국에는 십자가의 죽음에까지 이르게 된다. 다시 말해서 십자가의 죽음 직전에, "엘리 엘리 라마 사박다니… 나의 하나님 나의 하나님 어찌하여 나를 버리셨나이까?" 라고 하는 예수의 그 마지막 비명에 찬 절규는 그 앞에 먼저 세상의 모든 인간 군상들로부터 버려지는 배신적 행위와 이어져 있다는 사실이다. 예수는 모든 사람들 심지어 사랑하는 그 제자들에게까지 버려지고 배신당해야 했다.(막14:27,50) 중요한 것은 하늘과 땅, 하나님과 인간들로부터 버림받는 역사적 예수의 버림받음은 예수께서 스스로 원해서 당하는 자원적 버림에서부터 출발한다는 사실이다.

　　"내가 다시 목숨을 얻기 위하여 목숨을 버림이라 이를 내게서 빼앗는 자가 있는 것이 아니라 내가 스스로 버리노라 나는 버릴 권세도 있고 다시 얻을 권세도 있으니 이 계명은 아버지에게서 받았노라"(요10:17-18)

　　여기서 "스스로 버리노라"가 일차적으로 의미하는 것은 자신의 명예와 권세, 주권과 주장, 힘과 능력 등 모든 영적이고 정신적인 영역의 것들을 말한다. 왜냐하면 육신과 몸을 버리는 것은 일차적으로 자신의 마음과 생각을 버리는 것에서 출발하기 때문이다. 스스로의 의지와 관계없이 타의나 타력에 의해 버려지는 것은 마음의 결단과 관계없이 당할 수 있겠지만 스스로 원해서 자기를 버리는 것에 있어서 먼저 마음의 결단이 우선되는 것은 영적 심리학적 상식인 것이다. 영적인 생각이 따르지 않는 행동을 우리는 스스로 원해서 행하는 자발적 행위라고 하지 않는다.

여기서 우리는 하나님에 대한 순종의 한 원리, 즉 내 자신의 주장과 아집을 버릴 때 그 때 우리는 진정한 순종이 무엇인지 참된 순종의 의미에 대하여 눈이 뜨여지게 된다는 것이다. (창22:1-12: 요2:5-11 참고)

창세기 22장에 나타나는 아브라함의 순종과, 요한복음 2장에 나타나는 하인들의 순종은 넋이 나간 사람처럼 바보스러울 정도로 자신의 주장과 아집, 사적 논리와 계산을 모두 버릴 때 가장 완전한 순종의 행동이 나오게 된다는 것을 가르쳐주고 있다.

그리고 예수께서 말씀하고 계시는, "버릴 권세, 얻을 권세"에서 '권세'라는 말 엑수시아($\dot{\varepsilon}\xi o\nu\sigma\acute{\iota}\alpha$)는 다스리고 지배하는 힘과 능력을 의미한다. 이는 곧 자신의 영적인 마음의 영역을 다스리고 지배하는 것은 자신의 영적인 힘과 직결되어 있다는 것을 가르쳐준다. 즉 영력이 있어야 자신의 마음과 생각과 감정을 다스릴 수 있다는 것이다.

또 한 가지 우리가 주목해야 할 것은 영적인 힘을 바탕으로 하여 스스로 자기를 버리시는 예수의 이 버림은 버림을 위한 버림이 아니라 더 새로운 생명을 얻기 위한 버림이다.

"내가 다시 목숨(생명)을 얻기 위하여 목숨(생명)을 버리노라"(요10:17)

뒤에 가서 다시 논의가 되겠지만 참 생명의 얻음은 생명을 버리는 것에서 비롯된다는 이 교훈은 현실적으로 우리에게 있어서 취하고 가질 수 있는 힘, 얻을 수 있는 힘은 자신을 버리는 힘에서 비롯된다는 것이다.

자신의 비인간적인 것들을 버릴 수 있는 용기가 없는 자들은 무엇을 막론하고 참된 자신의 것을 얻으려는 시도를 해서는 안 된다. 그것은 가시밭에 들어가서 달콤한 포도를 구하는 것과 같은 어리석은 짓이기 때문이다. 여기서 자기 버림을 통하여 얻고자 하는 얻음의 1차적인 의미는 3일 후에 얻게 될 그리스도적인 부활의 생명이며, 2차적인 것은 그를 믿고 순종하는 백성들에게 주어질 새 생명이다. 그리고 그 백성들의 생명은 이 세상과 하나님 나라, 현실적인 것과 종말적인 것에 속한 전역사적이고 영원한 생명을 의미한다. 더 나아가 새롭게 얻어진 그 생명과 새 삶은 영적이고 정신적이든 물질적이든 간에 아직 낡은 옛 사람의 삶을 살고 있는 자들에게 나누고 공급해주어야 하는 선교적 과제가 함께 주어진다. 그 선교적 부르심을 듣고 있는 우리들에게 주님은, "네 자신의 이익과 권리, 명예와 자존심, 출세와 부귀영화 등 너의 모든 주장을 네가 사랑하는 대상을 위하여 버릴 수 있는가?" 라고 묻고 계신다. 이 물음에 답할 수 있는 비결은 사랑이다.

역사적 예수는 아버지로부터 버림을 받고 동시에 사람들로부터 버림을 받는다. 그러나 버리는 자와 버림받는 자로 대표되는 아버지와 아들의 관계, 그리고 배신과 저주, 증오와 분노, 폭력과 살인의 방식을 통하여 비참한 죽음의 현실에 내다버리는 제자들과 온갖 종류의 인간들과의 관계는 깨어지거나 파괴되지 않고 오히려 더 발전하고 희망이 가득

한 미래지향적인 관계가 된다. 이처럼 증오와 분노 속에서의 여유와 평화, 배신과 저주 속에서의 이해와 용서, 버림받음과 죽음 속에서의 생명에 대한 희망이라고 하는 역설적인 예수의 정신과 그 행위가 우리에게 말해주는 것은 버리는 자와 버림받는 자와의 관계를 희망에 찬 창조적 관계로 만들어갈 수 있는 비결은 바로 사랑이라는 것이다. 그리고 역사적 예수의 이러한 모범은 우리에게 세상에서 누구로부터 또는 그 어떤 것으로부터 배신을 당하고 버려진다 할지라도 버림받은 또는 버림받는 자의 정신과 사고가 어떤 마음의 자세 어떤 감정이냐에 따라서 버림받은 현실에 대한 반응의 형태와 대처하는 방법이 정해지고, 그 방법에 따라서 버림받은 자의 삶과 미래의 운명이 정해진다는 것을 교훈해주고 있다.

예수의 마음속에는 자기를 버리는 것, 이것이 곧 사랑의 원동력이고 사랑의 발로라는 생각으로 가득 차 있다. 예수는 스스로 자기를 버리는 희생을 통하여 하나님과 사람에 대한 사랑을 실천하고 확증한다는 것이다.

역사적 예수를 통하여 나타나는 하나님의 사랑과 우리 인간들의 사랑의 차이점은 바로 이런 것이다.

하나님의 사랑은 자기 버림의 아픔과 희생을 통하여 그 사랑을 증명하고 참된 사랑의 동산에 도달하려는 반면, 우리는 자기 쾌락과 욕구충족을 통한 행복과 자기만족을 통하여 사랑을 확인하고 그 사랑의 동산에 도달하려 한다는 것이다. 따라서 불완전한 인간적 사랑은 마치 목조주택을 종이 재료를 사용을 해서 지으려는 것과 똑같은 것이라 할 수 있다. 장난감이나 만들 수 있는 종이 재료를 가지고는 튼튼한 목조주택을 지을 수 없듯이 자기 쾌락과 욕구충족을 통한 자기만족, 그런 종류나 그런 방식의 사랑으로는 결코 참된 사랑의 동산에 도달할 수 없는 것이다. 우리의 인간적 현실에서 사랑의 장난에 속고 속는 일이 허다하게 일어나는 근본적 원인이 바로 거기에 있는 것이다.

또 하나 하나님에 대한 사랑의 구체성은 하나님과 우리의 관계성에 대한 밀착감에서 찾을 수 있다. 우리가 생각해야 할 것은 하나님과 우리의 관계가 멀리 떨어져 있는 것이 아니라 아주 가까이 밀착되어 있다는 느낌을 가져야 한다는 것이다. 멀리 떨어져 있다는 느낌은 하나님과의 진정한 사랑의 교제를 가질 수 없기 때문이다. 그리고 하나님에 대한 이러한 밀착감을 우리는 이스라엘의 신앙정신과 예수의 사고를 통하여 풍성하게 발견할 수 있다. 구약의 이스라엘과 역사적 예수는 다 같이 하나님에 대한 밀착감에 대하여 "내 앞에, 내 우편(右便)계신다, 친구처럼"이라는 말씀으로 우리를 교훈해주고 있다.

"야훼를 항상 내 앞에 모심이여 그가 내 우편에 게시므로…예수께서 하나님의 우편에… 친구와 이야함 같이 여호와께서는…"(시16:8; 행7:55; 출33:11)

물론 시편과 사도행전이 말씀하는 우편은 각각의 의미가 있지만 '앞'과 '우편'이 의미하는 공통점은 하나님에 대한 밀착감이며, 야훼 하나님과 모세가 주고받는 대화가 친구처럼 대화를 했다는 것도 하나님과 우리 사이의 밀착감을 의미한다. 따라서 우리는 앞에서도 말했지만 이스라엘에 있어서 야훼 하나님은 한 가정의 가장이시며 아버지이며, 가르치는 교사 선생님이고, 영원히 변함없는 친구로서의 하나님이시다. 아버지 교사 친구가 의미하는 것은 아주 실제적인 친근감 밀착감을 의미한다. 실제적인 친근감을 가질 때 그 사랑 역시 현실 속에서 실제적인 사랑의 교제로 이어질 수 있는 것이다. 우리는 존재하지 않는 허상을 사랑할 수는 없다. 허상을 사랑하는 것은 정신이상중세에서나 일어나는 일이지 정상적인 사고에서는 결코 일어나지 않는다. 이스라엘의 신앙정신에서 하나님은 보일 듯 말 듯 허상인지 진상인지 멀리서 가물거리는 그런 존재가 아니라 삶의 현장 속에서 우리의 머리카락 하나까지도 다 세고 계시면서 구체적으로 역사하시는 하나님이시다. 우리가 눈으로 볼 수 있고 귀로 들을 수 있고 피부접촉을 통하여 만질 수 있도록 우리의 삶의 현장에서 놀라운 권세와 능력을 통하여 아주 생생하게 보여주고 계시는 역사적 예수의 삶은 이러한 사실을 온 천하에 명백하게 증거하고 있다.

그리고 역사적 예수에 대한 더 실제적이고 구체적인 사랑의 방식은 그의 몸된 교회를 사랑하는 것이다.

구약성서적 의미에서 교회(성전)는 야훼 하나님이 거주하고 계시는 임재의 장소이며, 신약적 의미에서 교회는 예수 그리스도의 머리와 몸이다.

"야훼께서 그 성전에 계시니…오직 야훼는 그 성전에 계시니… 내가 오늘날까지 집에 거하지 아니하고 장막과 회막에 거하며 행하였나니…"(시11:4;합2:20;슥2:13;삼하7:6)

"그를 만물 위에 교회의 머리로 주셨느니라 교회는 그의 몸이니 만물 안에서 만물을 충만케 하시는 자의 충만이니라"(엡1:22-23)

교회(성전)에 거주하시는 하나님, 교회의 머리와 몸이 되시는 그리스도 이에 대한 광의적 의미는 우리가 살아가는 역사적 삶의 현장에서 하나님께서는 오늘날 우리에게 그의 몸된 교회를 통하여 역사하신다는 것이다.

현대 자유주의 신학 사조에서 무교회주의를 말하는 자들이 있으나 그것은 일고의 가치도 없는 비성서적인 것이다. 야훼 하나님의 창조와 역사적 이스라엘 백성들에게 행하신 일들, 그리고 그리스도의 탄생과 치유의 사역, 십자가의 고난과 죽으심, 부활과 다시 오실 재림의 역사, 성령의 역사하심 등 모든 그리스도적인 일들은 그의 몸된 교회를 통하여 역사 속에서 지속된다는 것이다. 그리고 그 지속의 중심에 서 있는 것이 말씀 선포와 성령운동이다. 고로 교회를 사랑하는 것은 곧 역사적 예수에 대한 사랑 더 나아가 야훼 하나님을 가시적으로 사랑하는 것이 된다. 따라서 우리는 교회공동체를 주님을 사랑하듯 할 수 있어야 한다.

그리고 이제 우리가 그 하나님을 사랑하는 데 있어서 제일 중요한 조건은 그 어떤 경우에라도 다른 神을 섬기지 말라는 것이다. 부부간의 사랑의 개념으로 말하면 그 어떤 경우에라도 바람을 피우지 말라는 것이다.(호1,2장) 인간인 우리가 하나님을 사랑하는 데 있어서도 사랑은 서로간의 약속을 지키고 존중하는 것이라고 상술한바, 그 사랑의 약속 가운데 가장 핵심적인 것은 다른 신을 섬기지 말며 우상숭배를 하지 않는 것이다. 하나님께서 말씀하시는 다른 신과 우상은 곧 인간이 돌과 나무 등으로 조각하고 만들어낸 온갖 종류의 잡신들을 의미한다. 보편적 인간의 역사와 하나님과 결혼식을 올린 이스라엘의 경우에 있어서 사랑의 약속은 항상 인간의 욕망과 교만에 의해서 깨어졌다. 새로움에 대한 욕망, 더 가지고 소유하려는 욕망, 역경과 위기를 벗어나고자 하는 욕망, 더 높아지려는 욕망 등 다양한 욕망의 충동에 의해서 약속을 깨뜨리고 배신의 길을 선택하게 된다는 것이 성서적 교훈이다.

하나님께서 다른 신을 섬기는 것과 우상숭배를 강력하게 금하고 있는 것은 우리를 향하신 하나님의 사랑은 그런 가증스러운 것들에 대해서 질투하는 사랑의 속성을 지니고 있기 때문이다.(출20:5;신6:15) 여기서 신적 사랑의 속성 가운데 하나인 질투는 우리가 생각하는 인간적 사랑의 질투라고 하는 그런 개념과는 차원이 다른 것이다. 그 질투는 우리가 우상과 미신을 섬기는 것, 그리고 그로 인하여 우리가 망하고 죽는 것을 보지 못하시겠다는 것이다. 그래서 하나님은 우리가 하나님을 사랑한다는 사랑의 진실성 여부를 우리가 그 어떤 경우에라도 다른 神을 섬기는지 섬기지 않는지를 통하여 판단하시겠다고 말씀하고 계신다.

"너희 중에 꿈꾸는 자가 일어나서 이적과 기사를 네게 보이고 말하기를 네가 본래 알지 못하던 다른 神들을 우리가 좇아 섬기자 하며 이적과 기사가 그 말대로 이룰지라도 너는 그의 말을 청종하지 말라 이는 여호와께서 너희가 마음을 다하고 성품을 다하여 너희 하나님 여호와를 사랑하는 여부를 알려하사 너희를 시험함이니라"(신13:3)

여기서 알 수 있듯이 죽은 사람이 벌떡 일어나듯이 나에게 희한하고 놀라운 기적이 일어난다 할지라도 다른 神을 섬기지 말라는 것이다.

인간인 우리가 하나님을 사랑하는데 있어서 이스라엘과 우리 모두에게 요구되는 것은 그 어떤 세상적인 우상과 미신 등 여러 가지 유혹의 손짓 앞에서도 넘어가지 말고 오직 야훼 하나님만 섬기고 경배하라는

것이다. 그렇게 하면 하나님께서 우리의 필요함을 넘쳐나게 채워주신다고 약속하고 계신다.(신28장)

그래서 하나님에 대한 사랑은 그의 법과 계명을 실천하고 그의 말씀에 철저히 순종하는 삶을 통하여 증명되어야 한다는 것이다.

3) 이웃과 타인에 대한 사랑

나를 비롯한 이웃과 타인 그리고 세상을 사랑하는 인간적 사랑을 생각할 때 우리가 가장 먼저 그리고 심각하게 생각해야 할 것은 인간적 사랑은 항상 부족하고 모자라는 미완성의 사랑이라는 것이다. 여기서 모자람 부족함 미완성이라는 말의 의미는 더 심각하게 말하면 문제투성이, 파괴성, 생명과 삶에 대한 미움과 대립, 갈등과 다툼, 전쟁과 살인적 성격까지 띄고 있다는 것을 의미한다. 우리의 역사와 현실에서 사랑 때문에 죽고 죽이는 일이 허다하게 일어나는 것, 그리고 인간사회에 이혼의 법과 제도가 있다는 것은 우리의 인간적 사랑은 모자라고 완전하지 못한 불확실한 사랑이라는 것을 증명해 주고 있다. 이러한 증명은 인간적 사랑은 이기심과 욕망, 위선과 거짓이 그 속에 꿈틀거리고 있기 때문이다. 성서적으로 암논의 행위가 그 대표적인 예라 할 수 있다. 이복누이 다말에 대한 암논의 사랑은 본능과 인간적 욕구충족에 허덕이는 불완전한 사랑을 적나라하게 보여주고 있다.(삼하13장 참고)

이복누이 다말에 대한 암논의 사랑을 성서기자는 아하브(אהב)라는 말로 표현하고 있는데 이 말은 육신적 본능의 욕구에 허덕이는 사랑을 표현할 때 가장 잘 어울리는 말 "헐떡거리다"라는 뜻을 지니고 있다.

이러한 우리의 현실적 모순과 뒤죽박죽 문제투성인 인간적 사랑을 통하여 우리는 우리의 사랑을 새롭게 정리하고 온전케 해 주시는 하나님의 사랑에 대한 절대적 가치와 그 필요성을 절실하게 느낄 수 있어야 한다. 인간에게 있어서 하나님 사랑의 필요성과 당위성이 여기에 있다고 할 수 있다. 고로 앞에서 이미 상술한바 인간의 사랑은 하나님 사랑의 빛을 받을 때만이 좀 더 온전한 사랑의 삶을 살 수 있게 된다.

우리가 아는 대로 예수의 생애는 전적인 사랑의 삶이었다. 그런데 중요한 것은 예수정신에 있어서 전 생애를 다 바친 그 사랑의 삶은 철저하게 아버지 하나님의 사랑에 그 뿌리를 두고 있다는 사실이다.

"아버지께서 나를 사랑하신 것 같이 나도 너희를 사랑하였으니…"(요15:9)

위의 말씀에 대한 연속적인 것은, **"내가 너희를 사랑한 것 같이 너희도 서로 사랑하라"**(요13:34)는 말씀이다.

아들이신 역사적 예수에 대한 아버지의 사랑 → 세상 인간들에 대한 예수의 사랑 → 현실 속에서 우리가 실현해야 할 서로간의 사랑은 하나님을 중심으로 해서 수직선을 그리고 있다. 결국 이 말씀이 의미하는 것은 세상의 인간들에 대한 예수의 사랑은 아버지 하나님의 사랑이 근거이며 원칙이고 기준이듯이 우리의 인간적 현실에서 서로간의 사랑은 예수의 사랑을 원칙과 기준으로 삼으라는 것이다. 그리고 여기서 알 수 있듯이 사랑은 분명한 원칙과 기준 모델이 있어야 한다는 것이다. 예수의 사랑의 정신과 그 마음속에는 자기를 향한 아버지 하나님의 사랑이라고 하는 분명한 원칙과 기준이 있다는 사실이다.

예수께서 죄의 악취가 풍겨나는 우리를 죽도록 사랑하시는 그 사랑의 근거와 원칙과 모델은 바로 하나님의 사랑에 있다는 것이다. 따라서 우리는 모든 사랑의 삶을 하나님의 사랑에서 배우고 터득할 수 있어야 한다.

그러면 이제 우리가 배워야 할 것은 아들이신 역사적 예수에 대한 아버지의 사랑과, 세상 인간들에 대한 역사적 예수의 사랑이다.

아들에 대한 아버지의 사랑에 대한 성서적 메시지는 이렇게 나타나고 있다.

"아버지께서 아들을 사랑하사 자기의 행하시는 것을 다 아들에게 보이시고…아버지께서 죽은 자들을 살리심같이 아들도 자기의 원하는 자들을 살리시느니라"(요5:20)

이 메시지 속에는 다음과 같은 네 가지 깊은 사랑의 교훈과 의미가 담겨져 있다.

(1) 아버지는 자신의 모든 것을 아들에게 보이게 한다는 것이다.

여기서 "보이시다"라는 말 데이크누오($\delta\epsilon\iota\kappa\nu\acute{\upsilon}\omega$)는 "드러내다, 알리다, 논증하다"라는 의미를 함축하고 있다. 따라서 사랑은 상대방과 서로에 대하여 숨기는 것이나 비밀이 없어야 한다는 것이다.

서로 비밀이 있고 숨기는 것이 있을 때 그 사랑은 비틀거리기 마련이다. 사랑의 핵심적 가치 중에 하나가 바로 둘로 갈라져 있는 것, 떨어져 있는 것, 서로 다른 것들을 같은 하나로 결집하고 한 덩어리로 뭉치게 하는 것이다.(창2:24 참조) 태초의 사람 아담과 하와는 서로를 숨길 때 서로에 대한 변명과 배신, 원망과 불평으로 서로에 대한 사랑과 신뢰가 깨어지고 있음을 보여주고 있다. 진정한 사랑은 숨기지 말고 서로에 대하여 모든 것을 드러낼 줄 알아야 한다는 것이다. 아담과 하와는 서로 실오라기 하나 걸치지 않는 전라의 천진난만한 상태에서 서로에 대한 깊은 사랑의 교제가 이루어지고 있음에 주목해야 한다. 그리고 사랑은 서로에 대하여 구체적으로 아는 것과 동시에 알아가는 것이어야 한다는 것이다.

(2) 히브리적 의미에서 서로에 대하여 안다는 것은 영성과 정신적 사랑이 동반된 성적인 교제의 경험을 통하여 전체적으로 안다는 것을 의미한다.(창4:1의 동침하다= 서로에 대하여 안다는 것을 의미함)

광의적 의미에서 이것은 곧 서로가 상대방이 무엇을 어떻게 좋아하는지 서로 좋아하는 것을 알아야 한다는 것을 가리키며, 더 나아가 계속해서 서로를 더 깊이 알아가야 한다는 것이다. 처음부터 우리는 서로에 대하여 깊이 알 수 없고 다 알 수 없다. 고로 사랑은 서로에 대하여 더 깊이 더 많이 알아가는 것이며, 이것은 세상과 나 자신에게도 똑같이 적용이 된다. 즉 우리는 나 자신을 사랑할 때, 그리고 나 자신을 사랑한다면 나 자신에 대하여 잘 알아야 하며 동시에 내가 모르는 나 자신에 대하여 하나씩 알아가는 노력이 필요하며, 세상을 사랑하는 것도 세상을 조금씩 더 깊이 더 많이 이해하고 파악하여 알아갈 수 있어야 한다. 사랑하는 대상을 알지 못하면 그 사랑은 그만큼 더 불완전하고 미숙한 사랑이 되고 마는 것이다.

(3) 서로에 대한 사랑은 평등을 기초로 한다.

"아버지께서 죽은 자들을 살리심 같이 아들도 자기의 원하는 자들을 살리느니라"는 말씀은 성부와 성자는 권위와 능력 명예 모든 것에서 동등함을 의미한다.(빌2:6) 이것은 삼위일체 교설에 대한 기독교의 불변적 진리이다. 따라서 이 교설의 교훈은 권위의 동등함, 명예의 동등함, 성품의 동등함, 인격의 동등함 등 진정한 사랑은 서로에 대한 평등을 바탕으로 해야 한다는 것이다. 남자는 하늘이고 여자는 땅이라고 하는 유교사상이 뿌려놓은 수직적 구조의 남녀관계는 부리는 주인과 부림당하는 노예라고 하는 악마적 환경만 조작해 낼 뿐이다. 한국교회는 이러한 유교적 사고방식에서 빨리 벗어날 수 있어야 한다. 남자든 여자든, 자녀이든 어린아이든 간에 그들을 나의 소유물로 생각해서는 안 된다. 그것은 평등의 신앙정신이 아니다. 너와 나는 똑같이 평등하다는 정신이 없는 상태에서의 사랑은 진정한 인격적 사랑의 열매를 맺을 수 없는 법이다. 평등 정신 평등의 마음가짐 속에서 사랑의 관계를 가질 때 진정한 인격적 사랑의 열매가 맺히는 것이다.

(4) 서로의 자유와 독립성을 인정하는 것이다.

인간적 사랑은 때와 상황에 따라서 수시로 변하는데 반해 하나님의 사랑은 항상 변함이 없다는 특징을 가지고 있다. 사랑에 변함이 없다는 것은 그 사랑이 때나 환경의 영향이나 지배를 전혀 받지 않는다는 것을 의미한다. 고로 나의 사랑이 환경의 지배를 받지 않는 변함없는 사랑이 되기를 원하고, 변치 않는 사랑을 원한다면 당연히 우리는 변함없는 하나님의 사랑을 배우고 그 사랑의 훈련을 열심히 할 수 있어야 한다.

이해와 용서, 배려와 나눔, 헌신과 희생적인 사랑도 인간적인 각오와 결심으로가 아니라 우리 앞에서 이미 다 보여주고 계시는 하나님의 사랑에서 배우라고 성경은 가르쳐주고 있다.(요일3:16)

하나님의 사랑에 감격하는 자만이 인간과 세상적 사랑에 감격할 수 있고, 하나님의 사랑에 충만한 자만이 인간적 고독과 외로움을 물리칠 수 있으며, 하나님의 사랑을 느끼고 경험하는 자만이 자신과 이웃과 세상을 진정으로 사랑할 수 있게 된다. 사랑으로 가득 찬 예수의 모든 삶의 현장이 이 사실을 우리에게 소상하게 증명해주고 있다.

아들이신 역사적 예수에 대한 아버지의 사랑, 그리고 아버지에 대한 아들의 사랑 이 양자 간의 사랑은 서로간의 독립성을 완전하게 존중하면서 동시에 서로간의 인격을 최대한 존중하는 사랑이다.

진정한 사랑은 상대방의 독립성을 인정하고 이해하고 그리고 그의 인격을 최대한 존중할 수 있어야 한다. 사랑하는 사람끼리는 서로에 대하여 묻고 대화를 통해서 행동하는 것도 있지만 혼자서 독자적으로 행동해야 하는 일도 허다하게 많이 있다. 그럴 때 우리는, "왜 나한테 말하지 않고, 의논하지 않고, 맘대로 했어" 하면서 화를 낼 것이 아니라 그의 독자적인 행동을 이해하고 인정하고 존중할 수 있어야 한다. 그것이 곧 서로의 독립성을 인정하고 존중해주는 사랑이기 때문이다.

그리고 우리가 정말 알아야 할 것은 **사랑의 가치**와 사랑하는 삶에서 나타나는 **사랑의 부가가치** 그리고 **사랑의 시너지 효과**이다.

사회심리학적으로 사랑과 연관 지어 인간을 두 종류로 나누어서 말하는데 하나는 Necrophilia라는 말이 있다. 이것은 '시체, 죽음'을 의미하는 Necros라는 말과 '사랑'을 의미하는 Phileo라는 말의 합성어로써 곧 '시체 애호증 환자, 죽은 시체를 사랑하는 것'을 가리키는 말로써 이는 곧 죽음지향적인 삶을 살아가는 자를 가리키는 말이다. 이와 대조를 이루는 것이 곧 Biophilia라는 말인데 이 말은 곧 '생명을 사랑하는 사람, 삶을 사랑할 줄 아는 사람'을 가리키는 말로써 이는 곧 생명지향적인 삶을 살아가는 자를 가리킨다. 그런데 중요한 것은 생명과 시체, 삶과 죽음이 어디서 정해지느냐 하면 바로 내가 누군가를 또는 무엇인가를 사랑하고 있느냐? 사랑하지 않느냐? 하는 것에서 결정된다는 것이다. 이러한 사실은 성경이 명확하게 증거하고 있다.

"우리가 형제를 사랑함으로 사망에서 옮겨 생명으로 들어간 줄을 알거니와 사랑치 아니하는 자는 사망에 거하느니라"(요일3:14)

여기서 성경이 증거하고 있는 생명과 사망은 숨이 끊어진 생물학적 생명과 사망은 물론 아니다. 이것은 영적이고 정신적인 것에 더 큰 비중을 두고 있다. 따라서 사랑이 없는 삶이란 인간에게 있어서 얼마나 공허하고 무의미하고 피폐하고 시들어빠진 메마른 삶, 당사자가 알아차리든 못 알아차리든 간에 그것은 사는 것이 아니라 죽을 맛이라는 것이다. 이러한 사랑 없는 삶의 불행과 비참성을 성서는 다시 이렇게 증거하고 있다.

"그의 형제를 사랑하는 자는 빛 가운데 거하여 자기 속에 거리낌이 없으나…"(요일2:10)

여기서 "거리낌이 없다"는 말 스칸달론($\sigma\kappa\alpha\nu\delta\lambda o\nu$)의 원래의 의미는 "비틀거리다, 넘어지다"라는 뜻이며 부가적 의미는 "덫, 올가미"라는 뜻이다. 이 말을 의역하면 결국은 사랑이 없는 삶은 스스로 자기 자신의 정신적 덫에 걸려 있는 것이고 그로 인해서 비틀거리고 넘어진다는 것이다. 그러나 반대로 누군가 또는 무엇인가를 사랑하고 있다면 그는 생명 에너지가 넘쳐난다는 것이다. 인간이나 동물을 상대로 하여 시도된 많은 사랑의 임상실험에서 이러한 사실은 이미 수도 없이 입증되고 있다. 사랑이 있는 자와 없는 자의 삶은 IQ와 EQ 뿐만 아니라 경제적인 것, 건강, 결혼과 가정생활, 사회생활 전반에 걸쳐서 엄청난 차이가 있다. 우리가 누군가를 또는 무엇인가를 사랑할 때 그 때 바로 생명 에너지가 가장 크게 넘쳐나게 된다는 것을 반드시 기억하고 살아야 한다.

다음으로 우리가 알아야 할 것은 우리는 서로간의 사랑을 통하여 하나님에 대한 만남의 지식과 체험을 가지게 된다는 것이다. 내가 너를 만나고 너를 보고 대하는 것은 곧 하나님에 대한 만남과 직결된다는 것이다. 이것은 신구약 성경의 일관된 외침이다.(창33:10;마10:40;요13:20) 야곱이 형 에서와의 만남에서, **"내가 형님의 얼굴을 보니 하나님의 얼굴을 보는 것 같습니다"**라는 말씀에서 '얼굴'이라는 말은 야곱의 형 에서에게 똑같이 적용되고 있으며, 여기서 얼굴이 의미하는 것은 '인격적 만남'을 가리킨다.

역사적 예수의 나타나심이 보이지 않는 하나님을 나타내 보이신 계시적 의미가 있듯이 우리 각 개인은 모두 이 세상에서 예수 그리스도를 나타내 보이고 또 하나님을 나타내 보여야 하는 계시적 의미를 지니고 있다. 특히 우리 각자가 예수 그리스도를 나타내는 계시적 도구라는 의미 속에는 내가 타인과 이웃을 대하고 바라볼 때 그를 그리스도로 알고 대해야 한다는 강력한 요청이 담겨져 있다. 다시 강조하지만 이웃과 타인을 대접하는 것이 곧 하나님을 대접하는 것이라고 성경은 반복하여 외치고 있음에 우리는 귀를 기울일 수 있어야 한다. 타인과 이웃 그리고 세상의 모든 것들은 무엇을 막론하고 모두 하나님을 간접적으로 만나고 경험할 수 있는 대상들이다.(롬1:20) "너와의 관계를 무한히 널려가다 보면 결국에는 영원하신 하나님을 만나게 된다"라는 마틴 부버의 말이나 "모든 사람을 그리스도로 알고 사귀라"고 말했던 탁월한 신학적 지성의 소유자였던 본 훼퍼 목사의 말은 모두 성서적 증거를 토대로 한 정확한 파악이라 할 수 있다.

우리는 삶과 신앙의 현실에서 이런 저런 싸구려 복음에 편승할 것이 아니라 어떻게 하면 내가 타인과 이웃을 그리스도로 알고 사귈 수 있을 것인지? 어떻게 하면 그리스도를 대하듯이 대할 수 있을 것인지를 놓고 깊이 고민해 볼 수 있어야 할 것이다.

그러면 우리가 타인과 이웃을 그리스로 알고 사귄다는 구체적 의미는 어떤 것일까? 여기에는 두 가지 의미가 담겨져 있다. 하나는 타인과 이웃을 섬김의 대상으로 알고 사귀라는 것이다. 왜냐하면 역사적 예수는 우리에게 있어서 항상 '구원의 주'라고 하는 동시성을 가지기 때문이다. '주'의 개념은 언제나 섬김과 경배의 의미를 가진다. 따라서 타인과 이웃을 그리스도로 알고 사귄다는 것은 곧 그들을 섬김의 대상으로 삼아야 한다는 것이며, 또 하나는 우리에게 역사적 예수는 '구원의 주'이시기 때문에 타인과 이웃을 구속사적인 관계로 이해하고 바라보라는 것이다. 우리에게 있어서 구원의 현실적 의미는 고침과 치료하심, 일으키심, 눌림과 억압으로부터의 자유와 해방, 다시 살리심 등이다.(눅 4:18-19 참조) 따라서 현실적으로 타인과 이웃을 구속사적인 관계로 이해하고 바라본다는 것은 비판과 단죄가 아니라 서로 치료해 주는 관계, 나는 너를, 너는 나를 서로가 서로의 아픈 상처를 치료해주고, 자유와 해방의 기쁨을 안겨주고, 일으켜주고 새로운 삶의 길을 열어주는 생명의 관계로 이해하고 바라보라는 것이다.

또한 사랑하는 삶에서 우리는 영적인 안정과 평안을 얻을 수 있다. 사랑은 우리 자신들의 생명 에너지를 넘치게 해 줄뿐만 아니라 가장 안정되고 평안한 마음의 상태를 유지시켜 준다.

"사랑 안에 두려움이 없고 온전한 사랑이 두려움을 내오 쫓나니 두려움에는 형벌이 있음이라 두려워하는 자는 사랑 안에서 온전히 이루지 못하였으니라" (요일4:18)

위의 말씀에서 세 번씩이나 반복하여 나타나는 '사랑'이라는 말 역시 인간적이고 상대적 가치를 지닌 에로스가 아니라 하나님의 사랑에 근거하는 절대적 가치를 지니고 있는 아가페적인 사랑임을 명심해야 한다. 이러한 사랑의 정신을 실천하는 자들에게는 무서운 공포나 두려움이 없을 뿐만 아니라, 이미 가지고 있는 두려움이나 무서운 공포심까지도 사라지게 된다는 것이다. 특히 본문 말씀은 이것을, "내어 쫓는다"라는 말로 표현함으로써 사랑은 우리 자신들도 다 알 수 없는 놀랍고 신비로운 힘과 능력이라는 것을 가르쳐주고 있다.

즉 사랑은 안정과 평안한 감정을 만들어낸다는 것이다. 더 나아가 사랑은 상대방을 기뻐하고 즐거워하는 것이다.(마3:17) 상대방을 볼 때 기쁨이 있으면 사랑이 살아있는 것이고, 기쁨이 없으면 사랑이 식은 것이다. 참된 사랑은 사랑하는 자를 생각만 해도 기쁘고 즐겁다. 우리가 연애의 시절로 돌아가 생각해 보면 이러한 사실은 분명하게 드러난다. 고로 우리는 사랑의 대상자들을 언제 어디서나 기쁘고 즐겁게 대할 수 있어야 한다. 물론 창조적 사랑을 하 수 있으려면 기쁘고 좋은 일이 있어서 그렇게 하는 것이 아니라 좋지 않는 일들과 상처의 아픔 속에서라도 상대방을 기뻐하고 즐거워할 수 있어야 한다. 그리고 사랑은 서로에 대하여 믿고 참는 것이며, 나 자신의 유익을 구하지 않으며,(고전13:5-7) 상대방의 실수와 허물을 덮어줄 줄 알아야 하고,(벧전4:8) 사회윤리적 의무를 다하기 위하여 사회적 약자들과 가난한 자들을 위하여 동정하고 구제할 줄 알아야 하며, 더 나아가 형제를 위하여 자기의 목숨까지 버리고 희생하는 것이다.(요일3:16-17) 여기서도 물론 상대방을 위하여 나를 버리고 희생하는 것은, 나를 위하여 모든 것을 버리시고 희생하신 그리스도적인 십자가의 사랑을 바탕으로 한다는 것을 명심해야 한다.

4

이해와 용서

1) 인간에 대한 그리스도적인 이해

구약성서에 나타나는 야훼 하나님은 이해와 관용의 하나님이시다. 이스라엘에 대한 야훼 하나님의 이해심은 상상을 초월하는 무한대에 이르고 있음을 넘쳐나는 성서적 증거들을 통하여 잘 알 수 있다. 성경에 나타나는 이스라엘 또는 인간에 대한 하나님의 이해와 관용은 감격의 눈물을 쏟을 수밖에 없을 정도로 가히 경이적이며 감격적이다.

장난을 치듯이 묻고 또 묻는 아브라함의 질문공세에도 불구하고 야훼 하나님은 시종일관 자상하게 대답을 해 주고 계신다.(창18장) "아이들이 어른에게 뭘 자꾸 묻고 말을 시켜?"라고 하는 유교적 사고와는 너무나 대조적 이다. 우리가 저지른 죄와 허물에 대해서도 하나님은 그것을 기억조차 하지 않겠다고 하시는 분이시다.

나는 나를 위하여 네 허물을 도말하는 자니 네 죄를 기억지 아니하리라.(사43:25)

더욱이 집을 뛰쳐나가 이 남자 저 남자와 섞여 살아가며 음란과 방탕이 극에 달하여 악취가 진동하는 그러한 이스라엘과 결혼을 하시겠다는 야훼 하나님의 그 희생적인 마음은 가히 눈물겹지 않을 수 없다

내가 네게 장가들어 영원히 살되 의와 공변됨과 은총과 긍휼히 여김으로 네게 장가들며 진실함으로 네게 장가들리니 네가 야훼를 알리라.(호 2:19-20)

한편 이러한 야훼 하나님의 무한한 사랑과 이해와 관용은 역사적 예수의 생애 속에서 그대로 다시 이어지고 있다. 이스라엘 백성들에게 야훼 하나님께서 그랬던 것처럼 예수께서는 남녀노소 빈부귀천을 떠나 그 누구를 막론하고 아무런 이유도 조건도 없이 그들을 이해하고 용서하고 계신다. 심지어 십자가 사건 당시 모두가 주님을 헌신짝 버리듯 내버리는 배신과 증오, 저주와 분노로 관계가 끊어질 수밖에 없는 제자들을 3일 후에 다시 만나는 곳에서 예수께서는 오히려 이렇게 말씀하고 계신다.

제자들이 집안에 있을 때에… 문들이 닫혔는데 예수께서 오사 가운데 서서 가라사대 너희에게 평강이 있을지어다.(요20:26)

자기를 배신하고 맹세하며 저주까지 서슴지 않았던 베드로의 고기 잡는 현장을 찾아가서 고기 잡는 방법까지 일러주시는 모습 속에는 이들의 관계가 버린 자와 버림받은 자, 배신자와 배신당한 자라는 것은 그 어디서도 찾아볼 수 없다. 참으로 감격적인 일이다.

"예수께서 이르시되 얘들아 너희에게 고기가 있느냐 대답하되 없나이다 가라사대 그물을 배 오른편에 던지라 그리하면 얻으리라… 이에 던졌더니 고기가 많아 그물을 들 수 없더라"(요21:5-6)

배신과 타락, 음란과 온갖 추악한 죄악으로 얼룩진 저 역사적 이스라엘을 아버지께서 이해와 용서로 품어주신 것처럼 아들이신 예수께서도 악취가 풍기는 제자들을 모두 품어주고 계신다.

예수의 이 놀라운 이해의 정신세계를 파악하기 위해서 우리는 먼저 예수께서는 인간에 대해서 근본적으로 어떻게 이해하고 있는가를 파악할 필요가 있다.

예수의 인간 이해에 있어서 근본적인 것은 그들은 죄인들이고 병든 자들이며, 눌리고 포로 된 자들이며 앞을 보지 못하는 소경들이라는 것이다. (마9:12;눅4:18;요8:17)

죄인이라는 말은 종교적 또는 도덕적인 것보다 더 근본적인 것은 인간이라고 하는 존재 그 자체, 즉 존재론적인 의미를 가지고 있다. 인간 이해에 대한 존재론적 파악은 인간은 불완전하고 미완성이며 문제와 모순투성이라는 것이다. 중요한 것은 예수께서 바로 그 현장에 그 중심에 서 계신다는 것이다. 그 현장 그 중심이란 곧 그 불완전하고 문제와 모순투성이로 가득 찬 그 인간의 모습과 똑같은 모습으로 인간의 역사 한 가운데 서 계신다는 것이다. 의인이 불의한 자로, 무죄한 자가 죄인으로, 하나님이 인간의 모습으로 서 계신다는 사실이다.

여기서 우리는 그리스도적인 인간 이해의 근본적인 의미를 배울 수 있다. 즉 죄인을 이해하려면 죄인의 입장에서, 아픈 사람을 이해하려면 아픈 사람의 입장에 설 수 있어야 한다는 것이다. 건강한 자의 입장에서는 아픈 사람을 부분적으로 이해할 수는 있겠으나 온전히 이해할 수는 없는 법이다. 이러한 근본에 더하여 예수 그리스도의 영성과 마음속에는 타인과 이웃, 종파와 이념을 달리하는 자들, 심지어 자기를 칼로 베고 찌르는 원수들까지도 이해하고 용서하는 마음으로 넘쳐나고 있다. 따라서 우리가 예수의 영성을 가지려면 당연히 나와 생각을 달리하는 타인과 이웃, 더 나아가 원수까지도 이해하고 용서할 수 있는 영적인 권세가 있어야 할 것이다. 이러한 이해와 용서의 영적 권세를 가지기 위해서 우리는 먼저 용서의 대상에 대하여 더 깊이 있는 이해와 통찰력을 가질 수 있어야 한다. 왜냐하면 상대방에 대하여 충분히 파악이 되고 더 깊이 이해할 수 있을 때 그것은 용서의 큰 원동력이 될 수 있기 때문이다. 그러면 더 깊은 이해와 파악을 위해서 우리는 무엇을 해야 할까? 그것은 바로 앞에서 말한바 깊은 통찰력이다. 통찰력은 말 그대로 어느 한 부분만 살피는 것이 아니라 전체적으로 세밀하게 보고 파악하는 것을 말한다. 나무만 보는 것이 아니라 전체 숲을 보면서 동시에 나무 한 그루 한 그루를 세밀하게 살필 줄 알아야 한다. 나타난 일만 보는 것이 아니라 그 일이 일어나게 된 배경과 원인을 파악하는 것이다. 그렇게 할 때 상대방에 대한 충분한 파악과 진정한 통찰을 할 수 있을 것이다.

또한 하나님의 인간 이해는 먼저 그 인간에 대하여 아주 세밀하게 잘 알고 계신다는 것에서 출발한다.

"그는 멸시를 받아서 사람에게 싫어 버린바 되었으며 간고(艱苦)를 많이 겪었으며 질고(疾苦)를 아는 자라"(사53:3)

예수의 수난사에 대한 이 기록에 쓰여진 "질고를 아는 자"에서 '알다'에 해당하는 말 야다(יָדַע)는 실제적인 경험을 통하여 상대방을 느끼고 이해하고 아는 것을 말한다. **"아담이 그 아내 하와와 동침하다"**(창4:1)에서 '동침하다'라는 말이 곧 '야다'라는 말이다. 하나님은 우리의 아픈 고통과 슬픔을 모두 세밀하게 잘 알고 계신다. 잘 알고 계시는 분이기에 우리를 가장 잘 치유하시는 것이다. 상대방 또는 타인을 잘 이해하기 위해서는 상대방에 대하여 우리는 잘 알아야 한다. 알지 못하면서 상대방을 잘 이해한다는 것은 잘못된 것이다.

그리고 더 깊은 이해를 위해서 우리는 내가 아닌 저쪽 의 입장에서 생각할 수 있는 지혜가 필요하다. 나는 너의 눈으로 너를 바라보고, 너는 나의 눈으로 나를 바라볼 때 서로가 서로를 진정으로 그리고 더 깊이 있게 바라볼 수 있는 이해의 눈이 열리게 된다.

예수의 이해심은 언제나 '너'라고 하는 상대방 저쪽에서 출발하고 저쪽이 기준이다. 반대로 우리의 사고는 상대방이 아닌 나 자신이 출발점이고 기준이 되어 있다. 따라서 나 자신의 기준을 버리고 예수께서 지니고 계신 그 기준을 얼마나 나의 기준으로 삼을 수 있느냐가 타인과 상대방에 대하여 얼마나 깊이 있게 이해할 수 있느냐 하는 것에 대한 열쇠가 된다.

예수께서는 십자가의 죽음을 눈앞에 놓으시고 제자들을 데리고 겟세마네 동산에 기도하러 올라가셨다. 그 현장에서 제자들에게, "너희는 여기서 깨어 기도하라"고 하시고 따로 기도를 하신다. 그리고 얼마 후와 보니 제자들은 기도하지 않고 잠들어 있었다. 잠든 제자들에게 주님은 이렇게 말씀하신다.

"너희가 나와 함께 한 시 동안도 이렇게 깨어있을 수 없더냐… 깨어 있어 기도하라… 마음에는 원이로되 육신이 약하도다."(마26:41;막14:38)

여기서는 상대방의 마음을 이해하기 위해서는 상대방의 몸과 신체적인 상태를 동시에 이해하고 파악할 수 있어야 한다는 것을 말씀하고 있다. 반대로 몸과 신체적인 것을 이해하려면 마음과 정신 상태를 같이 파악할 수 있어야 한다는 것을 가르쳐 준다. 우리는 누구든지 마음은 있어도 몸이 따라주지 않을 때가 있고, 몸이 허락된다 해도 마음이 따라주지 않을 때가 있다. 몸과 마음이 엇박자를 낼 때가 있다는 것이다. 내가 그렇듯이 상대방도 마찬가지다. 우리의 몸과 마음, 신체적인 것과 정신적인 것은 항상 긴밀한 교감을 주고받으면서 서로 직결되어 있는데 그 교감이 서로 일치가 될 때와 일치 되지 않을 때가 있다는 것을 잠시라도 잊어서는 안 된다. 그것을 충분히 파악하는 것이 곧 통찰력이다.

예수께서는 제자들의 몸과 마음이 일치되지 않고 있음을 파악하신 것이다. 상대방의 행위에 대하여 행위 그 자체만 보는 것이 아니라 그 행위의 배경과 원인을 파악하고 계시는 예수의 통찰력과, 그것을 통하여 그들의 행위를 수용하고 이해하고 계시는 예수의 이해와 수용력 그 영적 마인드를 우리는 배우고 본받을 수 있어야 할 것이다. 인간에 대한 이해와 파악, 상대방에 대한 이해의 폭을 넓힐 수 있는 성서적 교훈에 귀를 기울여 보면 우리는 다음과 같은 값진 교훈을 들을 수 있다.

먼저 '너'라고 하는 상대방에 대하여 근원적으로 파악하고 이해하라고 교훈하고 있다. 그리스도적인 의미의 인간 이해의 근본이 불완전성 미완성 모순과 문제투성이라면 구약성서적인 인간 이해의 근본적 의미는 너 나 할 것 없이 우리는 모두 같은 창조주 한 분 하나님을 통하여 만들어진 같은 피조물이라는 것이다.

"나를 태(胎)속에 만드신 자가 그도 만들지 아니하셨느냐 우리를 뱃속에 지으신 자가 하나가 아니시냐?"(욥31:15)

위의 말씀은 극한의 고난 속에서 욥이라는 사람이 사회 권력층과 기득권 세력들이 사회적으로 가난하고 병들고 약한 자들을 무자비하게 억압하고 짓밟는 것에 대하여 탄식하는 소리로 항의하는 내용으로써, 인간이란 같은 한 분 창조주 하나님에게서 지음을 받은 피조물이라는 입장에서 모두 똑같지 않느냐 라고 하는 내용이다.

특히 여기서 우리가 눈여겨보아야 할 것은 "만들다"라는 용어이다. "만들다"라는 말 아사(אשׂה)는 일과 노동을 통한 수고의 땀과 그 손길이라는 의미를 가지고 있는데 이는 곧 지금도 하나님께서는 남녀노소 빈부귀천 할 것 없이 모두에게 똑같이 공평하게 역사하고 계신다는 것을 의미한다. 따라서 상대방을 이해할 때 우리는 근원적으로 같은 창조주 하나님이라고 하는 생각, 즉 원 뿌리가 같다는 것을 기억하라는 것이다. 따라서 여기서의 하나는 수(數)적인 개념의 하나가 아니라 같은 하나님, 같은 인간, 같은 방식에 의한 출생이라는 의미를 지니고 있기 때문에 같은 존재, 같은 본질, 같은 내용, 같은 모양, 같은 신분이라는 의미를 담고 있다. 신분이라는 것도 인간사회에서는 필요로 하는 것이지만 하나님 앞에서는 그러한 인간적인 신분은 모두 별 의미를 가지지 못한다. 저나 나나 남녀노소 빈부귀천 모두 그냥 하나의 피조물인 인간일 뿐이다.

너만 부족한 것이 아니라 나도 너와 똑같이 부족하고 모자라는 사람이며, 너만 약한 자가 아니라 나도 너처럼 약하고 보잘 것 없는 사람이며, 너의 실수와 잘못은 너만의 것이 아니라 나의 것이기도 한 것이다. 이처럼 나도 너와 같은 인간이라는 근본적인 입장에서 출발하면 우리는 이해의 폭을 크게 넓힐 수 있다는 것이다. 따라서 어떤 경우를 막론하고 상대의 행위에 대한 이해는 모든 것에서 나도 너와 똑같은 자임을 충분히 파악하라는 것이다.

다음으로 생각할 것은 상대방에 대하여 충분히 이해할 수 있으려면 먼저 나 자신이 누구이며 어떤 사람인지 자신에 대한 충분한 파악과 이해가 선행되어야 한다는 것이다. 이에 대하여 성경은 이렇게 가르쳐 주고 있다.

"너는 이방 나그네를 억압하지 말며 그들을 학대하지 말라 너희도 애굽 땅에서 나그네였음이니라."(출22:21)

위의 말씀은 나그네 접대법에 대한 윤리적 교훈인데, 여기서 하나님께서 말씀하시는 것은 나그네를 잘 대접할 수 있으려면 곧 네 자신도 나그네 인생이라는 사실을 항상 기억하라는 것이다. 이러한 교훈을 통하여 하나님께서 우리에게 말씀하시는 것은 올챙이 시절의 신앙정신을 잘 활용하라는 것이다. 나그네 접대법에 있어서 제일 중요한 것은 너도 나그네 인생이라는 것이며, 종에 대한 이해에 있어서도 중요한 것은 너도 원래 애굽에서 종살이 하던 자였음을 기억하라는 것이다. 우리는 누구를 막론하고 자신의 올챙이 시절을 잘 활용하기만 하면 모든 면에서 엄청난 시너지 효과를 얻을 수 있게 된다. 나 자신의 올챙이 시절을 잘 기억하고 활용하면 그 속에서 우리는 오늘의 시련과 역경을 이겨낼 수 있는 힘도 얻을 수 있고, 또한 오늘의 행복과 만족, 기쁨과 평안을 얻을 수 있다. 타인과 이웃의 잘못에 대한 이해와 용서의 신앙정신에 있어서도 첫 출발은 바로 나 자신이라는 것이다. 이러한 사고방식은 예수의 영성과 정신세계에 충만하게 넘쳐나고 있다. 간음한 여자를 현장에서 붙잡아와 돌로 쳐 죽이라면서 정죄하는 자들에 대해서 예수께서는, **"너희 중에 죄 없는 자가 먼저 돌로 치라"**(요8:7)고 말씀하고 계시며, 외식하는 자들에 대해서도, **"어찌하여 형제의 눈 속에 있는 티는 보고 네 눈 속에 있는 들보는 깨닫지 못하느냐?"**(마7:3; 눅6:42)라고 말씀하고 계신다. 이 두 교훈의 핵심은 타인의 이해와 용서에 있어서 가장 중요한 것은 먼저 나는 어떤 사람인지 나 자신을 살펴볼 줄 알아야 한다는 것이다. 자기 자신에 대한 진지한 성찰과 반성은 남의 실수와 허물에 대하여 단죄 와 분노, 불평과 비난과 욕이 아닌 이해와 용서의 정신으로 다가갈 수 있도록 해 주며, 그러한 안목으로 바라볼 수 있도록 해 준다는 것이다. 따라서 이해와 용서에 대한 그리스도적인 신앙정신은 바로 나 자신에 대한 진지한 성찰과 반성이다. 간음한 자를 욕하고 단죄하기 전에 나 자신도 완전한 인간이 아닌 죄인이라는 사실을 직시하는 것이다. 분노하며 화를 내는 자에 대한 이해와 용서의 영적 에너지는 나 역시 분노하며 화를 내는 자임을 충분히 알아차리는 것이다. 나의 감정은 너의 감정과 다른 것이 아니라 너와 똑같은 감정을 지니고 있는 사람이라는 것을 잊지 말라는 것이다. 타인과 상대방에 대한 이해와 용서는 먼저 나 역시 이해를 받아야 하고 용서를 받아야 할 사람이라는 것을 충분히 파악하고 인식하는 것에서 비롯된다. 그것이 타인에 대한 이해와 용서의 출발점이고 원동력이기 때문이다. 이제 세 종류의 용서를 살

퍼볼 차례이다.

2) 용서의 세 종류

(1) 전적 은혜에 의한 용서

은혜에 의한 용서는 전적인 하나님의 은혜와 사랑에 근거한다. 하나님의 은혜에 근거하여 받게 되는 용서는 우리 자신들의 반성과 뉘우침 같은 인간적 조건이 고려되지 않고 선행되지 않는다. 그저 값없이 아무런 대가 없이 받게 되는 것이다.

> **예수께서 중풍병자에게 이르시되… 소자야 네 죄사함을 받았느니라. 천국은… 일만 달란트 빚진 자 하나를 데려오매… 주인이 불쌍히 여겨 놓아 보내며 그 빚을 탕감하여 주었더니…**(마9:2;18:23-27)

전적인 은혜에 의한 용서에 있어서 가장 중요한 것은 상대방을 측은하게 생각하고 불쌍히 여기는 마음이다. 하나님께서는 말씀을 통하여 이것을 아주 많이 강조하신다. 죄는 필연적으로 악을 동반한다. 죄는 악한 것이고 잔인한 것이고 해치는 것이다. 그러나 그로 인하여 그 죄의 당사자의 영혼과 생명은 병들고 시들며 말라비틀어져 죽어간다는 사실이다. 병들어 죽어가는 그 생명에 대하여 가엾은 마음으로 불쌍히 여기라는 것이다. 그리고 그 측은지심으로 그를 용서하라는 것이다.

그러나 인간적 조건이 고려되지 않는다 하여 값없이 조건 없이 받는 용서에 대한 감사와 감격 기쁨과 환희마저 배제되지는 않는다. 아무런 대가도 조건도 없이 받는 용서이기에 오히려 그에 대한 감사와 감격,

기쁨과 환희는 배로 넘쳐나게 된다. 그리고 그 넘쳐나는 기쁨과 감사의 능력은 우리로 하여금 자연스럽게 하나님 앞에 우리의 심령이 녹아지게 하며, 그리고 그렇게 녹아진 심령으로 우리가 해야 할 일은 너도 너와 관계 된 모든 사람을 그러한 마음으로 품어주고 용서하라는 것이다.

그리고 하나님의 은혜에 의한 용서는 그것으로 끝나지 않고 제2 제3의 또 다른 용서를 목적하고 있다.

따라서 아무런 이유도 조건도 없이 베풀어주시는 하나님의 은혜에 의한 용서는 나 자신에 대한용서와, 타인과 상대방에 대한용서, 살아있는 생명체 모두를 망라하는 우주적인 용서를 지향하고 목표하고 있기 때문에 이것은 모든 용서의 근거와 이유가 될 뿐만 아니라 창조적 용서라고 하는 놀라운 의미를 가진다.

(2) 용서에 의한 용서 (서로간의 용서)

인간적 상황에서 서로간의 용서는 이미 앞에서 살펴본 대로 하나님께서 나에게 베풀어주시는 은혜에 의한 용서를 서로 간 용서의 근거와 기준과 바탕으로 삼으라는 것이다.

일만 달란트 빚진 자 하나를 데려오매… 주인이 불쌍히 여겨 그 빚을 탕감하여 주었더니… 내가 너를 불쌍히 여김과 같이 너도 네 동관을 불쌍히 여김이 마땅치 아니하냐. 내가 너희 발을 씻겼으니 너희도 서로 발을 씻기는 것이 옳으니라… 내가 너희에게 행한 것같이 너희도 행하게 하려하여 본을 보였노라. (마18:23-33; 요13:14-15)

윗글 '본을 보였노라'에서 '본'이라는 말 휘포데이그마($\upsilon\pi o\delta\epsilon\iota\Upsilon\mu a$)는 과거형이고 이 말의 미래형은 휘포데이크누미($\upsilon\pi o\delta\epsilon\iota\kappa\nu\upsilon\mu\iota$)라는 말인

데 이 말은 "원인, 작인(作因), 영향력, …의 매개"라는 의미를 가진 휘포(ὑπό)와 "보여주다, 지적하다, 드러내다, 논증하다, 증명하다"라는 뜻을 가진 데이크누미(δείκνυμι)라는 말의 합성어이다. 따라서 결국 "본을 보이다"라는 말의 깊은 뜻은 예수께서 하신 그 용서의 행위를 따르고자 하는 자들은 주님의 그 용서를 통하여 심령 속에 용서의 작용을 일으킬 수 있는 원인을 제공받으라는 것이다. 즉 예수께서 보여주신 그 모범은 우리가 이 세상에서의 해야 하는 모든 용서의 삶에 대한 원동력으로서의 모범이라는 말이다. 그 모범을 보고 배우라는 것이다. 그래서 동시에 이 말이 은유적 의미로는, "가르치다, 알게 하다, 선언하다"(마16:21;요5:20;행10:28)라는 의미를 가진다.

예수께서 말씀하시는 용서의 영성에 있어서 심령 속에 용서의 작용을 일으키는 원동력은 용서를 구하는 자에 대하여 "불쌍히 여기는 마음"이다. 윗 글의 밑줄 부분의 "불쌍히 여기다"에 해당하는 말 엘레오스(ἔλεος)는 "긍휼히 여기다, 동정을 베풀다"라는 뜻과 함께 환유적 의미로는 "친절히 대하다, 자비롭게 하다, 축복의 은혜"라는 의미를 담고 있다.(눅1:54,58,72;롬9:23)

따라서 서로간의 용서에 있어서 가장 중요한 것은 내가 그저 아무런 대가 없이 받았을 뿐만 아니라 지금 현재 계속하여 받고 있는 용서의 은혜에 대하여, 그리고 예수의 영성과 그 삶 속에서 울려 퍼지고 있는 용서의 메아리에 대하여 얼마나 기뻐하고 감사하고 감격하면서 내 심령이 녹아내리고 있는가 하는 것이다. 나의 의식과 생각하는 사고방식들이 예수께서 보여주고 계시는 그 용서의 행위를 얼마나 감격적으로 느끼고 있는가, 그 용서의 은혜에 나의 심령이 얼마나 크게 지배 또는 영향을 받고 있는가 하는 것이다. 그 기쁨과 감격의 정도가 내가 행하고자 하는 용서의 이유와 동기, 방법의 옳고 그름, 그리고 용서의 양과 질을 결정짓는 근거이고 바탕이 된다. 우리는 십자가의 고난과 피 흘리심을 통하여 우리의 온갖 죄악을 용서해 주고 계시는 하나님의 용서를 우리는 너무 가볍게 여기고 있다. 가볍게 여기기 때문에 기쁨과 감격도 없고 타인과 이웃의 잘못을 용서하는데 그렇게 서툴고 힘들어 하게 되는 것이다. 우리 자신들이 하나님으로부터 받고 있는 용서의 은혜라고 하는 이렇게 크고 놀라운 사건을 가볍게 여기는 것은 우리 자신들의 좋지 못한 감각의 습성 때문이다. 값없이 은혜로 주어지는 하나님의 용서에 대하여 크게 느끼고 놀라며 감격하는 것은 하나님의 큰 축복이지만 가볍게 여기는 것은 영적인 큰 불행이다.

동시에 우리가 예수께서 지니고 계시는 그 용서의 영성을 배우고 가지려면 용서의 대상인 우리 자신들에 대하여 예수의 심령과 같이 상대방에 대하여 불쌍히 여기는 마음, 긍휼히 여기는 마음, 더 나아가 그를 친절히 대하고, 용서는 그 자체가 하나님의 큰 축복의 은혜라고 하는 생각으로 넘쳐날 수 있어야 한다.

나의 삶에서 용서가 잘 행하여지지 않고 있다는 것은 곧 내가 하나님의 은혜에 의해 받고 있는 용서에 대한 기쁨과 감격은 고사하고 용서 받음 그 자체에 대한 신앙의식이 없다는 것을 반증하는 것이다.

잘못을 저지른 자에 대하여 용서하기 힘들 때, 우리는 십자가에 피를 쏟는 그 고통과 아픔을 통하여 나를 용서하고 계시는 주님의 용서를 묵상하고 느끼면서 감격할 때에 성령이 역사하셔서 거뜬히 해 낼 수 있는 용서의 힘과 능력을 받게 될 것이다. 우리는 우리를 위하여 십자가의 고통과 아픔을 겪고 계시는 주님에게 감격하지 않고서는 아무 것도 할 수 없다.

　　그리고 앞에서도 말한바 서로간의 용서는 가해자인 상대방과 타인만을 의미하지는 않는다. 하나님의 은혜에 의한 용서는 창조적 용서이기 때문에 거기에는 용서를 베푸는 나 자신도 포함되어 있으며, 더 나아가 산과 바다, 바람과 지진, 말 못하는 짐승들과 벌레와 곤충들까지 총 망라하며 하늘과 땅에서 일어나는 모든 일들이 다 포함된다.

　　홍수가 쏟아져 물이 침범하여 내가 가꾼 채소와 과일, 논과 밭이 해를 당했다 하더라도, 벌레나 곤충이 나를 해친다 하더라도 그런 것까지도 모두 용서하고 수용할 줄 아는 근거와 이유와 용서의 힘과 능력을 내가 하나님의 은혜로 인하여 받고 누리고 있는 그 용서의 체험에서 찾으라는 것이다. 본능에 의해 내 살을 물고 뜯는 모기를 용서하다, 나의 귀중한 재산을 다 날려버린 태풍과 홍수를 용서하다, 그리고 이러한 모든 용서의 근거와 이유를 나는 나의 모든 것을 우리 주 예수 그리스도 안에서 항상 용서해 주고 계시는 하나님의 은혜에 기인한다는 말이다. 따라서 하나님의 은혜에 의한 창조적 용서의 가장 가까운 곳에 있는 것은 이웃과 타인이지만 거리를 넓혀 나가면 이것은 살아있는 생명체 모두, 하늘과 땅에서 일어나는 일들 모두를 의미한다.

　　용서는 단순히 사람과 사람 사이에서만 일어나는 일은 아니다. 인간과 다른 생명체, 나의 일생에 걸쳐서 일어나는 파란 많은 사건들과 모두 연관되어 있다. 태풍으로 아버지를 잃은 가족들, 홍수로 인하여 재산의 피해를 당한 사람들, 여러 가지 사건 사고로 큰 슬픔에 잠겨 있는 사람들, 자신의 처지를 비관하고 있는 자들이 그것을 극복할 수 있는 비결은 그것들을 수용하고 용서하는 것이다. 그것이 곧 내가 사는 길이 된다. 따라서 용서의 중심에 서 있는 것도 자신이지만 동시에 용서라고 그 혜택의 중심에 서 있는 사람도 나 자신임을 잊어서는 안 된다. 그래서 성경은 이렇게 말씀하고 있다.

너희가 사람의 과실을 용서하면 너희 천부께서도 너희 과실을 용서하시려니와 너희가 사람의 과실을 용서하지 아니하면 너희 아버지께서도 너희 과실을 용서하지 아니하시리라… 너희가 중심으로 형제를 용서하지 아니하면 내 천부께서도 너희에게 이와 같이 하시리라. (마6:14-15;18:35)

상대방에 대한 용서를 통하여 나는 하나님의 용서를 받게 된다. 따라서 타인과 이웃의 잘못을 용서하는 것은 곧 나를 용서하는 길이 되는 것이다. 이처럼 하나님의 은혜에 의한 용서와, 상대방에 대한 용서는 둘 다 내 자신에 대한 용서와 직결되어 있다. 따라서 이것을 다시 역으로 들여다 보면 상대방 또는 나의 생애 나의 주변에서 일어나는 온갖 암울한 사건들을 용서하지 못하는 그 이면에는 바로 내가 나 자신을 용서하지 못하는 의식이 깊이 숨겨져 있다는 것이다. 이렇게 볼 때 하나님으로부터 용서받음의 체험은, → 모든 생명체에 대한 용서함으로 이어지고, 모든 대상에 대한 용서함은, → 나 자신의 용서함으로 이어져 있다.

은혜에 의하여 내가 받은 용서의 체험은 내가 하고자 하는 용서의 대상들에 대하여 용서의 이유와 동기부여, 용서의 모양과 방법, 거뜬히 해낼 수 있는 용서의 힘과 능력을 가지게 해 주며, 동시에 내가 나의 대상들에게 베푸는 용서는 하나님의 용서가 무엇이며 어떤 것인지를 구체적으로 알고 느끼고 체험할 수 있도록 해 주는 통로가 된다. 따라서 하나님의 용서의 은혜에 대한 체험이 없이는 참된 용서의 방법을 찾지 못하고 용서의 힘을 가지지 못하게 되며, 사람을 비롯한 상대방에 대하여 용서를 해 보지 못한 사람은 하나님께서 우리에게 베풀어주시는 신적인 용서가 어떤 것인지 용서의 구체적인 의미를 맛보지 못하게 된다.

(3) 회개에 의한 용서

죄는 회개를 통하여 용서가 이루어진다. 따라서 회개는 용서를 구하는 자가 가져야 할 진실한 마음의 자세와 태도이며, 또한 하나님의 그 은혜에 응답하여 죄인인 우리가 하나님께로 돌아가는 당연한 믿음의 반응이며 영적인 운동이다.

예수의 영성과 정신에 있어서 용서는 필요와 조건에 따라서가 아니라 무조건적인 은혜의 정신에서 비롯되는 것이며, 동시에 회개에 의해서 이루어진다.

하나님의 은혜로 값없이 용서를 받는 자가 해야 할 의무는 회개의 눈물을 통한 생각과 삶의 방식을 바꾸는 것이다. 이하에 회개의 깊이와 참된 의미를 이해하기 위하여 회개의 성서적 용어(원어)를 살피고 파악해 볼 것이다.

구약성서는 회개에 해당하는 용어를 둘로 나누어서 말씀하고 있는데 하나는 나함(נחם)이고 다른 또 하나는 슈브(שוב)라는 말이다.

나함은 "숨을 헐떡거리면서 탄식하고 슬퍼하다, 애통하다, 신음하다"라는 뜻을 담고 있다. 성경에는 다음과 같이 나타나고 있다.

자신의 행동에 대하여 회개하다.(출32:12;삼하24:16) 다른 사람의 비참 때문에 슬퍼하다.(삿21:6 ;시90:13) 자신을 위로하다.(창38:12;삼하13:39) 슬픔이나 동정을 나타내다.(창5:29;욥2:11;시23:4)

그런가 하면 슈브는 "돌아서다, 돌이키다, 회복되다, 새로워지다"라는 뜻이다.(창37:29;출4:20;겔35:7)

자신을 돌이키다.(삼상15:11;대하6:24;겔14:6;욜2:12) …을 그치다, 떠나다.

(출32:12;왕상13:33) 돌이키다, 회복하다. (레25:10;겔7:13;신28:31) 능동적 의미에서, 회복시키다, 새롭게 하다. (욥39:12;나2:3) 돌아서다, 전환하다. (사49:5;렘50:19) 사역적인 의미에서, 돌이키게 하다. (시74:11;렘32:44) 그 외에, 돌리다, 화를 가라앉히다. (욥9:13;시78:38) 돌아온 자들. (시126:1) 머물러 살다. (삼하19:33)

구약성서적인 회개의 모양들은 베옷을 입고 때로는 옷을 찢으며 티끌과 재 가운데서 애통해 한다. (욘3:6;욜2:13) 욥의 회개도 티끌과 재 가운데서 행해지고 있다.

그러므로 내가 스스로 한하고 티끌과 재 가운데서 회개하나이다.
(욥42:6)

티끌과 재, 그리고 옷을 찢는 행위들은 모두 심히 슬퍼하고 애통해 한다는 외적 표현들이다.

그런가 하면 신약성서가 말하고 있는 회개의 용어 메타노에오($\mu\varepsilon\tau\alpha\nu o\acute{\varepsilon}\omega$)는 "함께 같이 …을 향하여"의 뜻을 가진 메타($\mu\varepsilon\tau\acute{\alpha}$)와 노에오($\nu o\acute{\varepsilon}\omega$)의 합성어인데 이 말의 어근 누스($\nu o\acute{\upsilon}\varsigma$)는 "마음 정신 생각 느낌"을 의미한다. 결국 신약성서가 말씀하고 있는 메타노에오-회개는, "정신과 마음, 생각과 느낌의 변화와 개혁"을 의미한다.

다음의 기록들은 이러한 내용들을 말씀하고 있다.

너희는 스스로 조심하라 만일 네 형제가 죄를 범하거든 경계하고 회개하거든 용서하라 만일 하루 일곱 번이라도 네게 죄를 얻고 일곱 번 네게 돌아와 내가 회개하노라 하거든 너는 용서하라. (눅17:3-4)

다음은 회개의 내용과 의미에 관한 것들이다.

원칙과 관습을 변화시키고 개혁한다는 의미로써,
회개하라 천국이 가까웠느니라.(마3:2) 생각과 느낌의 변화와 개혁에
대하여, "**그러므로 회개에 합당한 열매를 맺고 속으로… 하나님께 대한
회개와 우리 주 예수 그리스도께 대한 믿음을 증거한 것이라, 거역하는
자를 온유함으로 징계할지니 혹 하나님이 저희에게 회개함을 주사 진리를
알게 하실까 하며**"(마3:8;행20:21;딤후2:25) 지난 일들 과거에 대하여 마음
을 돌이키고 생각을 바꾸는 것에 대하여, "**죄인 하나가 회개하면 하늘에
서는 회개할 것 없는 의인 아흔 아홉을 인하여 기뻐하는 것보다 더하리
라, 저가 그 후에 축복을 기업으로 받으려고 눈물을 흘리며 구하되 버린
바가 되어 회개할 기회를 얻지 못하였느니라.**"(눅15:7;히12:17)

이상에서 살펴본 대로 하나님께서 우리에게 가르쳐주시는 가장 이상
적이고 완전한 회개는, 자신의 죄와 허물, 실수와 잘못에 대하여 땅을
치면서 후회하고 반성하고 애통해 할 줄 아는 것과, 그렇게 애통해 하
는 마음으로 뜻을 돌이켜 하나님께로 돌아가는 것이다. 즉 "마음과 생
각을 바꾸고 돌이켜 하나님께로 돌아가는 것"이 온전한 회개인 것이다.
(눅15장)에 기록된 탕자의 반성과 아버지께로 돌아감은 성서적 회개가
어떤 것인가를 가장 잘 말해주고 있다. 여기서 우리가 조심해야 할 것
은 잘못에 대한 후회와 슬픔만 있고 하나님께로 돌아감이 없으면 그
후회와 반성은 오히려 더 큰 불행과 비극적 종말을 맞게 된다는 것이
다. 이에 대한 더 구체적인 이해를 위해서는 하나님의 은혜에 근거하는

회개와 도덕적 자기반성의 차이점을 이해할 필요가 있다. 조건 없는 용서는 하나님의 은혜에 근거하고, 우리 자신들의 반성과 뉘우침을 필요로 하는 조건적 용서는 회개에 근거한다. 예수께서는 아무런 조건 없이 우리의 죄와 허물을 용서해 주시면서 동시에 **"회개하라 천국이 가까웠느니라"**(마3:2,8;막1:15)고 촉구하신다.

앞에서 말한바 하나님의 은혜에 근거하여 받게 되는 용서는 우리 자신들의 반성과 뉘우침 같은 인간적 조건이 고려되지 않고 선행되지 않는다. 하나님의 은혜에 근거하는 조건 없는 용서는 죄인들인 우리로 하여금 하나님께로 돌아오라는 뜨거운 사랑의 신호이며, 회개는 하나님의 그 은혜에 응답하여 죄인인 우리가 하나님께로 돌아가는 믿음의 영적인 운동이다.

생각과 행동을 돌이키는 회개가 없으면 하나님께서 우리에게 베풀어 주시는 은혜로운 용서는 그 의미와 가치가 퇴색하게 된다. 따라서 회개는 하나님께서 우리에게 베풀어주시는 것이든, 또는 인간관계에서 이루어지는 서로간의 용서이든 그 용서의 본질에 대한 의미와 가치를 더욱 빛나게 한다. 따라서 회개는 값없이 베풀어주시는 하나님의 은혜로운 용서에 대한 가치를 더욱 빛나게 해 준다. 그러므로 회개는 하나님께서 우리에게 베풀어주시는 은혜에 대한 반응, 즉 은혜와 상충 또는 상반된 것이 아니라 은혜의 연속운동인 것이다. 따라서 회개 역시 우리의 심령이 은혜를 받을 때 행할 수 있는 믿음의 열매인 것이다. 은혜를 받지 못한 심령은 결코 회개의 열매를 맺지 못한다. 더 나아가 성령의 역사가 없이는 깊이 있는 진정한 회개의 열매를 맺을 수 없게 된다. 진정한 회개의 열매는 하나님의 은혜와 성령의 역사에서 비롯되기 때문이다.

또한 앞에서 말한바 도덕적 자기반성과, 믿음과 성령의 역사에 의한 회개는 차원이 다르다. 우리의 이성적 판단과 양심의 가책에 의한 반성과 뉘우침은 도덕적 반성에 해당하는 것이다. 그러나 하나님의 은혜와 성령의 역사에 의한 회개는 지속적인 연속성을 가지며, 그 결과 하나님의 놀라운 위로와 새로운 삶의 용기, 그리고 벅찬 감사와 감격, 말할 수 없는 환희와 기쁨이 솟아난다는 사실이다. 양심의 가책에 의한 도덕적 자기반성이라는 현실에서는 죄에 대한 고통과 괴로움, 그리고 그에 의한 자살이라고 하는 극단적인 행동이 나타날 수 있지만 하나님의 은혜와 성령의 역사에 의한 회개의 현실에서는 위로와 새로운 삶의 용기, 그리고 환희와 기쁨을 얻고 누리게 된다. 왜냐하면 인간적 자기반성에서 발생하는 도덕적인 힘과 능력은 우리를 파멸과 죽음으로 몰아가는 사탄과 악령의 세력들을 물리칠 수 없기 때문이다. 역사 속에서 많은 사람들이 도덕적인 자기반성을 하고도 양심의 가책을 이기지 못하여 극단적 행동에 의한 죽음에 이른 자들이 수없이 많다는 사실을 잊어서는 안 된다. 그러나 성령의 역사를 통한 회개에서 발생하는 하나님의 권능은 그 어떤 사탄의 세력들도 모두 물리쳐 주신다. 그러므로 하나님께로 돌아가는 회개의 현실에서는 새 옷을 차려입고 진수성찬을 먹고 마시는 기쁨과 환희의 축제를 즐기게 된다.

이에 스스로 돌이켜… 아버지여 내가 하늘과 아버지께 죄를 얻었사오니 지금부터는 아버지의 아들이라 일컬음을 감당치 못 하겠나이다 하나 아버지는 종들에게 이르되 제일 좋은 옷을 내어다가 입히고 손에 반지를 끼우고 발에 신을 신기라 그리고 살찐 송아지를 끌어다가 잡으라 우리가 먹고 즐기자 이 내 아들은 죽었다가 다시 살아났으며 내가 잃었다가 다시 얻었노라 하니 저희가 즐거워하더라. (눅15:17-24)

그러나 도덕적 반성에 의한 양심의 가책이라는 현실에서는 정신적 고통과 극단적 행위에 의한 비극적 종말이 있을 뿐이다. 다음의 말씀은 이 사실을 잘 증명해주고 있다.

"유다를 가리켜 말씀하신 성경이 응하였으니… 이 사람이 불의의 삯으로 밭을 사고 후에 몸이 곤두박질하여 배가 터져 창자가 다 흘러나온지라"(행 1:16-17)

하나님께로 돌아감이 없는 도덕적 자기반성과 하나님의 은혜와 성령의 역사에 의한 회개는 이처럼 생명과 죽음 만큼이나 극과 극의 차이가 있다.

이처럼 소중한 회개의 가치와 의미를 결코 잊어서는 안 될 것이다. 우리가 누가복음 15장에 나타나는 탕자의 사건에서 알 수 있듯이 회개는 생명과 직결되어 있다. 그러므로 회개는 시점 즉 타이밍이 대단히 중요하다. 회개의 타이밍은 심령의 기쁨과 평안과 직결되고, 성공적인 일들과 직결되며, 더 나아가 생사의 문제와 직결된다는 것을 잊어서는 안 된다.

장자의 명분을 팥죽 한 그릇에 팔아버린 역사적 인물 에서에 대하여 성경은 이렇게 교훈해 주고 있다.

너희의 아는바와 같이 저가 그 후에 축복을 기업으로 받으려고 눈물을 흘리며 구하되 버린바가 되어 회개할 기회를 얻지 못하였느니라.(히12:17)

이 말씀에서 에서는 회개의 기회를 놓쳤다고 말씀하고 있다. 따라서 회개는 나의 모든 것들을 다시 회복할 수 있을 뿐만 아니라 내가 축복의 사람이 될 수 있는 특별한 기회임을 알아야 한다. 인간관계 사업 물질 명예 등 모든 삶의 축복들을 회복할 수 있는 아주 좋은 영적인 기회이다. 회개가 늦어지면 늦어지는 만큼 우리의 영은 무감각해지게 되고, 영이 무디어지면 모든 일에 분별력과 판단력이 떨어지게 되며, 그렇게 되면 같은 실수의 반복과 또 다른 죄와 잘못을 저지르게 되는 죄의 연쇄현상에 빠지게 된다. 따라서 우리는 내가 저지른 죄와 잘못한 일들에 대한 회개는 그 때 그때 할 줄 아는 지혜로운 자가 되어야 할 것이다. 그래서 하나님께서는 회개의 기회를 놓치지 말라고 말씀하고 계신다.

그리고 회개는 우리 자신들의 심령을 새롭게 할 수 있는 최고의 통로가 된다.

너희가 회개하고 돌이켜 죄 없이 함을 받으라 그리하면 유쾌하게 되는 날이 주 앞으로부터 이를 것이요…(행3:19)

위의 말씀에서, "유쾌하게 되다"라는 말 아나푸케오(ἀναψύξεω)는 "다시, 새롭게"를 뜻하는 아나(ἀνα)라는 말과, "영혼, 생명, 목숨"을 뜻하는 푸쉬케(ψυχή)의 합성어이다. 따라서 이 말을 직역하면, "영혼을 다시 불어넣다, 생명을 새롭게 하다, 새로운 마음을 불어넣다"라는 뜻이 된다. 그리고 이 말이 때로는 '원기'라는 뜻으로도 쓰이기 때문에, "원기를 회복하다"라는 뜻도 포함한다.

이렇게 볼 때 결국은 우리의 영성을 회복하고 삶 전체의 원기를 회복하는데 있어서 제일 좋은 비결은 바로 회개라는 것이다.

3) 용서의 방식과 그 놀라운 결과

용서의 가치가 중요한 만큼 용서의 모양과 방식 또한 아주 중요한 것이다. 첫 번째 단추를 잘못 꿰면 마지막 단추는 꿸 수 없는 것처럼 용서 또한 방식이 잘못되면 결코 유종의 미를 거둘 수 없게 된다.

우리는 용서의 방식에 있어서도 가장 완전하고 이상적인 방식을 보여주고 계시는 그리스도적인 용서의 모양과 방식에서 그 답을 찾을 수 있어야 한다.

그리스도적인 용서의 모양과 방식은 성서적 증언에 따르면 다음 세 가지로 나타나고 있다.

① 수적인 제한을 두지 말라.

형제가 내게 죄를 범하면 몇 번이나 용서하여 주리이까? 일곱 번까지 하오리이까? 예수께서 가라사대 일곱 번 뿐 아니라 일흔 번씩 일곱 번이라도 할지니라. (마18:2122;눅17:3-4)

이 말씀 속에 나타나는 대로 예수의 정신과 의식은 오늘 용서를 받고 돌아간 자가 내일 또 다른 잘못을 저지르고 와서 용서를 구한다면 언제든지 그를 용서해 줄 수 있는 마음의 준비가 다 되어 있다. 예수의 마음 속에는 숫자에 연연하는 그러한 생각은 조금도 없는 것이다. 용서에 대하여 예수의 마음은 항상 활짝 열려있다는 사실이다. 예수의 정신을 통하여 나타나는 하나님의 용서에는 숫자의 제한이 없다. 용서가 한번 두 번이라고 하는 숫자에 연연하거나 매이게 되면 그 용서의 가치와 의미는 사라지게 된다. 그리고 용서의 의미를 숫자에 연연하지 말라는 주님의 이 말씀 속에는 오늘 지금 해 주어야 할 용서를 지나간 어제의 잘못이라는 틀에 속박되어서는 안 된다는 것이다. 더 궁극적 의미로는 용서의 근원이 하나님이시기 때문에 용서는 그 자체가 어느 한 순간적 성격의 것이 아니라 지속성과 영원성을 지향할 수 있어야 한다는 것이다. 그리스도적인 용서는 지속성 영원성의 개념이지 찰나적이거나 시간의 틀에 속박되는 개념이 아니라는 것이다.

더 나아가 이 숫자 속에는 용서를 구하는 자가 저지른 온갖 종류의 죄와 악한 일들의 다양한 형태가 숫자 속에 함께 포함되어 있다. 따라서 숫자의 제한을 받지 말라는 것은 단순히 그 숫자만을 의미하지 않고 그 숫자 속에 들어있는 온갖 죄악의 종류와 형태와 크고 작음들이 다 포함되어 있다. 따라서 그리스도적인 용서는 죄의 종류와 형태, 크고 작음의 무게도 따지지 말라는 것이 포함되어 있다. 용서가 죄의 종류와 형태, 크고 작음에 따라 결정되어지면 그 용서는 죄의 종류와 형태, 크고 작음에 예속되기 때문에 그것은 또 한 종류의 죄가 될 뿐이다. 그리스도적인 용서에는 숫자의 제한도 죄의 종류와 형태, 크고 작음의 제한도 없어야 한다는 것이다.

② 과거의 잘못을 묻지 말라.

부활하신 후 예수께서는 세 번에 걸쳐 3일 전 자기를 버리고 도망쳐 버린 배신자들을 만나러 가신다. 그 만남에서 주님은 제자들에게 이렇게 말씀하고 계신다.

제자들이 유대인들을 두려워하여 문들을 닫았더니 예수께서 오사 가운데 서서 가라사대 너희에게 평강이 있을지어다. 너희에게 고기가 있느냐… 그물을 배 오른편에 던지라. (요20:19,26; 21:5-6)

예수의 마음속에는 제자들의 과거의 잘못에 대하여 질책하고자 하는 생각은 흔적도 찾아볼 수 없고, 오히려 그들을 위로하고 도우려는 생각으로 가득 차 있다.

문을 걸어 잠그고 초조함과 불안에 떨고 있는 자들에게, 주님은 배신과 저주로 얼룩져버린 지난날의 잘못에 대한 분노와 질책이 아니라 오히려, "너희에게 평강이 있을 지어다"라고 말씀하고 계신다. 특히 배신의 중심에 서 있었던 제자 베드로에 대해서는 과거의 잘못에 대한 질책이 아니라 순교적 미래를 전망하고 계신다. 배신자에게서 순교적인 영웅심과 충성을 전망한다는 것은 참으로 감격적이고 놀라운 일이 아닐 수 없다.

늙어서는 네 팔을 벌리리니 남이 네게 띠 띠우고 원치 아니하는 곳으로 데려가리라… 이 말씀을 하심은 베드로가 어떠한 죽음으로 하나님께 영광을 돌릴 것을 가리키심이러라.(요21:19)

이렇게 볼 때 용서는 겁쟁이들을 담대한 하나님의 사람으로, 미련한 자들을 지혜로운 자로, 약한 자를 강한 자로, 배신자를 최고의 충성된 자로 만들어내는 창조적 힘과 능력이라는 사실이 증명되고 있다.

새 생명, 새로운 삶, 새로운 역사를 만들어내는 것과 만들어짐은 용서를 통하여 만들어진다.

용서는 과거의 잘못에 대하여 말하는 것이 아니라 오늘 현재와 내일의 미래에 대하여 이야기 하고, 밝은 내일의 미래를 꿈과 희망으로 전망하는 것이다. 즉 용서를 통하여 나타나게 될 희망 찬 새로운 미래의 역사를 미리 내다보는 것이다. 이처럼 용서에는 희망찬 미래가 보장되어 있지만 비판과 단죄 속에는 서로의 불행과 파멸과 죽음만이 기다리고 있을 뿐이다.

죄는 필연적으로 죽음과 파멸의 결과를 가져오게 한다. 그것이 정신적 죽음이든 생물학적 죽음이든, 실현된 죽음이든 잠재적인 죽음이든 어떤 형태의 것이든 죽음과 파멸의 결과를 가져오게 한다. 그러나 용서는 서로를 살리고 더 나아가 새롭고 위대한 삶을 가져오게 한다.

또한 예수께서는 자기를 버린 배신자들을 용서함에 있어서 거칠고 딱딱한 태도가 아니라 친절함과 자상함과 따뜻한 마음으로 대하고 계신다는 사실이다. 따라서 용서에는 반드시 친절함과 따뜻함이 동시에 전달되어져야 한다.

예수의 정신은 부드러운 정신이며, 예수의 마음은 따뜻하고 부드러운 마음이며, 예수의 생각은 항상 따뜻하고 부드러운 생각이다.

나는 마음이 온유하고 겸손하니 나의 멍에를 메고 내게 배우라 그러면 너희 마음이 쉼을 얻으리니…(마11:29)

여기서 "온유함"에 해당하는 말 프라오스($\pi\rho\acute{\alpha}o\varsigma$)는, "친절하고 상냥함, 온화함, 부드러움, 따뜻함, 순하게 관용함"을 의미한다.(고전4:21;갈5:23;고후10:1)

제자들은 너무나 따뜻하고 자상하신 주님의 모습에서 자기들 생명의 고향이라 할 수 있는 따뜻하고 평화로운 어머니의 가슴 그 이상의 따뜻함과 부드러움을 느낄 수 있었을 것이다.

자상함과 따뜻함이 굳은 심령을 녹인다는 것을 잊어서는 안 된다. 다음 말씀의 내용도 이것을 잘 증명해 주고 있다.

네 원수가 배고파하거든 식물을 먹이고 목말라하거든 물을 마시게 하라 그리하는 것은 핀 숯으로 그의 머리에 놓는 것과 일반이요 야훼께서는 네게 상을 주시리라. (잠25:21-22)

여기서 "불붙는 숯"에 관한 내용은 고대 이집트의 화해의 법전에 자세한 설명이 나오는데, 그에 따르면 범죄자가 그의 회개의 표시로 불붙는 숯 그릇을 머리에 인다는 것이다. 다시 말하면 악한 죄인이라도 상대방이 베푸는 은혜에 의해서 원수가 회개하게 된다는 것이다.

원수에게 빵을 먹이고 물을 마시게 하는 친절함과 자상함을 우리는 십자가에 매달려 죽으면서까지 원수들을 아끼고 사랑을 베풀어주시는 주님, 나 같은 죄인 원수에게 지금도 변함없이 따뜻하고 자상한 손길로 은혜를 베풀어주고 계시는 주님에게 감격하면서 배울 수 있어야 할 것이다.

③ 용서는 희생을 감내하는 믿음이다.

그리스도적인 용서의 방식 가운데 가장 위대한 것은 대속적인 방식이다. 대속적 용서는 세계의 일반적인 시민정신이 가지고 있는 용서의 방식 또는 그런 종류의 용서의 개념과는 차원이 다른 것이다. 이것은 상대방의 악한 행위와 모든 잘못을 내가 대신 덮어쓰는 것이다.

이에 대하여 성경은 이렇게 교훈하고 있다.

그가 찔림은 우리의 허물을 인함이요 그가 상함은 우리의 죄악을 인함이라. (사53:5)

죄와 잘못의 대가를 용서를 받아야 할 피용서자가 치르는 것이 아니라 오히려 반대로 용서를 해 주는 쪽이 그 대가를 다 치르는 것이다.

그것이 모함에 의한 것이든 내 스스로 자원해서 하는 것이든 상대방의 죄와 허물, 실수와 잘못을 내가 대신 덮어쓰는 것이다. 그 대가를 내가 대신 치르는 것이기에 여기에는 필연적으로 죽음의 고통과 아픔이 따르기 마련이다.

이에 대한 한 예를 소개하고자 한다.

악명 높은 저 히틀러의 아우슈비츠 강제수용소에 9명씩 가두어 놓은 감방이 있었다. 나치들은 잔인하고 악랄한 방법을 총동원하여 유대인들을 죽이는데 혈안이 되어 있었다. 그 방법 중 하나가 곧 한 사람이 잘못을 저지르면 그를 그냥 죽이는 것이 아니라 밥을 주지 않고 굶겨서 죽이는 아사형이었다. 어느 날 감방에 한 사람이 그만 실수를 저질러 그 잔인한 형벌을 받게 되자, 같은 방에 있던 폴란드 성직자 콜베라는 사람이 자원하여, "이 사람은 처자식이 있는 몸이니 살려주시고 대신 내가 이 형벌을 받겠다"고 하면서 그 고통과 죽음을 대신 다 덮어쓰고 죽어갔다는 것이다.

그래서 그리스도적인 이해와 용서의 결정체라 할 수 있는 것은 바로 십자가 사건이다. 온갖 종류의 배신과 증오, 분노와 혈기, 독설과 비난이 홍수처럼 쏟아지는 가운데서도 예수께서는 칼과 창으로 자기를 찌르고 독설을 퍼부어대는 그 무지막지한 자들을 위하여 용서의 기도를 드리고 계신다.

"예수께서 가라사대 아버지여 저희들을 용서하여 주옵소서 자기의 하는 것을 알지 못함이니이다."(눅23:34)

칼과 창을 휘둘러대며 헐떡거리고 있는 자신들의 행동을 알아차리지 못하고 있다는 이 기도의 내용을 통하여 예수께서는 살기 가득한 그 흉악한 군중들의 상태에 대한 핵심을 파악하고 있음을 보여주고 있다. 자기의 행동을 알아차리지 못하는 것은 무지와 무의식적인 행동이다. 마치 불나방들이 밝은 것만 보고 뛰어들다가 뜨거운 불에 타 죽는 꼴과 마찬가지로 그 행동이 죽음의 길인지 생명의 길인지 전혀 알아차리지 못하는 그들의 무의식의 세계와 무지의 영역을 예수께서는 오히려 측은히 여기시면서 용서의 기도를 드리고 계신다. 우리는 나를 해치는 가해자에 대하여 불쌍하고 측은하게 여기시는 예수의 정신과 마음을 통하여 원수에 대한 사랑과 용서의 정신을 배울 수 있어야 한다.

예수의 영성을 그대로 이어받은 스데반은 복음을 전하다가 원수들의 돌에 맞아 죽어가면서도, **"주여 이 죄를 저들에게 돌리지 마옵소서"**(행7:60)라는 마지막 기도를 드리고 숨을 거두게 된다. 그의 위대한 영성과 믿음의 유산을 우리는 잘 지키고 본 받을 수 있도록 해야 할 것이다. 그리고 이러한 성서적 증언을 통하여 우리가 알 수 있는 것은 모든 용서에는 희생이 따른다는 사실이다. 희생이 따른다는 것은 결국 용서에는 반드시 고통과 아픔이 따른다는 것을 각오해야 한다는 것이다. 이에 대하여 성경은 우리에게 이렇게 교훈해주고 있다.

"또 잔을 가지사 저회에게 주시며 가라사대 이것을 마시라 이것은 죄 사함(용서)을 얻게 하려고 많은 사람을 위하여 흘리는바 나의 피 곧 언약의 피니라"(마26:28)

죄 사함(용서)에는 예수의 피 흘림이 필수조건이다. 그런데 찔림과 터짐이 없이는 피 흘림이 없을 것이다. 따라서 피 흘림은 예수의 몸의 찔림과 터짐에 연유함으로 그 피 흘림은 곧 상처의 고통과 아픔을 의미한다. 그러므로 예수의 피 흘림을 통한 사죄(용서)는 많은 고통과 아픔을 통한 또는 그 고통과 아픔 속에서 죄 사함(용서)가 완성되고 있다는 것을 잊어서는 안 된다.

이것은 용서를 베푸는 자는 그로 인한 고통과 아픔도 능히 감당할 수 있어야 한다는 것을 가르쳐 준다.

그러나 우리의 인간적 현실에서 그 고통과 아픔을 통하여 너와 나, 용서를 하는 자와 받는 자 모두가 다시 새롭게 태어나는 새 생명의 탄생이 그 아픔 속에 태동하고 있음을 동시에 생각할 수 있어야 한다.

세상에는 땀과 시련 없이 얻어지는 것은 아무것도 없다. 그래서 용서를 통한 풍요로운 삶의 일차적인 수혜자는 바로 나 자신이다. 용서는 저쪽 상대방을 향한 것이지만 실상은 내가 살고 내가 복을 받는 비결이며 나를 위한 선택임을 잊어서는 안 된다.

한편 남을 대신하여 내가 희생을 감내한다고 하는 대속의 관계가 역사적 이스라엘의 삶의 현장에서는 가까운 혈통과 친족이 근거가 되었지만,(룻3:9-13) 예수께서 우리의 죄를 짊어지고 우리의 죄를 대속하였다고 하는 그리스도적인 현실에서는 믿음과 신앙이 대속의 관계를 맺어지게 해 주는 근거가 된다. 다시 말해서 그리스도께서 우리의 죄와 질고를 대신 짊어지심으로써 우리가 용서함을 받고 세상의 온갖 죄와 질병의 고통으로부터 해방되어 자유함을 받게 되었다고 하는 사실을 현실화 하고 구체화 할 수 있도록 해 주는 것은 바로 믿음이라는 말이다. 우리는 믿음으로 예수께서 나의 죄악의 무거운 짐을 대신 져주고 있다는 사실을 알고 경험하게 된다. 믿음으로 우리는 전인적인 치유를 경험하며, 해방과 자유를 경험하며, 기쁨과 평안을 경험한다.

우리는 예수께서 나의 죄악을 대신하여 속죄의 제물이 되었다고 하는 십자가의 죽으심에 대한 역사적 사건을 믿음으로 현실화 하고 경험하며, 동시에 내가 타인과 이웃의 죄와 잘못을 대신 덮어쓸 수 있는 그리스도적인 삶과 생활의 능력도 믿음을 통하여 실천할 수 있게 된다. 이성이 아니라 믿음이다.

그 믿음에 근거하는 용서는 굳고 강퍅한 자를 녹이는 용광로이며, 어리석은 자를 지혜롭게, 비겁한 자를 진정한 용기의 사람으로, 약한 자를 강한 하나님의 사람으로, 거짓된 자를 진리의 용사로, 탐욕과 이기심에 허덕이는 자를 나누고 베풀기를 잘하는 헌신과 희생의 사람으로, 파괴적인 자를 창의적인 사람으로 거듭나게 하는 최고의 창조적 힘과 능력임을 성경은 증거하고 있다.

4) 용서의 성서적 용어에 대한 이해

구약성서는 용서에 대하여 다양한 용어를 통하여 표현하며 가르치고 있는데, 이것을 차례대로 살펴보면 다음과 같다.

① 나싸(נָשָׂא): 이 말은 "죄를 치워버리다, 속죄하다"(창50:17; 레10:17) "받아들이다, 용서하다"(사2:9; 욥7:21; 시32:5)라는 의미를 가진다.

② 하말(עַל+חָמַל): 이 말은 "동정심을 가지다, 긍휼히 여기다, 불쌍히 여기다"(출2:6; 삼상23:21; 잠6:34)라는 뜻과 함께, "용서하다"(삼상15:3; 사9:18)라는 뜻을 포함하고 있다. 따라서 이 용어는 곧 용서의 정신적 동기를 말해주고 있다. 용서에 대한 베드로의 질문에 답변하시면서 예수께서는 그 용서의 동기를, "불쌍히 여기는 마음"이라고 교훈하고 계신다.(마18:23-35)

③ 아바르(עָל+עָבַר): 이 말은, "넘어가다, 건너가다, …을 통과하다, 은유적으로 죄를 지나가다, 벗겨버리다, 없이하다, 치우다, 사라지게 하다"(삼하12:13; 욥7:21;30:15; 시144:4; 욘3:6)라는 의미를 지니고 있다.

④ 싸라흐(סָלַח): 이 말은, "관용하다, 용서하다, 사면하다"(단9:19;사55:7;출34:9;왕상8:34)라는 뜻으로 이는 곧 자비로운 용서, 품어주는 용서를 나타내주고 있다.

⑤ 카파르(כָּפַר): 이 말은, "덮어버리다, 가리우다, 깨끗하게 하다"(신21:8;겔16:63) "범법자를 위해 대속하다, 무거운 짐에서 놓아주다, 풀어주다"(레17:11;겔45:17) "폐하다, 흔적을 없애다"(사28:18) "해방되다, 자유함을 얻다"(민35:33)라는 뜻으로 이는 곧 용서를 통하여 누리게 되는 해방과 자유함이 어떤 것인가를 잘 말해주고 있다.

그런가 하면 신약성서에 나타나는 용서에 대한 대표적인 용어는 두 가지로 정리할 수 있는데 하나는, 앞휘에미(ἀφίημι)라는 용어이다. 이 용어는, 시간과 장소, 사건의 내용과 관계없이 어떤 모양이나 방식으로든, "떠나보냄, 수동적으로는, 모면함"의 뜻을 가진 아포(ἀπό)라는 말과, 이에미(ἵημι)의 합성어로써 그 의미는, "용서하다, 사죄하다, 진정시키다"(마6:14;막11:25;눅11:4;17:4)라는 뜻을 지니고 있으며, 또 하나는, 아폴뤼오(ἀπολύω)라는 말인데 이 말 역시 아포(ἀπό)라는 말과, "풀어주다, 놓아주다, 자유롭게 하다"(막1:7;눅13:16;요11:44;고전7:27), "무효화 하다"(요13:5)라는 뜻을 가진 루오(λύω)의 합성어이다. 이미 보았듯이 이 두 용어는 다같이, "없애버림, 지워버림"를 뜻하는 '아포'라는 말에서 시작하고 있으며, 전자가 잘못을 저지른 자에 대한 용서를 뜻하는 반면 후자는 그 용서의 결과로 나타나는 영혼의 자유함과 해방의 의미를 나타내주고 있다.

용서에 대한 이러한 낱말들 속에 나타나는 것처럼, 예수 정신에 있어서 용서는 단순히 상대방의 죄와 잘못을 용서해주는 것으로 끝나는 것이 아니라 죄악의 무거운 짐에 눌려 허덕이는 그의 영혼과 마음이 해방감을 느끼고 자유를 누릴 수 있도록 따뜻하고 친절하게 그의 마음을 위로해 주고, 더 나아가 새로운 삶에 대한 희망과 용기를 불어넣어 주는 것이다.

5

예수의 현실과 초월성

구약성서의 무대 위에서 활동했던 이스라엘의 신앙정신은 야훼 하나님의 초월적 또는 초자연적인 역사를 자신들의 역사적 삶의 현장에서 생생하게 경험하는 체험신앙을 바탕으로 하고 있으며, 죽은 자를 살리심, 불치병 치유, 귀신을 쫓아내심, 3일 만의 부활, 하늘로 올라가심 등 예수의 영성과 초자연적인 역사 또한 인간적 삶의 현장에서 구체적인 사건들을 통하여 실현되고 있다는 점에서 양자는 다 같이 역사적 삶의 현장에서 나타나는 초자연적인 역사라고 하는 공통점을 지니고 있다. 그리고 예수와 이스라엘의 신앙정신은 다 같이 역사적 삶의 현장에서 아주 실제적이고 구체적으로 나타나는 초월적인 역사들을 통하여 파악한 것은, 인간의 역사를 초월해 계시는 그 야훼 하나님은 철저하게 인간의 역사와 삶의 현장 속에 계시면서 그 속에서 활동하시고 자신의 뜻을 펼치시는 하나님이라는 것이다. 이것은 하나님의 역사개입이 아니라 인간의 역사 그 자체가 바로 하나님 자신의 역사라는 것이다.

모양과 방법은 다양하지만 이스라엘이 야훼 하나님을 느끼고 경험하는 것은 항상 역사적 삶의 현장이며, 그 역사적 삶의 현장을 더 생생하게 그리고 웅변적으로 보여주고 있는 것이 바로 아들이신 역사적 예수의 생애를 통하여 나타나는 사건들이다. 그래서 양자는 동시에 초역사성과 역사성, 초월적인 것과 현실적인 것을 분리하여 생각하지 않는다는 공통점을 지니고 있다. 여기서 우리는 초월이라는 탈을 덮어쓰고 저질러지는 현실 도피나 현실부정의 벽을 타파하는 예수와 이스라엘 신앙정신의 진면목을 발견할 수 있다.

그러나 아직도 우리 한국 교회와 사회에서는 역사적 감각을 상실하고 현실을 제대로 파악하지 못하면서 삶의 현장성이 없는 신비와 이상의 허수아비를 쫓아 다니는 자들이 많이 있다는 것은 참으로 안타까운 일이 아닐 수 없다.

역사적 예수와 본래적 이스라엘이 우리에게 보여주는 모범적인 신앙과 믿음의 삶이란, 역사와 삶의 현장에서 야훼 하나님을 만나고 체험하고 나타내는 생활신앙이라는 것이다. 모든 인간관계 속에서, 일터에서, 가정에서, 부엌에서, 심지어 잠자는 침실에서의 부부생활까지도 하나님을 만나고 체험하고 나타내는 장소라는 것이다. 이러한 생활신앙의 정신은 하나님은 역사와 삶의 현장 그 자체라고 하는 바른 신앙지식에서 비롯된다. 반면 우리 한국교회가 생활신앙에 약한 것은 한국교회 성도들의 신앙 의식의 구조는 삶의 현장이나 생활이 아닌 자꾸만 신비적이고 특별한 것들을 통하여 하나님을 만나고 체험하고 나타내려고 하기 때문이다. 그렇게 될 때 믿음과 생활은 당연히 거리가 멀어지기 마련이다. 따라서 지금이라도 우리는 생활신앙에 강한 믿음의 용사가 되려면 나 자신의 삶의 현장 그곳을 통하여 하나님을 만나고 체험하고 나타내는 삶에 익숙해질 수 있어야 한다.

그렇다고 해서 우리는 하나님의 신비적인 역사를 가볍게 생각해서도 안 된다. 신비가 없으면 그것은 신앙이 아닌 철학이 되고 만다. 그러나 성경이 우리에게 교훈하는 것은 신앙적 삶에 대한 무게의 중심이 하나님에 대한 특별한 신비체험과 그 모든 것들의 현주소는 바로 내가 지금 서 있는 역사적 삶의 현장이라는 것이다.

앞에서도 말한바 실천과 행동이 없는 신비나, 현실이 없는 초월성은 둘 다 허수아비를 쫓아가는 일종의 종교적 망상에 지나지 않는다.

구약의 이스라엘 신앙정신이 가지고 있는 초월적 존재로서의 야훼 하나님은 얼마나 철저하게 역사적이고 현실적인 분이시냐 하는 것은, 인간의 몸을 입고 이 땅에 오신 역사적 예수 그 자체가 증명해주고 있을 뿐만 아니라, 예수의 삶의 현장은 이를 더 생생하게 증거 해 주고 있다. 십자가 위에 피와 땀과 눈물의 진액으로 얼룩지는 극한의 고난과 죽음이 초읽기에 들어갈 때에 하나님의 아들로서의 예수, 초월적 존재로서의 예수, 죽은 자를 살리시고 온갖 종류의 불치병을 치료하며 성난 바다의 폭풍을 잠잠케 하시던 초자연적인 존재로서의 예수는 이제 더 이상 역사와 현실을 초월해 계시는 분이 아니다. 그는 더 이상 전혀 초월적인 또는 초자연적인 분이 아니다. 겟세마네 동산에서 기도하는 예수의 모습은 너무나 인간적이고 현실적인 모습을 우리에게 보여주고 있다.

"아버지여 만일 아버지의 뜻이거든 이 잔을 내게서 옮겨주십시오, 그러나 내 원대로 마옵시고 아버지의 원대로 되기를 원하나이다…. 예수께서 힘쓰고 애써 더욱 간절히 기도하시니 땀이 땅에 떨어지는 핏방울 같이 되더라"

(눅22:44)

이 기도의 모습 속에는 코 앞에 다가 온 극한의 고통과 죽음의 잔을 앞에 놓고 눈물로 호소하는 인간적 예수의 몸부림이 적나라하게 묘사되고 있다.

그는 역사 속에서 현실의 문제를 부둥켜안고 한없는 고통과 슬픔의 그 쓴잔을 다 마시고 계시는 분이시다. 이제 그는 더 이상 초월적인 또는 초자연적인 역사의 주인이 아니다. 그러나 누가 그를 초월적인 또는 초자연적인 역사의 주인이라고 말하지 않을 수 있겠는가?

"내가 목이 마르다"(요19:28;마27:48)라고 하면서 타는 목마름을 호소하시는 그 예수는 동시에, **"누구든지 목마르거든 내게로 와서 마시라, 내가 주는 물을 먹는 자는 영원히 목마르지 아니하리라"**(요7:37; 4:14)고 말씀하시는 분이시다. 자신의 목마름을 해결하지 못하여 타는 갈증을 호소하시는 분이면서, 동시에 누구든지 내게로 와서 마시라고 하는 이러한 예수의 모습 속에는 역사성과 초월성, 현실과 초현실성이 함께 공존하고 있음을 말해주고 있다.

따라서 우리는 역사적 예수의 삶을 통하여 현실과 초월성을 동시에 볼 수 있어야 하고, 또한 그 양자의 의미에 대하여 함께 파악할 수 있어야 한다.

예수의 신앙정신과 인격을 통하여 나타나는 이 두 가지는 결국 현실은 우리가 정면으로 마주쳐야 하는 것임과 동시에 때로는 초월해야 하는 것임을 가르쳐 준다. 구체적으로 이것은 결국 현실 속에 문제 해결에 대한 답이 없을 때, 초월 속에서 답을 찾으라는 것이다. 이것이 하나님께서 현실과 초월을 동시에 우리에게 주시는 가치와 의미라고 할 수 있다.

1) 초자연적인 역사의 가치와 목적

앞에서 말한바 야훼 하나님은 인간의 역사를 초월해 계시는 분이시면서 동시에 역사 안에서 활동하시는 분이시다. 이것은 곧 이스라엘의 신앙정신은 초자연적인 역사를 인간의 역사와 현실 속에 접목시키고 있다는 것을 의미한다. 그리고 그 접목은 어느 한 곳이 아닌 정치 경제 사회 문화 군사 교육 학교와 가정생활 등 역사적 삶의 현장 전 영역에 다양하게 적용되고 있다.

그리고 그 초자연적인 역사를 통하여 우리를 가르치고자 하시는 교육의 가장 핵심적인 것은 야훼 하나님에 대한 바른 지식과 이해이다. 우리는 성경을 통하여 "나는 야훼니라, 내가 야훼 하나님인 줄 너희가 알리라"는 말씀을 수없이 반복하여 들을 수 있다.

"내 백성을 삼고 나는 너희 하나님이 되리니 나는 애굽 사람의 무거운 짐 밑에서 너희를 빼어낸 너희 하나님 야훼인줄 너희가 알지라; 내가 모든 재앙을... 백성에게 내려 너로 온 천하에 나와 같은 자가 없음을 알게 하리라; 내가 바로의 마음을 강퍅케 한즉 그 온 군대를 인하여 영광을 얻어 애굽 사람으로 나를 야훼인줄 알게 하리라"(출6:7;9:14;14:4)

"애굽 땅에서 인도하여 내던 때에…너희 대대로 알게 함이니라 나는 너희 하나님 야훼이니라"(레23:43)

"이것을 네게 나타내심은 야훼는 하나님이시오 그 외에는 다른 신이 없음을 네게 알게 하려 하심이니라"(신4:35)

역사에 길이 남을 기념비적인 출애굽의 해방 사건을 통하여 하나님은 이스라엘과 오늘 우리 자신들에게 그리고 대를 잇는 후손들에게까지 야훼 하나님밖에 없다는 것과, 그 놀라운 힘과 권능이 무엇을 의미하는지 바로 이해하고 알아야 한다고 말씀하고 계신다.

하나님의 신실하심을 알고,(신7:9) 인간은 떡으로 사는 것이 아니라 야훼 하나님의 말씀으로 사는 것임을 알아야 하며,(신8:3) 하나님의 권세와 능력을 알고 그를 경외할 줄 알아야 하며,(수4:24) 모든 것을 주시는 이는 하나님이심을 알아야 하고,(신2:30;욥1:21;왕상20:13) 비록 죄와 허물 속에서도 마음을 다하여 하나님께 돌아갈 줄 알아야 하고,(렘24:7) 거룩하게 성스럽게 하시는 하나님을 알아야 한다는 것이다.(겔20:12)

중요한 것은 여기서 '안다'라고 하는 하나님에 대한 지식은 삶의 현장을 통한 생생한 경험을 통하여 알아가는 체험적 신앙의 지식을 강조하고 있다는 사실이다.

이상에서 살펴본 대로 이스라엘은 하나님의 초자연적인 역사들을 통하여 인간의 역사와 힘, 그리고 인간의 이성적 판단과 생각을 넘어서 있는 하나님의 무한하신 힘과 능력 그 놀라운 권능을 알았고, 그 신앙적 지식을 통하여 인간은 그 모든 것에서 하나님을 두려워할 줄 알고 그 앞에 무릎을 꿇어야 한다는 것을 실제적인 체험을 통하여 배울 수 있었다는 것이다.

인간은 약삭빠르고 간사하여 자기보다 더 큰 존재와 더 큰 힘을 가진 자를 만나고 경험하지 않으면 결코 무릎을 꿇지 않는 성향을 가지고 있다는 점에서 전능하신 하나님의 힘과 권능에 대한 이스라엘의 경험은 세상 모든 인간들에게 너 자신보다 더 크신 하나님의 절대적 권능에 대한 체험을 통하여 무릎 꿇는 삶을 터득하고, 또한 하나님 앞에 겸손히

두 손을 들고 무릎을 꿇어야 참된 인간적 삶을 살 수 있다는 것을 소상하게 말해주고 있다.

자기가 최고의 믿음을 가진 사람이라고 착각하며 살았던 욥이라는 사람도 자기보다 더 큰 세계, 더 크신 하나님의 힘과 권능 앞에 무릎을 꿇었고,(욥42:5) 눈가에 살기를 띠며 오만방자하게 살아가던 사울(바울)도 자기보다 더 큰 힘으로 다가오는 예수와의 만남의 체험을 통하여 꼬꾸라졌으며,(행9:4) 베드로의 경우 예수의 지시에 의한 만선의 고기잡이라고 하는 하나님의 힘과 능력의 신비체험은 자신의 죄를 깨닫고 그 앞에 무릎을 꿇는 잊을 수 없는 믿음의 체험이 된다.(눅5:4-8)

이처럼 예수와 이스라엘의 신앙정신은 초월성 또는 하나님의 초자연적인 역사들을 자신의 내면과 심성을 들여다 볼 수 있는 거울로 활용하고 있을 뿐만 아니라 윤리와 도덕, 희망과 용기와 자신감, 긍지와 자부심, 기쁨과 평안과 행복의 바탕으로 삼고 있다는 점이다. 더욱 놀라운 것은 이러한 희망과 용기, 긍지와 자부심, 기쁨과 행복의 영적 힘들을 자기 개인의 사적인 것을 채우는 수단으로서의 영성이 아니고 나라와 민족이라고 하는 공동체에 주어지는 값진 선물로 받아들이고 있다는 것이다. 즉 이스라엘은 야훼 하나님의 초자연적인 역사를 통한 모든 신비적 체험들을 한 개인에게 주어지는 사적인 선물로 이해하지 않고, 이스라엘이라고 하는 전체 공동체를 위해 주시는 하나님의 값진 은혜의 선물로 이해하고 있다는 점이다. 각 개인은 이스라엘 공동체에 주어진 그 선물을 필요에 따라 누리고 활용할 수 있는 구성원에 지나지 않는다. 마치 한 동네 안에 있는 우물은 어느 한 개인을 위해서 주어진 것이 아니라 마을 전체를 위해서 주어진 것이고, 그 동네의 사람들은 마을 전체에 주어진 그 우물의 물을 필요에 따라 언제든지 마음껏 퍼

마시기도 하고 씻기도 하면서 다양하게 누리고 활용하는 것과 같은 원리이다.

바다가 갈라지는 것을 중심으로 하는 출애굽이라고 하는 하나님의 초자연적인 역사를 이스라엘이 또 다른 전쟁의 현실에 적용하는 한 면을 들어보면 가히 놀라지 않을 수 없다.

"열방이 듣고 떨며 블레셋 거민이 두려움에 잡히며 에돔 방백이 놀라고 모압 영웅이 떨림에 잡히며 가나안 거민이 다 낙담하나이다."(출15:14-15)

야훼 하나님의 힘과 권능에 주변국들의 백성들과 장군들이 놀라서 떨고 있다는 것은 곧 이스라엘의 힘에 그들이 떨고 있다는 것을 의미하기도 한다. 왜냐하면 하나님의 힘이 없는 이스라엘의 힘은 존재하지 않으며 이스라엘의 힘은 하나님의 힘과 권능에 속해있기 때문이다. 여기서도 알 수 있는 것은 하늘의 것은 땅 위에, 과거를 현재로, 그날을 이날에, 초자연적인 역사를 현실 속에서 재생하면서 새로운 의미를 만들어내고 있다. 과거에 일어난 초월적인 역사의 힘과 권능을 오늘의 현실 속의 힘으로 되살리고 있는 재생(remaking) 개작 창작의 지혜를 여기서 우리는 배울 수 있어야 한다.

또한 우리가 배워야 할 것은 그러한 하나님의 초자연적인 역사와 신비적 체험들을 이스라엘은 자신들의 역사적 삶의 현장에서 일어나는 모든 일과 사건들에 대한 사리판단과 분별력, 과거에 대한 회고와 반성, 오늘의 현실에 대한 감각, 미래에 대한 예측과 전망 등에 대한 바탕과 기준으로 삼고 있다는 점이다.

모세의 손에 들려있는 지팡이가 뱀이 되는 기적의 역사는 모세로 하여금 인간적 나약함에서 신적인 용기의 사람으로 전환하는 계기로,(출4:1-9) 출애굽 사건은 야훼의 날, 즉 오늘 현재와 미래를 밝게 전망할 수 있는 희망과 축제의 원동력으로,(출12:42··· 이스라엘에 있어서 야훼의 날은 모든 고난과 슬픔이 사라지고 새로운 희망과 용기와 기쁨이 넘쳐나는 최고의 날을 의미한다.) 불기둥 구름기둥의 기적은 앞에서 행하시며 인도하시는 하나님,(앞은 얼굴 앞 즉 면전에서를 의미한다.) 자기백성이 머물러 거주할 곳을 찾으시는 하나님,(신1:33) 진실과 정직함 선함과 의로움 등 윤리적 규범의 바탕과 근거로,(느9:12-13) 또 다른 구름기둥의 기적은 모세의 지도자적인 권의회복을 위한 방편으로,(민12:4-8) 그리고 갈라진 바다에서 일어난 애굽 군대의 수장사건, 광야에서의 지진발생 사건으로 야기된 고라 자손의 생매장 사건은 하나님에 대한 이스라엘의 사랑과 계명 실천과 각자의 직분에 충실할 것을 다짐하고 결심하는 역사적 교훈의 근거로, (신11:1-7) 광야 사막생활에서의 생존과, 반석에서 터져 나오는 생수, 만나와 메추라기 기적의 사건들은 교만을 깨우치고 낮아짐으로써 복된 사람이 되기 위한 교훈으로,(신8:15-16) 느헤미야에게 와서 만나와 메추라기, 반석의 오아시스는 교만을 깨우치는 교훈 위에 용서하시는 하나님, 인자하신 하나님이 더 부연되고 있으며,(느9:15-17) 시편에서는 하나님의 권능과 은혜에 대한 망각의 슬픔과 불평을 깨우치며,(시78:11) 바람처럼 왔다가 바람처럼 사라지는 인생의 무상함과 나약함을 깨우치기 위한 방편으로 각각 교훈되어지고 있다.(시78:39)

그런가 하면 예수께서 보여주시는 기적과 초자연적인 역사들은 모두

'**믿음**'과 직결되어 있다는 사실을 명심해야 한다.

바다의 폭풍을 꾸짖어 잔잔케 하시는 기적에서, "**어찌하여 무서워하느냐? 어찌 믿음이 없느냐?**"(막4:35;눅8:23) 백부장 하인의 치유의 기적에서, "**아무에게서도 이만한 믿음을 만나보지 못하였노라**"(마8:10) 12년 동안 하혈을하는 혈루증 여인의 치유에서, "**딸아 안심하라 네 믿음이 너를 구원하였다**"(마9:20;막5:25;눅8:44) 지붕을 뚫고 중풍병자를 달아내려 치유를 받는 것에서, "**저희의 믿음을 보시고 중풍병자에게 이르시되 소자야 네 죄 사함을 받았느니라**"(막2:4-12) 문둥병자 치유에서, "**내가 원하노니 깨끗함을 받으라**"(마8:1-4…이 치유에서는 병자가 주님이 원하시면… 이라고 간청한 것에 대한 응답으로서 이는 곧 주님이 하고자 하시면 모든 것이 가능하다는 것에 대한 믿음을 말해주고 있다. 같은 내용 욥9:12 참조) 날 때부터 앞을 보지 못하는 소경의 눈이 열리는 기적에서는 주님의 말씀에 한 마디 대꾸도 하지 않는 소경의 순종적인 믿음은 그의 눈이 열리는 것과 직결되어 있으며,(요9:1-10) 그리고 "**다윗의 자손이여 우리를 불쌍히 여기소서**"하면서 호소하는 두 소경에게, "**내가 능히 이 일을 할 줄을 믿느냐**"라고 하시면서, "**너희 믿음대로 되라**"고 말씀하고 계신다.(마9:27-31) 이처럼 기적과 초자연적인 역사들을 통하여 예수께서 반복하여 강조하고 있는 '**믿음**'의 핵심은 두 소경의 치유에서 잘 나타나듯이 바로 하나님의 "**절대주권**"과 하나님의 "**전지전능하심**"이다.

생과 사, 모든 질병을 다스리는 권세, 가난과 부함, 성공과 실패, 넘어짐과 일어섬, 하늘과 땅, 산과 바다의 움직임 등 세상만사 모든 것이 하나님의 손에 달렸다는 것을 믿느냐는 것이다.

구약성서의 이스라엘 정신에서 우리가 보았듯이 종종 터져 나오는 그들의 불평과 원망, 교만과 거짓, 탐욕과 방탕, 나약함과 두려움에서 빚어지는 각종 현실의 문제들은 모두 생사여탈권을 한 손에 쥐고 계시는 전지전능하신 하나님을 믿지 않는 것에서 비롯되고 있다. 하나님에 대한 믿음과 신뢰가 깨어지면 영성과 지성, 심령과 정신, 마음의 생각과 감정 상태와 정서까지 다 깨어지게 되고, 영성이 깨어지게 되면 현실의 삶이 깨어지는 것은 당연한 귀결이라 할 수 있다. 예수께서 믿음을 그렇게 반복하여 강조하시는 이유가 바로 여기에 있는 것이다.

신비와 초자연적인 역사는 현실을 초월하고, 현실 저 너머의 초현실적인 세계를 내다보고 그 초현실적인 것들을 현실화 하고 실제화 한다.
예수의 영성에 있어서 우리가 꼭 배우고 본받아야 할 것은, 영성에 의하여 살아가는 삶의 원칙이라 할 수 있는 기도와 묵상, 말씀과 찬양의 깊은 수행을 통하여 창조주 하나님과 하나로 합일되는 경험, 너라고 하는 타인과 하나로 합일되는 경험, 그리고 세상 모든 것들과 내가 하나로 합일되는 경험을 하고, 그 놀랍고 신비로운 경험을 토대로 하여 살아가는 삶이라는 것이다.

나와 아버지는 하나이니라, 아버지께서 내 안에, 내가 아버지 안에 있는 것 같이 저희도 다 하나가 되어 우리 안에 있게 하사… 우리가 하나가 된 것 같이 저희도 하나가 되게 하려 함이니라. (요10:30;17:11,21,22)

위에 기록된 예수의 이 기도의 내용은 우리 자신들의 영성을 잘 계발하고 바르게 실천할 때에 우리는 그 모든 것들과 하나가 되는 일체감과 합일의 경험에 도달할 수 있다는 것을 가르쳐 준다. 그리고 우리 자신들의 영성과 정신적 결합을 현실화 할 수 있는 것은 사랑이다. 그리고 그 하나가 되는 합일 또는 일치의 삶, 즉 세상과 하나가 되고, 이웃과 하나가 되고, 너와 내가 하나가 되며, 나 자신과 하나가 되고 일치가 되는 삶의 비결도 바로 사랑이다. 사랑은 그 대상이 어떤 것이든 상관없이 서로 다른 이쪽과 저쪽을 하나로 결합시켜 주는 최고의 통로이며 가장 확실한 방식이 된다. 사랑은 서로 다른 이쪽과 저쪽을 연결하고 일치시켜주는 데 있어서 핵심 가치로 작용한다. 예수의 영성에 있어서 아버지와의 하나, 세상과의 하나, 죄악 중에 있는 인간들과 하나가 되는 것은 그의 사랑에서 비롯되고 있음을 잊어서는 안 된다. 따라서 사랑은 은사의 백미일 뿐만 아니라 영성의 꽃이라 할 수 있다. 그리고 그 사랑은 당연히 상대적인 에로스가 아니라 조건 없는 절대 사랑인 아가페적인 사랑이어야 한다. 조건 없는 절대적 사랑의 마인드는 초자연적인 역사를 역사화 하고 현실화 할 수 있는 가장 큰 영적인 힘이라 할 수 있다.

우리는 영성에 의한 삶을 통하여 하나님 안에 있는 나, 피조물로서의 나, 세상과 이 광활한 우주의 한 부분으로서의 나, 너와 같은 존재로서의 나,를 발견하고 이해할 수 있어야 한다. 그리고 그 합일은 역사적 삶의 현장에서 실천되는 것이어야 한다.

초자연적인 것에 대한 역사화는 구약성서의 무대에 살았던 이스라엘 백성들에게 야훼 하나님께서 그렇게 하셨고, 역사적 예수의 삶은 이것을 더 생생하게 인간인 우리 모두가 보고 듣고 경험할 수 있도록 해 주고 계신다. 그리고 그 초자연적인 역사들은 인간인 우리가 현실을 어떻게 타개하고 헤쳐 나갈 수 있는지, 그리고 인간의 역사와 현실 속에서 일어나는 다양한 사건과 문제들에 대한 해결책은 언제나 우리 자신들의 정신과 생각의 변화, 사고방식의 전환과 같은 의식개혁과 맞물려 있고, 그 의식개혁의 목적은 전지전능하신 하나님에 대한 확고한 믿음이라는 것이 성서적 교훈이다. 하나님에 대한 믿음만 확실하다면 우리에게 있어서 현실적인 그 어떤 것이라도 아무런 문제가 되지 않는다는 것이다. 따라서 우리가 진정 예수정신의 소유자가 되려면 그 어떤 경우에라도 믿음에 굳게 설 수 있도록 힘을 쏟을 수 있어야 한다. '**믿음**'이라는 말 아만-אמן은 "진실 확고함"이라는 뜻과 함께 "그렇습니다, 옳습니다"라고하는 상대방의 행위에 대한 긍정과 받아들임을 의미한다. 따라서 믿음은 구약성서적 의미에서는 ① 야훼 하나님의 역사와 초자연적인 역사 모두를 이스라엘이 아멘으로 수용하고 받아들이는 것이며, ② 더 나아가 예수 그리스도를 통하여 보여주신 구속사적인 역사를 인간인 우리가 받아들이는 것, 물론 이 받아들임은 정신과 육체를 아우르는 총체적 삶과 행동을 통하여 받아들임을 의미한다. "**믿음은 들음에서 나며…**"(롬10:17) 여기서도 "들음"은 정신과 육체 의식과 생활 전체를 통하여 받아들이고 수용하는 것을 가리킨다. 아무리 능력있는 말씀, 은혜의 말씀, 복된 말씀이라 할지라도 삶 전체를 통하여 받아들이는 수용이 없는 "들음"은 무효이고 헛것이 된다. ③ 하나님과의 관계성 속에서 또는 관계를 통하여 의식과 정신, 마음과 생각, 사고방식, 삶과 생활 전체를 만들어가는 것 또는 만들어내는 것 그리고 만들어지는 결과들 모두를 의미한다. 하나님의 역사를 거부하는 것이나, 하나님과의 관계단절 상태는 믿음 또는 신앙이 아니며, 많은 사람들이 신념을 신앙으로 착각 또는 오해하는 자들이 많은데, 신념과 신앙은 차원이 다르다. 나 자신의 생각을 믿는 것은 신념이고, 하나님의 뜻을 믿고 받아들이는 것이 믿음과 신앙이다. 인간적인 힘이나 나 자신의 힘을 믿는 것은 신념이고, 하나님의 권세와 능력을 믿는 것은 신앙이다. 인간적인 나 자신의 힘과 하나님의 권세는 차원이 다르듯이 신념과 신앙은 차원이 다르다는 것을 잊어서는 안 된다. 세계 역사의 축소판이라 할 수 있는 이스라엘의 역사에서 그들의 삶이 피폐하고 메마른 때는 언제나 역사와 초자연적인 역사를 아우르는 전능하신 하나님에 대한 믿음이 없을 때였고, 반대로 가장 생기가 넘치고 신이 날 때는 하나님에 대한 믿음이 있을 때였다. 우리에게 있어서 하늘이 없는 땅은 빛도 물도 공기도 없는 공허하고 메마른 땅이 되고 마는 것처럼, 하나님으로부터 오는 신비와 초월성이 없는 인간의 현실은 불 꺼진 감옥처럼 암흑천지가 되고 공허하고 메마른 삶이 되고 말 것이다. 동시에 역사와 현실을 무시하거나 벗어난 초월성은 우리를 종교적 망상의 포로가 되게 할 것이고 정신병적인 비극에 이르게 할 것이다.

예수와 이스라엘의 신앙정신은 역사와 초자연적인 역사라고 하는 양대 산맥을 품고 살면서, 결코 어느 한쪽에 치우치지 않고 있음을 통하여 이성과 신앙, 역사와 초자연적인 역사의 절묘한 조화의 모범을 소상하게 보여주고 있다.

성령의 역사라는 이름하에 자행되는 극단적 신비주의와, 또는 성령의 초자연적인 역사를 무시하거나 경시하면서 성서와 신학적 지식만 외쳐대는 한국교회는 깊이 반성하고 회개해야 할 것이다. 특히 하나님의 초자연적인 역사를 통하여 나타나는 치유 예언 축사와 같은 신적 권세와 능력을 경시하고, 오직 말씀이 전부라고 생각하는 자들은 반드시 문을 닫고 텅텅 비어 있는 유럽 교회의 전철을 밟게 될 것임을 각오해야 할 것이다.

초월과 현실, 이 둘은 항상 공존하면서 서로의 가치와 의미를 만들어내며 극대화 한다. 그리고 초월적 삶이란 초자연적인 역사와 사건뿐만 아니라 때로는 믿음 안에서 행하는 창조적 그리고 희망적인 자기 포기와 단념을 의미한다. 하나님의 공적인 약속을 위하여 나의 사적인 욕구를 포기하며, 하나님의 원하시는 것을 위하여 내가 원하는 것을 단념하는 것이 곧 창조적이고 희망적인 포기와 단념이다. 그리고 나 자신의 영적인 마음의 무게를 가볍게 하기 위한 비움의 의미가 담긴 자기 포기와 단념도 창조적이고 희망적인 것이다.

6

예수의 버림과 비움의 영성

보이지 않는 것을 볼 수 있는 비결, 내일과 저~ 미래에 되어 질 일들을 훤히 내다볼 수 있는 예지력과, 과거 현재 미래로 이어지는 역사 전반에 걸친 모든 것들을 한 눈에 꿰뚫어볼 수 있는 통찰력, 악귀를 쫓아낼 수 있는 신적 권세와 능력, 귀머거리, 소경, 벙어리, 문둥병자, 피를 쏟는 혈루증 환자 등 많은 불치의 병을 고치고 치료하는 힘과 능력, 심지어 죽은지 나흘이나 된 자를 살려내는 신기하고 놀라운 능력, 그리고 자기를 버린 배신자들과, 온갖 독설을 퍼부어대며 창과 칼로 베고 찌르는 흉악한 원수들을 너그러운 마음으로 품어주면서 용서를 베풀고, 더 나아가 그들을 우러나오는 마음으로 사랑하며 아껴 줄 수 있는 모든 그리스도적인 권세와 능력의 비결은 바로 성령의 권세와 능력이라는 사실을 성경은 증거하고 있다.

그런데 그 놀랍고 신비로운 성령의 역사는 바로 자기의 모든 것들을 한 점도 남김이 없이 다 버리고 비우신 예수의 버림과 비움의 영성에서 비롯되고 있다는 사실을 우리는 깊이 생각할 수 있어야 한다. 왜냐하면 자기 버림과 비움이 없는 곳에 성령은 채워지지 않기 때문이다. 나 자신의 인간적 자아로 꽉 채워져 있는 곳에는 성령께서 파고들 자리가 없다.

성경을 통하여 하나님께서는 우리에게 자신을 버리고 비우라고 얼마나 애타게 강조하시는지 모른다.

예수를 쫓아 제자가 될 수 있는 기본전제는 바로 자신의 모든 것을 버리는 것이다.

"나를 따라 오너라 내가 너희로 사람을 낚는 어부가 되게 하리라 하시니 저희가 곧 그물을 버려두고 예수를 쫓으니라…. 저희가 곧 배와 부친을 버려두고 예수를 쫓으니라."(마4:18-22)

위의 말씀에서 베드로와 안드레가, "그물을 버리다, 배와 부친을 버리다"라는 말에 해당하는 앞히에미(ἀφίημι)라는 용어는 "보내버리다, 떠나다"라는 뜻으로 이는 곧 여러 가지 온갖 모양과 종류의 세속적인 것들을 전부 내다버리고 오직 예수를 따르기 위하여 길을 떠나는 것을 의미한다.

자기가 추구하던 기존의 것들을 움켜지고서는 결코 예수의 제자로 따라갈 수 없으며 따라가서도 안 된다.

그런 자는 손에 쟁기를 잡고 뒤를 돌아보는 자와 같은 자이며,(눅9:62) 모든 일에 정함이 없이 두 마음을 품고 있는 이중인격자라 할 수 있다.(약1:8;4:8)

특히 예언자 선지자 사도가 되려면 자기의 모든 것을 버리는 것은 성경적인 원칙이다. 이것은 주의 종 사제 또는 목사가 되려면 자기의 모든 것을 버리는 것이 원칙이고 전제조건이라는 말이다.

하나님께서 이렇게 말씀하고 계심에도 불구하고 작금의 한국교회와 신학계는 하나같이 더 많이 가지고, 채우고, 터져 넘치는 축복을 외쳐 대면서 채우는 데 혈안이 되어 있다. 주님께서, "내 집을 채우라"(눅 14:23)고 했으니 옳은 말이다. 그러나 그 채움은 선교적 의미의 채움이지 세속적 의미의 채움이 아니다. 그리스도적인 채움의 방식은 세속적 소유와 채움의 방식과는 다르다. 그러나 작금의 한국교회가 취하고 있는 소유와 채움의 방식은 이 세상보다 더 세속적으로 변질되어가고 있어서 참으로 슬픈 일이 아닐 수 없다. 그리고 채우고 가지는 데에는 순서가 있다는 사실을 우리는 미처 모르고 있다. 하나님께서 정말 기뻐하시는 채움과 가짐의 방식은 먼저 자기를 버리고 비우는 버림과 비움의 과정을 거친 후에 채우는 것이다. 성경에는 자기의 모든 것을 버리지 않고 야훼 하나님을 따르겠다고 나선 예언자는 없으며, 자기를 버리지 않고 주님을 따르겠다고 한 그런 제자나 베드로는 성경에 없다. 우리는 더 가지고 채우는 것에만 급급해서는 안 된다. 가짐과 채움의 방식이 그리스도적이며 성경적인가를 먼저 살필 줄 알아야 한다. 우리 자신의 인간적인 것들을 버리고 비우는 곳에 하나님께서는 우리에게 신적인 것으로 채워주신다. 더 가지고 채우려는 욕망에 허덕이는 자들을 채우는 것은 악마적 채움이고, 진정 자신의 것을 버리고 비우는 곳에 채워지는 것은 그리스도적인 것을 통한 하나님의 채우심이다.

예수는 자기의 전 생애를 버리고 비우는 삶을 통하여 모든 것들을 새롭게 얻고 계심을 우리는 깊이 생각할 수 있어야 한다.

1) 영적 쓰레기를 버려라

맑고 깨끗한 영, 지혜로운 영, 새로운 것을 건설하고 생산해 낼 수 있는 창조의 영, 크고 깊이 생각할 수 있는 대범한 영의 사람이 될 수 있으려면 우리 속에 산더미처럼 싸여있는 영적 쓰레기들을 하나씩 내다버릴 수 있어야 한다. 우리 자신들이 진정한 전도자가 되고, 세상을 밝게 비추는 빛과 소금의 사람이 되고, 상처의 아픔 속에 허덕이고 신음하면서 죽어가는 자들을 치료하고 살려내는 세상의 치유자가 되려면 먼저 우리 자신들이 건강한 영의 사람이 될 수 있어야 하고, 건강한 영성의 소유자가 되려면 우리 자신 속에 콘크리트처럼 굳어 있고 칡뿌리처럼 깊이 뿌리박혀 있는 영적 쓰레기들을 과감하게 끊어내고 버리는 데에 각고의 노력을 기울일 수 있어야 한다. 비록 그것이 힘들고 어렵고 고통이 따른다 할지라도 그 일을 해 낼 수 있어야 한다. 그렇게 할 때 그리스도적인 신적 영광에 동참할 수 있기 때문이다. 그러기 위하여 자기 버림과 비움의 완전한 모범을 보여주고 있는 그리스도의 삶을 통하여 우리는 배울 수 있어야 할 것이다.

예수는 하늘의 영광을 버리고 낮고 낮은 땅 저 말구유 오신 분이시다. 하나님이 인간이 되셨다,(요1:14)라고 하는 요한의 메시지는 곧 창조주께서 피조물이 되셨다, 라는 이야기다. 예수는 왕의 자리를 버리고, 권력을 버리고, 부귀영화를 버리고, 지위와 명예를 버리고, 자존심도 버리고, 모든 것을 다 버렸다. 안타깝게도 예수가 버린 모든 것들을 인간인 우리는 얻으려고 발버둥치고 있다. 우리는 모두 높은 자리에 오르려고 하는 왕의 욕구본능을 가지고 있으며, 명예와 감투를 좋아하고, 세상의 부귀영화를 누리고 싶어 한다. 그 모든 것들은 예수정신에 있어서는 한낱 썩어질 양식에 지나지 않는 것임에도 불구하고 말이다.(요6:27)오늘날 우리의 신앙과 믿음의 현실이 이렇다는 것은 우리의 믿음이 얼마나 부패하였으며, 우리가 얼마나 예수를 잘못 따르고 있는가 하는 것에 대한 반증일 것이다.

예수는 세상의 온갖 권세와 부귀영화를 누릴 수 있는 사탄의 유혹에 대하여 가차 없이 끊어 내버리고 만다.(마4:1-11) 특히 예수의 자기 버림과 비움은 십자가 사건을 통하여 자세하게 우리에게 보여주고 있다.

옷이 벗겨진 전라의 모습, 인간 군상들의 온갖 욕설과 폭언, 구타와 폭력이 작렬하는 곳, 창과 칼로 베고 찌르는 고통과 죽음이 아우성치는 그곳에서 하나님의 아들로서의 예수는 오히려 온화하고 여유 있는 마음으로 그들을 용서하고 계신다. 이 놀라운 용서와 원수 사랑의 비결은 곧 자기 버림과 비움이다. 예수에게 있어서 살을 찢는 고통과 아픔은 고통이면서 동시에 그것은 여유와 동정심 그리고 용서와 사랑으로 실천되어지고 있다. 그 이유는 이미 예수는 하나님 앞에서 스스로 모든 것들을 버렸기 때문이다.(요10:17-18)이것은 영적 각오와 결심 속에서 이미 자기를 버린 자에게 고통과 아픔은 위협으로 다가오지 않는다는 것을 가르쳐 주고 있다.

십자가 밑에는 온갖 종류의 배신과 증오, 분노와 혈기. 욕설과 폭언, 시기와 질투, 원망과 불평 등이 작렬하고 있는 곳이다. 그러나 그 어떤 종류의 것이든 미움과 원망의 감정을 깨끗이 버리고 비운 자에게 배신은 미움과 원망 불평으로 다가오지 못하며, 분노와 혈기를 버리고 비운 자에게 나를 향해 활화산처럼 뿜어대는 분노와 혈기는 아무런 소용이 없다는 것을 버림과 비움의 결정체라 할 수 있는 예수의 십자가 사건은 우리에게 소상하게 가르쳐주고 있다. 그것이 배신이든, 미움이나 증오든, 분노와 혈기든 외부적으로 다가오는 것들에 대하여 우리가 동화되거나 충격을 받지 않으려면 먼저 나 자신의 분노와 혈기, 시기와 질투, 미움과 원망의 감정을 버리고 비울 수 있어야 한다. 소화를 시키기 어렵겠지만 분명한 것은 물욕을 깨끗이 버리고 비운 자에게 돈과 재산을 잃어버림은 상처의 고통으로 경험되어질 수 없는 법이다. 돈을 잃고 난 후 내가 고통스럽다는 것은 그 돈에 집착하고 있기 때문이며, 집착하고 있다는 것은 내 속에 나도 모르는 물욕의 뱀이 꿈틀거리고 있다는 증거라 할 수 있다.

십자가 사건은 하나님이 인간에게 그것도 죄인들에게, 왕이 자기 백성들에게 매를 맞고 침 뱉음을 당하며 창과 칼에 찔려 피를 흘리고 있음을 의미한다. 인간은 참으로 묘하고 아이러니한 존재여서 벌에 쏘이고 모기에게 물렸을 때는 상처의 아픔만 좀 있을 뿐이지만 아랫사람 또는 후배에게 당하는 모욕감이나 자식에게 뺨을 맞는 고통은 잘 견뎌 내지를 못한다. 그런 모욕을 당하고 자살하는 경우가 실제로 일어나기도 한다. 그러나 예수의 매 맞음과 창에 찔림은 자식에게 폭력을 당하는 부모, 아랫사람에게 모욕과 수치를 당하는 그 이상의 몇 천 배 더한 수모와 모욕이다. 그러나 예수에게는 이 수치와 부끄러움도 아무런 문제가 되지 않는다. 그 이유는 하나님의 아들로서의 예수는 자존심을 다 버렸기 때문이다. 이것은 자존심을 버린 자에게 자존심은 그 어떤 경우에라도 아무런 문제가 될 수 없다는 것을 가르쳐 준다.

우리는 "내 자존심을 짓밟는 너 때문이야"라고 생각하지만 그것은 그리스도적인 사고가 아니다. 우리는 자신의 자존심이 누군가에 의해 짓밟히고 있다고 생각하기 전에 먼저 내가 하나님의 자존심을 얼마나 무시하며 짓밟고 있는지를 살피면서 회개할 수 있어야 한다. 예수는 하나님과 관계가 없고, 생명과 관계가 없으며, 영생과 관계가 없는 것들은 모두 깨끗하게 버리시면서 우리에게도 필요 없는 것들을 모두 버리고 비우라고 말씀하고 계신다. 버리고 비우면 우리의 영혼과 마음은 얼마나 가벼운지 모른다. 그것이 작은 보따리든 무엇이든 간에 짐을 들고 무겁지 않을 사람이 이 세상에 누가 있을까? 가벼운 솜이라도 양이 많으면 무거운 짐이 되는 법, 주님은 우리의 심령 속에 너덜너덜하게 붙어 있는 이런 저런 모양의 짐을 내려놓으라고 말씀하고 계신다.(마11:28) 그러면 우리의 심령은 날아갈 듯이 가볍고 기쁘게 된다는 것이다.

하여간 역사적 인간으로서의 예수나, 하나님의 아들로서의 예수는 하늘의 영광뿐만 아니라 이 세상의 부귀영화, 권력과 명예, 그리고 끝내는 자신의 목숨까지 버린 분이시다. 목숨을 버렸다는 것은 자신의 생과 삶의 전부를 버렸다는 것을 의미한다. 따라서 모든 버림과 비움의 완성은 바로 자신의 목숨을 버리는 것이다.

목숨을 버리는 예수의 역사적 이 버림 속에는 우리의 영을 흐리게 하거나 어둡게 하는 온갖 종류의 욕망과 교만, 위선과 거짓, 분노와 혈기, 시기와 질투, 불평과 원망, 이기심과 자존심, 조급함과 나태함, 더러운 성질과 고집 집착 등 모든 죄적인 요소들을 버리고 비우라는 강력한 메시지가 담겨져 있다.

우리가 더 크게 멀리 내다보지 못하는 것은 우리 자신들의 영이 흐리고 어두워져 있기 때문이며, 우리의 영성을 흐리게 하고 어둡게 하는 것은 바로 우리 속에 있는 여러 가지 형태의 탐욕과 이기심 같은 죄악의 불순물들 때문이다. 영적 쓰레기로 인하여 눈이 어두운 자는 죽음이 코앞에 들이닥쳐도 전혀 알아차리지를 못한다. 돈에 대한 물욕에 눈이 어두운 아나니아가 그랬고,(행5:1-6) 가룟 유다가 그랬다.(행1:18)

욕망 교만 거짓은 우리의 영성과 정신에 있어서 무서운 재앙이라는 것을 잊어서는 안 된다. 이런 것들이 우리의 심령 속에서 작용하면 우리의 정신과 이성적 판단은 정상적인 기능을 잃어버리게 된다. 영이 흐리거나 어두우면 아무것도 정상적으로 보이지 않는다.

버림과 비움에 대한 다양한 성서적 용어들은 우리 속에 얼마나 다양한 형태의 영적 쓰레기들이 싸여있는가를 잘 말해주고 있다.

"너희 악업을 버리라, 악을 버리고 어리석음을 버리라"(사1:16;7:15;잠9:6)

"악업을 버리라"에서 '버림'이라는 말 쑤르(סור)는 "떠나다, 제거하다, 잡아 찢다, 외면하다"라는 의미가 있고, "악을 버리라"에서 '버림'이라는 말 마아쓰(מָאַס)는, "내다버리다, 멸시하다, 거절하다"라는 뜻이 있으며, "어리석음을 버리라"는 말 아자브(עָזַב)는, "거절하다, 그만두다, 중지하다"라는 뜻이 담겨져 있다.

버림에 대한 이런 다양한 의미들은 삶의 현장에서 실제적으로 우리가 버리고 비우는 삶을 어떻게 실천할 수 있는가를 말해주는 것이라 할 수 있는데, 그것은 바로 악한 것들과 나쁜 것들에 대해서 과감하게 거절할 줄 알며, 외면할 줄도 알고, 내 마음에 일어나는 잡된 것들을 제거할 줄도 알아야 하며, 하고 있는 일이라 해도 방향이 잘못된 것이면 중단할 줄도 알아야 하고, 더 나아가 마음이 찢어지는 정신적 고통이 따르더라도 그 고통을 감내하면서 내 영성의 암적인 존재들을 끊고 잘라내 버릴 수 있어야 한다는 것이다.

더 나아가 믿음의 연속적인 성장을 통한 성숙한 신앙의 인격과 성화(聖化)의 차원에 이를 수 있으려면 이러한 영적 쓰레기들을 버리고 비우는 것은 필수조건이다.

그런데 우리에게 있어서 현실적으로 가장 버리고 비우기 어렵고 힘들게 하는 것은 돈에 대한 물욕과 자기 아집이라고 할 수 있다. "내가 옳다, 내 생각이 맞다"라고 하는 인간의 자기 고집이 얼마나 뿌리깊이 박혀 있는가는 자신조차도 잘 알아차리지 못할 정도로 우리의 영혼 깊은 곳에 아주 깊이 박혀 있다. 인간의 자기 고집은 사람을 죽이는 살인을 하고서도, "내가 옳다, 잘 했다"라고 할 정도이다. "뻔뻔스럽다"라는 말이 인간의 고집에 사용될 때 그 말은 너무 빈약한 표현에 지나지 않는다. 그러나 이 지독한 고집이라 할지라도 예수를 따르고 거룩한 성화의 영광에 이르기 위해서는 과감하게 버릴 수 있어야 한다.

기원전 350년경에 살았던 욥이라는 사람과 사도 바울은 이 지독한 자기 욕망과 고집을 한 점 남김없이 모두 내다버리고서야 놀라운 하나님의 영광에 동참할 수 있었다고 성경은 우리에게 가르쳐주고 있다.

2) 버림과 비움의 비결

우리의 일상에서 쏟아져 나오는 생활쓰레기는 버리거나 불질러버리면 그만이지만 우리의 영과 인격 속에 깊이 파고들어와 있는 영적 쓰레기들은 쉽게 버리고 비울 수 있는 호락호락한 상대가 아니다. 우리가 이 더럽고 악취가 진동하는 지독한 이 영적 쓰레기들을 버릴 수 있으려면 먼저 그것들이 어떤 모양을 하고 있으며, 어떤 성질을 가지고 있는지를 파악함과 동시에 내가 그것들을 어떻게 버릴 것인지 버림의 방식을 동시에 익힐 수 있어야 한다.

(1) 버림과 비움에는 영적 권세와 힘이 필요하다.

우리의 영과 인격 속에 거머리처럼 달라붙어 있는 영적 쓰레기들은 실상은 악취가 진동하는 썩어빠진 것들이지만 현실 속에서 우리의 눈에 비칠 때는 정 반대로 얼마나 향긋하고 화려하고 멋있어 보이는지 모른다.

보기에도 화려하고 먹음직스러운 태초의 사람 아담과 하와의 눈앞에 펼쳐진 금단의 열매 선악과의 매력과 화려함,(창3:6) 롯의 눈앞에 보여진 풍부한 경제성과 돈 의 매력,(창13:10) 다윗의 눈앞에 나타난 밧세바의 목욕하는 모습,(삼하11:2) 특히 밧세바가 목욕하는 모습을 바라보는 다윗의 영적 상태를 성경은, "한 여자가 목욕을 하는데 심히(너무나) 아름다워 보였다"라고 말씀하고 있다. 멋있고, 매력이 넘치고, 화려하게 보였다는 것이다. 특히 그것이 음란의 영일 때 그 화려함은 상상을 초월한다. 불륜관계에 빠지는 자들을 보면 남이 볼 때는 상대가 입이 비뚤어져 있어도 지 눈에는 앵두같이 보인다는 것이다.

또 하나 영적 쓰레기의 원조인 사탄은 나름대로의 논리성과 체계를 가지고 있다는 것을 알아야 한다.

예수께서 사탄에게 시험을 받는 내용은 ① 본능적 욕구 ② 힘과 능력에 대한 것 ③ 세상의 모든 부귀영화, 이 세 가지로 요약할 수 있는데,(마4:1-11) 그 시험의 현실을 겉으로 보면 모두 얼마나 당연하고 확실한 것인지 모른다. 누구도 반박할 수 없는 논리성과 합리성 타당성을 모두 다 갖추고 있다. 40일 동안 굶주린 자가 떡이 먹고 싶은 것, 떡을 먹어야 하는 것, 떡을 먹어야 하는 이유는 너무나 당연한 것이다. 목이 타들어가는 자가 물이 먹고 싶고, 물을 마시는 것은 당연한 것처럼 말이다. 높은 곳에서 다치지 않고 뛰어내리는 것과, 온 천하의 권세와 부귀영화를 간단하게 거머쥘 수 있다는 것이 얼마나 매력 넘치는 것이고 화려한 것인지 모른다. 그러나 예수는 단호하게 세 가지 모두를 거절하고 사탄의 유혹을 물리쳐버린다.

겉으로 드러난 매력과 화려함에 속지 않기 위해서는 깊이 보고 멀리 보고 핵심을 보고 궁극적인 것을 볼 수 있어야 하며, 당연한 현실, 당연한 논리와 합리성에 속지 않으려면 나 자신의 주관적 또는 독단적인 주장과 논리를 전개하지 말고 객관성과 하나님께서 나에게 뭐라고 말씀하시는지 거기에 정신을 집중할 수 있어야 한다. 역사 이래로 많은 사람들의 실패와 불행과 고통은 자기 지식, 자기 논리, 자기 주장, 자기 꾀에 빠지기 때문임을 잊지 말아야 한다. 내가 주장하는 것과 하나님의 뜻이 맞을 때, 나의 논리와 하나님의 말씀이 맞을 때, 그 때가 바로 나의 영이 밝을 때이다.

우리는 모두 욥이나 사울과 같이, "내가 옳다, 내 생각과 지식이 옳다, 확실하다"라고 하는 스스로의 착각과 자기도취에 빠져있는 자들이다. 다만 내가 그것을 알아차리지 못하고 있을 뿐이다. 욥과 사울은 둘 다 신앙 인격이나, 사회 윤리적으로나, 지식과 경험적 차원에서나 어느 것 하나 부족함이 없는 사람이라고, 자신들은 전혀 흠잡을 데가 없는 자들이라고 확신했던 자들이다. 특히 욥의 고집은 무궁무진한 하나님의 세계를 직접 경험하고 나서야 그 고집을 버릴 수 있었고, 사울은 예수를 직접 만나는 경험을 하고 나서야 무릎을 꿇을 수 있었다는 사실을 명심해야 한다.

(2) 영성 강화의 필수조건으로서의 기도

이제 앞에서 말한바 영적 쓰레기의 원조인 사탄은 나름의 논리와 체계를 가지고 있다고 말한바, 그리고 우리 자신들 속에 들어있는 아집은 상상을 초월하는 것이기에 우리 스스로의 힘이 아닌 성령의 역사하심, 하나님의 도우심으로만이 이길 수 있고 물리칠 수 있는 것들이다. 따라서 영적 쓰레기들을 버리고 나를 비울 수 있으려면 영적인 힘과 권세가 있어야 하고,(요10:18) 영적 권세와 힘을 얻는데 있어서 제일 중요한 것은 기도이다. 주님께서는 신적 권세와 능력을 얻는 길은 기도 외에는 없다고 분명하게 말씀하고 계신다.

"기도 외에 다른 것으로는 이런 류(類)가 나갈 수가 없느니라"(막8:29)

그러나 기도에도 사탄의 장난이 있다는 것을 알아야 한다. 이 말의 더 구체적인 뜻은 기도는 기도 그 자체가 중요한 것이 아니라 기도를 어떤 자세로 드리느냐, 라고 하는 기도의 방식과, 어떤 내용으로 드리느냐, 라고 하는 기도 내용의 중요함을 말하는 것이다. 기도는 영적 삶을 살 수 있는 최고의 길이며, 기도의 자세와 내용은 내가 어떤 영성의 사람이 될 수 있는가를 결정짓는 요인이 된다.

한국교회 성도들의 기도는 목회자들이 본을 보여주지 못함으로써 기도의 내용이 이기적인 기도로 변질된 지가 이미 오래다. 목사들에게 청하는 성도들의 기도요청을 들어보면 대부분이, 시험에 합격, 승진과 번창한 사업, 자기 원하는 높은 가격에 토지나 주택의 매매 등 자기의 욕구충족이나 필요를 채우는 것들이다. 하나님의 은혜로우신 뜻과 하나님의 필요를 구하는 기도는 나의 영성을 맑고 깨끗하게 해 주며 동시에 성령의 놀라운 역사를 경험할 수 있으나, 나의 욕구충족과 나의 필요만을 생각하는 이기적인 기도는 오히려 나의 영성을 흐리고 어둡게 하는 먹구름이 된다는 것을 명심해야 한다.

그리고 나를 버리고 비울 수 있는 방법 가운데 먹는 것을 끊고 드리는 금식기도는 아주 좋은 방법이라 할 수 있다. 그러나 이 금식기도까지도 우리 한국교회의 현실은 자기를 버리고 부인하고 비우는 수단으로 삼지 않고, 자신의 소원성취나 능력을 받으려고 하는 수단으로 삼고 있어서 그 본질이 흐려지고 있어 참으로 안타까운 일이 아닐 수 없다.

나를 버리고 비우면 능력은 저절로 얻게 되고 바라는 소망은 덤으로 하나님께서 이루어주실 것인데, 우리는 자꾸만 자기의 욕망을 채우려는 것에 너무 급급해 하는 어리석음에 빠져들고 있다. 또한 기도의 방법에서 중간 중간 부르는 찬양은 기도의 지루함을 없애주는 윤활유와 같은 역할을 할 뿐만 아니라 우울한 감정과 염려 고민의 생각들을 몰아내고 우리의 심령을 평안과 기쁨과 희망의 미래로 인도해 준다. 찬양은 이미 우리가 다 알고 있듯이 내용 그 자체가 아주 훌륭한 기도인 것이다. 따라서 찬양은 곡조가 있는 훌륭한 기도라 할 수 있다.

기도의 골방에서 드리는 자기 버림과 비움의 진지한 기도와 찬양은 우리가 영적 권능의 옷을 입을 수 있는 최고의 비결이라 할 수 있으며, 돈 명예 권세 성적인 매력 등 세상의 온갖 유혹들도 기도의 힘으로 물리칠 수 있다는 것을 잊지 말아야 한다.

(3) 쉬운 것부터 버려라

자기 버림과 비움의 비결 가운데 또 하나는 쉬운 것부터 실행하는 것이다. 쉬운 것은 작은 것이기도 하다.

모든 삶에서 우리는, "바늘 도둑이 소도둑 된다."라는 속담을 우리 자신들의 삶에 잘 활용하면 큰 성과를 얻을 수 있다. 작은 것을 열심히 하다보면 나도 모르는 사이에 큰 일을 해 낼 수 있는 힘과 능력을 갖추게 되는 것이다.

인간은 교육과 훈련을 통하여 자신을 새롭게 변화 또는 강화시킬 수 있다는 것은 역사적 현실이며, 교육과 훈련은 작은 행동의 반복을 통해서 이루어진다.

그러기 위하여 우리는 먼저 자신의 작은 버릇 잘못된 습관을 버리고 비우는 것을 일차적인 목표로 삼을 필요가 있다. 예를 들면, 별 것 아닌 작은 일에 크게 반응을 하는 행위, 조급한 마음, 성급한 행동, 우울한 감정, 분노의 조절이 잘 안 되어 쉽게 화를 내는 것, 게으르고 나태한 습관, 경쟁적 운전습관, 나보다 저쪽 상대방을 먼저 한 번 생각해 보는 것 등 작은 것들은 많이 있다. 이 작은 것들을 버리고 비우는 것이다. 그러면서 더 깊은 차원의 믿음과 신앙의 경지에 들 수 있도록 더 크고 많은 것들을 버리고 비우는 단계로 수위를 높이는 것이다. 그러나 우리가 버려야 할 것들을 버리지 않고 고집을 부릴 때 하나님께서는 강제적 수단을 통하여 버리게 하신다. 그것은 곧 큰 고통과 슬픔이라고 하는 것이다.

3) 버림 = 얻음, 비움 = 채움의 원리

성서적인 것과 예수정신에 있어서 버림과 비움은 불교적 방식의 현실을 떠나는 탈 세상적인 것이 아니라, 새로운 것을 얻기 위한 것이다. "목숨을 얻기 위하여 목숨을 버린다"(요10:17)라고 하는 예수의 말씀 속에 그 뜻이 잘 나타나고 있다. 그리고 "얻다" 라는 말씀의 일차적 의미는 바로 3일 후에 연속적으로 일어나는 부활의 생명과 그 삶을 의미하고, 부활의 생명과 그 삶은 세상의 모든 죄와 죽음의 세력들을 이기고 물리치는 승리의 삶을 의미한다. 따라서 버림을 통하여 우리는 죽음에 대한 생명의 승리, 어둠에 대한 빛의 승리, 허무와 공허한 삶에 대한 흘러넘치는 만족한 삶의 승리, 무의미한 삶에 대한 의미 충만한 삶의 승리, 절망에 대한 희망의 승리, 증오와 미움에 대한 사랑의 승리 등 역동적 풍성함과 넘쳐나는 삶을 얻을 수 있다.

무거운 짐을 내려놓을 때 우리의 어깨가 가벼운 것처럼, 우리 속에 있는 영적인 짐을 내려놓을 때 우리의 심령은 한없이 가볍고 여유가 넘치고 평안을 누리게 된다. 이러한 영적인 삶의 원리가 너무 신기하여 바울은 자신의 모든 것들을 배설물처럼 여기고 버린다, 라고 고백하고 있다.

"예수를 아는 지식이 가장 고상함을 인함이라, 내가 그를 위하여 모든 것을 잃어버리고 배설물로 여김은 그리스도를 얻고 그 안에서 발견되려 함이니."(빌3:8)

여기서 우리가 정신을 집중하여 눈여겨보아야 할 것은, "잃어버리다"라는 말씀이다. 이 말씀에 해당하는 제미오오($\zeta\eta\mu\iota\acute{o}\omega$)라는 말은 수동형으로써, "손해를 보다, 해를 입다, 고생을 하다"라는 뜻으로, 이는 바울이 그 어떤 육체적 정신적 고통과 아픔이 따른다 할지라도, 또는 자신의 삶에 그 어떤 손해가 따르고 고생이 있다 할지라도 자기의 것을 버리고야 말겠다는 눈물겨운 영적 의미가 담겨져 있는 말씀이다. 더 나아가 그 어떤 해를 당하거나 죽음이 온다 하지라도 자신의 목숨을 버리겠다는 순교적 각오와 결심이 서려있는 말씀이다.

더욱 중요한 것은 버리고 비우는 목적이 바로 세상의 권세와 부귀영화가 아니라 예수 그리스도를 얻기 위한 것이다. **"내가 예수 그리스도를 얻음"**, 우리가 이 말씀을 분명히 새겨들어야 할 것은 바울에게 있어서, **"주와 함께 살다, 함께 죽다, 주가 너희 안에 계시다"**(롬6:8;8:10)라고 하는 동행의 용어들은 모두 형이상학이나 추상적인 말이 아니라 현실과 삶의 현장에서 구체적으로 경험되고 실천되어지는 일들이라는 사실이다.

세상의 부귀영화. 명예와 높은 자리 등 세속적인 것들을 얻고 채우려고만 하지 말고, 천사와 같이 얼굴에 광채가 나는 용모, 하나님의 영과 그 성품의 소유자가 되기 위하여 우리는 이 말씀을 감격적인 눈물 속에서 읽고 들을 수 있어야 할 것이다.

예수의 영은 온갖 욕설과 폭언, 조롱과 멸시와 천대, 채찍과 창과 칼을 휘둘러대는 형언할 수 없는 흉악한 폭력 속에서도 오히려, "저들을 불쌍히 여겨 주옵소서, 저들을 용서하여 주옵소서"라고 하면서 자신을 완전히 버리고 비움으로써 기꺼이 자신을 희생양으로 내어놓는 지고의 거룩한 성품과 인격, 그리고 예수의 그 정신을 가지거나 또는 그 정신과 성품을 닮아가려고 하는 자에게 임하게 되고 역사하게 된다.

그와는 반대인 더럽고 때가 묻은 악한 성품과 이상한 정신을 가지고 있으면서 예수의 영이신 성령의 임재나 역사를 바라는 것은 말도 안 되는 소리이며 결코 있을 수 없는 일이다.

우리 모두가 지향해야 할 신앙의 궁극적인 목적은 그리스도를 얻고, 그와 내가 하나가 되는 것이어야 한다. 세상을 얻기 위하여 예수를 잃어버리는 자가 아니라, 예수를 얻기 위하여 세상을 버릴 수 있는 거룩한 용단을 내릴 수 있어야 한다. 왜냐하면 언젠가 우리 모두 이 세상을 떠날 때, 나의 영원한 삶을 결정짓는 것은 세상의 권세나 부귀영화가 아니라 바로 내가 예수 생명 예수의 영을 진정 가지고 있는 사람인가? 아닌가? 하는 것에서 결정되기 때문이다.

또한 예수를 얻는다, 는 것에 대한 더욱 중요한 것은, 집을 얻는 것보다 그 집을 지은 목수를 얻는 것이 더 귀한 것처럼, 예수를 얻음은 천하를 얻는 것보다 더 크고 귀한 것은 그는 천지만물을 지으신 창조주, 천하를 주관하시는 주권자이시기 때문이다.

끝으로 결어 부분에 대해서는 독자들의 몫으로 남겨두는 바이다.

• 유학식 목사

예장 개혁 영남장로회 신학교 졸업
총신대 신학연구원 졸업
연합신학 대학원, 고려신학교 신학원 수료
합동신학교 신학연구원 성경해석학 교수
개혁신학 연구원 조직신학 교수
한국기독교 부흥사회 상임총무
제자원 성경주석 및 원어해설 집필위원
도서출판 예지원 대표
새 생명 교회 담임목사

〈주요 저서〉

※ 신학서
· 구약성서와 그리스도
· 예수의 부활
· 욥의 고난과 믿음의 승리

※ 성공학 및 정신계발도서
· 창조적 생활의 비결
· 생각의 혁명
· 예수의 자녀교육

※ 주석 및 원어해설
· 욥기 시편 잠언서 주석 및 원어해설

예수의 영성과 정신세계

2015년 11월 10일 1쇄 인쇄
2015년 11월 15일 1쇄 발행

지은이 _ 유학식
발행인 _ 유학식
발행처 _ 도서출판 예지원
주 소 _ 대구광역시 중구 동인동1가 382-3
전 화 _ 053-783-9901 ∣ 010-9901-8890
        E-mail: oalm@daum.net
등 록 _ 2015년 2월 23일 제2015-000010호

정가 14,000원

ⓒ유학식 2015   ISBN 979-11-956532-0-1   03230